新 プリメール民法3

債権総論［第2版］

松岡久和・山田 希・田中 洋 著
福田健太郎・多治川卓朗

法律文化社

第2版はしがき

　『新プリメール民法3　債権総論』の初版を刊行してから，早くも2年が経った。本書は，幸いにして多くの読者を得ることができ，昨年には増刷も行ったが，2020年4月に改正民法が施行されるのを機に，版を改めることとした。読者の皆様，および教科書として採用して下さった方々に，この場を借りて厚く御礼を申し上げたい。

　初版の刊行からこれまでの間には，まず相続法の改正（2018年7月）があった。配偶者居住権の新設等が世間の耳目を集めたが，改正された規定の中には，債権総論の制度（具体的には詐害行為取消権）に影響を与えるものもあった。遺留分制度の見直しがそうであるが，本書の第2版には，その内容が反映されている。また，2年の間には，少ないながら，新たな判例も登場している。第2版には，その新判例を加えるとともに，改めて重要だと思われた既存の判例も，いくつか追加した。

　本書は，主に，大学の授業で使うことを念頭に置いたものである。このようなわけで，第2版の編集作業においては，著者たちが，それぞれの授業で直面した課題を出し合い，受講生がより理解しやすい構成や表現になるよう工夫した。本書の内容に対する受講生からの質問もいくつか披露され，編集作業は，思いのほか，楽しいものとなった。

　本年4月には，いよいよ改正民法が施行される。債権総論の分野には，従来の判例法理や伝統的な考え方を変更した部分も少なくないが，120年ぶりの大きな改正が社会にどのような影響を与えることになるのか，読者の皆様とともに，その行方を見守っていきたい。

　最後になったが，第2版の刊行にあたっても，法律文化社の野田三納子氏に一方ならぬお世話になった。本書の内容には，彼女から助言を得て訂正した部分もいくつかある。改めて心からの感謝を贈りたい。

　2020年2月

執筆者を代表して

山田　希

はしがき

　現行民法典がちょうど120歳を迎える年に，本シリーズが『新プリメール民法』として生まれ変わることになった。言うまでもなく，民法の債権関係にかかわる部分を改正する法律が昨年5月に成立したからである。本書が扱う「債権総論」は，この改正の影響を最も大きく受けている。関係する条文のすべてについて見直しの要否が検討され，その結果，多くの規定が実際に変更されることとなった。これを機に新設された規定も少なくない。

　改正の目的の1つは，民法を「国民一般にわかりやすいものとする」ことである。ここでいう「わかりやすい」には，いろいろな意味が込められているであろうが，いずれにせよ，ひとりでも多くの市民に民法の理念が共有されることが望ましい。そのような考えから，本書の執筆に際しては，これから民法（ないしは債権法）の世界に飛び込もうとする読者が理解しやすいよう，さまざまに工夫をこらした。民法の考え方を学び，公正な取引社会の実現に貢献する力を養ってほしいとの願いからである。

　たとえば，抽象的な説明だけで終わらせず，できるだけ身近な具体例を示すこととした。また，応用的な問題はコラム欄（WINDOW）で扱い，丁寧な解説を心がけるとともに，本文の読みやすさを確保した。複雑なルールは，図表を積極的に活用し，視覚的にも理解を促すように努めた。債権総論の規定は，抽象度が高いうえ，制度を運用するための技術的な規定も多く，初学者にはとっつきにくいところがある。その敷居を下げる役割を本書が少しでも果たせるとすれば，望外の幸せである。

　本書の冒頭には，法制審議会のメンバーとして改正作業に携わった松岡久和教授に特別に依頼して寄稿してもらった「改正された民法（債権関係）を学ぶ」が収録されている。民法を学ぶより多くの方に，改正に込められた思いを伝えてほしいとの理由による。他の執筆者のうち，私を除いた3名は，新シリーズとなった本書からの新メンバーである。複数回にわたる編集会議では，各自の原稿を持ち寄って議論を交わし，推敲を重ねてきた。こうしてできあがった本

書には，それぞれの持ち味がうまい具合に結集したと自負する次第である。

　最後になったが，法律文化社の野田三納子さんには，文字どおりゼロから支えていただいた。原稿には何度も目を通して下さり，そのたびに的確なアドバイスをいただいた。いくつかある図表の形が整っているのも，すべて彼女のお陰である。改めて心から感謝の意を表したい。

　2018年2月

執筆者を代表して

山田　希

目　　次

凡　例

【1】　判例の略語（主要なもの）

大　判……大審院判決　　　　　　　　高　判……高等裁判所判決

大連判……大審院民事連合部判決　　　地　判……地方裁判所判決

最　判……最高裁判所小法廷判決　　　支　判……支部判決

最大判……最高裁判所大法廷判決

民　集……大審院（最高裁判所）民事判例集　　訟　月……訟務月報

民　録……大審院民事判決録　　　　　判　時……判例時報

刑　録……大審院刑事判決録　　　　　判　タ……判例タイムズ

新　聞……法律新聞　　　　　　　　　判　自……判例地方自治

裁判集民…最高裁判所裁判集民事

【2】　法令名の略記

　　本文カッコ内での法令条名の引用に際して，民法典については，条名のみかかげ，その他の法令で頻度の高いものは，その法令名を，通例慣用されている方法により略記した。

【3】　その他

　　2017（平成29）年成立の「民法の一部を改正する法律」（平成29年法44号）が施行日を迎えた（2020年4月1日施行）。本書では，2017年の民法改正によって民法典が変更・削除となるものについては，「改正前民法」「改正前〇条」と表記した。

著者紹介

松岡　久和（まつおか　ひさかず）　　改正された民法（債権関係）を学ぶ　執筆

略　　歴　1979年　京都大学法学部卒業，1983年　同大学大学院法学研究科博士後期課程中退，龍谷大学法学部専任講師，同助教授，同教授，神戸大学法学部教授，京都大学大学院法学研究科教授を経て，
現在，**立命館大学大学院法務研究科教授**

主要著作　『物権法』（成文堂，2017年），『担保物権法』（日本評論社，2017年）。要旨付の著作一覧をhttp://matsuokaoncivillaw.private.coocan.jp/に掲載している。

──◆読者へのメッセージ◆──

　判例や学説は，民法の解釈によって，新しい紛争にふさわしい新しいルールをつねに作り出しています。概念・論理・体系という固い部分とその時々の社会の要請を反映する柔軟な部分の両方を学んで下さい。はじめはパズルを解くような喜びでも，紛争に人生ドラマを感じる楽しみでもかまいません。わからないことを納得がいくまで考える勉強を重ねると，自ずから知識が増え，民法の理解も深くなっていくでしょう。

山田　　希（やまだ　のぞみ）　　序章，第1章，第4章，第5章　執筆

略　　歴　1996年　名古屋大学法学部卒業，2001年　同大学大学院法学研究科博士課程単位取得退学，名古屋学院大学経済学部専任講師，立命館大学法学部准教授を経て，
現在，**立命館大学法学部教授**

主要著作　「信託行為の無効・取消しに関する一考察」『基礎法理からの信託分析』（財団法人トラスト60，2013年，共著），「過労自殺と安全配慮義務」『民事判例Ⅵ』（日本評論社，2013年），「旅行中の事故と旅行業者の安全確保義務」名大法政論集254号（2014年）

──◆読者へのメッセージ◆──

　はじめて民法を学ぶ人は，とにかくまずは教科書を（完全には理解できなくてもよいので）最後まで通読してみましょう。民法は体系的な構造になっていて全体がつながりをもっていますので，ある制度を理解するためには別の制度の知識が不可欠だからです。それから，もうひとつ。個々のルールが存在する理由を考えるには，「もしそのルールがなかったらどうなるか」という点に思いをいたらせてみるのがコツです。

田中　洋（たなか　ひろし）　　第2章，第3章　執筆

略　歴
2005年　京都大学法学部卒業，2007年　同大学大学院法学研究科法曹養成専攻修了，京都大学大学院法学研究科助教を経て，
現在，**神戸大学大学院法学研究科准教授**

主要著作
「不法行為法の目的と過失責任の原則」『不法行為法の立法的課題』（商事法務，2015年），「履行・追完に代わる損害賠償」『詳解　改正民法』（商事法務，2018年），『売買における買主の追完請求権の基礎づけと内容確定』（商事法務，2019年）

◆読者へのメッセージ◆

　民法が定めるルールを理解し，実際に使えるようになるには，①そのルールの内容（要件と効果）を正確に把握すること，②そのルールが適用される典型的な事例（具体例）を把握すること，③そのルールがどのような理由で，どのような考慮に基づいて定められているか（ルールの趣旨・目的）を理解することが必要です。本書では，民法が定めるルールの内容を，その趣旨・目的をふまえたうえで，具体例に即してできるだけわかりやすく説明することを心がけています。本書を読んで，読者の皆さんが少しでも「民法の内容がわかった」と感じてくれることを願っています。

福田健太郎（ふくた　けんたろう）　　第6章〜第8章　執筆

略　歴
2006年　大阪大学大学院法学研究科博士後期課程単位取得退学，弘前大学人文学部専任講師，同准教授，近畿大学法学部准教授を経て，
現在，**近畿大学法学部教授**

主要著作
「損害賠償債権とヨーロッパ人権条約」人文社会論叢社会科学篇（弘前大学）18号（2007年），「不実表示法制の現状と近未来展望」『民法学の現在と近未来』（法律文化社，2012年，共著），「東京電力による時効利益の事前放棄の可否」青森法政論叢16号（2015年），「法人保証の場面における主債務者の保護―家賃債務保証を中心に」『大改正時代の民法学』（成文堂，2017年，共著）

◆読者へのメッセージ◆

　「制定法は，その国の強者の利益や種々の政治勢力の妥協で実現した結果であって理想形とは言い難い」（『ユーリカ民法』シリーズの刊行にあたって」より）といわれますが，民法も例外ではありません。本書が扱う債権総論の分野でも，なぜこのような規定になっているのだろうと疑問に思うところが出てくると思いますが，自然なことだと思います。今後の学習の基礎になりますので，その問題意識を大切にして学習を進めていってください。

多治川卓朗（たじかわ　たくろう）　　第9章，第10章　執筆

略　　歴	1996年　関西大学大学院法学研究科博士課程単位取得退学，熊本大学法学部助教授，同法科大学院助教授，関西大学法学部教授を経て， 現在，**関西大学大学院法務研究科教授**
主要著作	「代償請求権と調整機能—利益吸い上げ機能との関連に着目して」新井・山本編『ドイツ法の継受と現代日本法—ゲルハルト・リース教授退官記念論文集』（日本評論社，2009年），「売却処分と不当利得返還請求権の内容」関西大学法学論集62巻2号（2012年），「民法九四条二項類推適用の法理における意思的関与の要件の再検証」植木編『法律行為論の諸相と展開—高森八四郎先生古稀記念論文集』（法律文化社，2013年）など。

　　　◆読者へのメッセージ◆

　本書は改正民法を反映した新しい債権総論の教科書です。改正民法の考え方に沿って書かれていますので，これから債権総論を勉強しようとする方々だけではなく，既に債権総論を修得しつつ改正民法を理解したい方々にもわかりやすい簡明な内容になっています。本書が多くの方々の勉強のお役に立つことを，執筆者の1人として心より願っております。

民法（債権関係）の改正に学ぶ

1 改正民法の成立と施行

　2017 (平成29) 年6月2日に民法の一部を改正する法律 (平成29年法律第44号) が公布された。最近は民法の改正が相次いで行われているが，ここではこの債権関係の改正のみを扱う。改正後の民法を改正民法，改正前の民法をたんに民法と呼ぶことにする。この改正の基本的な施行期日は，2020年4月1日である。

　なぜ改正がされたのか，改正後にはどういうルールになったかを学ぶことにはもちろん意義がある。本書の説明も，基本的には改正民法を中心に据えている。ただ，施行前に結ばれた契約や生じた事実には，原則として改正前の規定が適用されるので，改正前の規定についても知っておく必要は残る (詳細は，例外も含め付則2条以下の経過規定が定める)。また，改正は，改正前の規定に何らかの問題があるためにそれを廃止しもしくは修正し，または規定を新たに設けるものであるから，改正の理由を知ることで，改正前の規定の問題点も，それに対応する改正や新規定の意味もより深く理解することができる。

2 民法の特色

　民法は，今から約120年前の1896 (明治29) 年に制定された。欧米諸国との不平等条約を改正するため，対等なつきあいのできる近代国家の資格として，六法などの基本法典の整備が必要とされたのである。まずは，当時の最先端にあったフランス民法 (1804年のナポレオン法典) にならった旧民法が1890年に制定された。しかし，旧民法は，日本の国情に合わないなどの反対が強かったため (「法典論争」と呼ばれる)，一度も施行されることなく改正された。

　旧民法と対比した民法の特徴を2点あげると，当時最新の広範な比較法研究の成果であること，および，旧民法や諸外国の民法に比べて条文数が非常に少ないことである。

　まず，比較法研究の成果という意味はこうである。旧民法はフランス民法の修正版であった。これに対して，民法は，法典の構成を，ドイツ民法 (1896年)

にならうパンデクテン体系に改めた。民法は，単純にドイツ民法にモデル・チェンジされたのではなく，条文の内容の多くが旧民法の規定を簡略化して承継しているので，フランス民法とドイツ民法の折衷的な性格を基本として持つ。民法の制定には，さらに，フランス法とドイツ法以外の約30か国の法律も参照された。損害賠償の範囲を定める416条のように，イギリスの判例法に由来する規定もある。要するに，民法は，世界の潮流を見据えて作られた当時世界最新の法典だったのである。

　次に，条文数が少ないという特徴は，定義・設例・原理・細々した規定などを省いて実際に必要な大綱的なルールに絞り，その適用を裁判所や学説による運用にゆだねるものであった。専門家が暗黙の前提としている原理・原則が必ずしも明確に定められず，争いになる場合の例外規定のみが置かれていることも多い。民法は，法曹を念頭に置いたいわばプロ向きの法典であった。

　比較法の成果であるという点は改正民法も同じであるが，条文数の少ないプロ向きの法典である点は，今回の改正で多少改善される。

③ 民法改正の必要性

　契約に基づく債権関係の部分の民法規定は，制定以来約120年にわたってほとんど改正されていない。民法の他の部分には，時代の変化に応じて改正されたところもある。たとえば，家族観や価値観の変化に応じた家族法の何度かの改正（1947年，1980年，1987年，2018年，2019年）のほか，財産法に関しても，行為能力（1999年，2018年），担保物権（2003年），法人（2006年）などについて改正がされた。これに対して，債権関係の規定がこれまで改正されなかったのは，他の部分に比べて基本的なルールとしての抽象度が高く，裁判所の解釈運用や特別法（借地借家法や消費者契約法など）によって，対応することができたからである。

　しかし，社会・経済は，大量生産・大量取引，取引内容の複雑化や高度化，インターネットや携帯電話などの情報伝達手段の発展など，120年前から全面的・質的に大きく変化している。もはや判例や特別法による対応の限度を超え，民法の最も基本的なルールや考え方にも見直しをする必要が生じてきたのである。同じような問題状況は，世界各国に共通しており，ドイツ・フランスをはじめ，韓国・台湾でも民法の大改正が行われ，中国は複数の民事基本法を民法典に再編しようとしている。

　また，増大する国際取引やヨーロッパの市場統合を背景に，契約ルールの平準化の動きも進展している。こうした試みとして，国際物品売買契約に関する国際連合条約（CISG。1980年。日本では2009年から発効），ヨーロッパ契約法原則（PECL），ユニドロワ国際商事契約原則（PICC），共通参照枠草案（DCFR。契約のみならず民事法全般に及ぶ）などがある。こうした意味で，世界の潮流を見据えた民法の改正の必要性が高まってきていたのである。

　さらに，判例や特別法によって変化に対応することは機動的で柔軟ではあるが，新たな問題も生んできた。民法は，国民の生活に最も密着した法律であるので，国民が読んでわかりやすいものであることが望ましい。しかし，判例や特別法によって補充・修正されたルールは，民法の条文からは読み取りにくいものが少なくない。法律の専門家以外には，基本的なルールがわかりにくい状態になっていた。

　そこで，2009（平成21）年10月に，民法のうち債権関係の規定について，取引社会を支える最も基本的な法的基礎である契約に関する規定を中心に，社会・経済の変化への対応を図り，国民一般にわかりやすいものとする観点から見直しを行うことが，法務大臣から法制審議会に諮問された。当初は，大きな労力をはらってまで安定した実務を変える必要があるのかなど，改正には反対の意見も少なくなかったが，議論の積み重ねにより，改正の必要性は次第に共通認識となった。

④ 改正の検討対象

　改正の検討対象は，基本的には民法第3編債権の規定である。本書が扱う債権総則規定はすべて対象に入る。これに対して，第2編物権や第4編親族，第5編相続はこの改正の直接の検討対象ではなく，見直しの影響が及ぶ限りで規定の微修正が行われたにすぎない。一方で，検討対象は，第3編債権の部分だけではなく，第1編総則の一部に拡大されている。すなわち，民法総則の規定のうち，契約の成立・有効要件の中核を占める法律行為や，債権の消滅原因の1つである消滅時効など，債権関係に関連の深いものを含む。他方，法定債権関係（事務管理・不当利得・不法行為）は，契約に基づく債権とは基本的な考え方において異なる部分があり，同時に見直すことは必ずしも不可欠ではない。それゆえ，法定債権関係は，契約に基づく規定の見直しに伴って必要となる範囲

に限って検討された。

　このように今回の改正は，民法全体を対象としたものではないが，契約を中心にして，財産法部分の規定（1条〜724条）の半分強に及ぶ大改正である。

5 改正に至る経緯

　(1)　**概　要**　　法務大臣の諮問を受けた法制審議会は，民法（債権関係）部会（以下，「部会」と略称する）を設置した。部会は，2009（平成21）年11月から99回の会議を行って，2015（平成27）年2月に要綱案をまとめた。法制審議会がこれを了承して改正要綱を法務大臣に答申し，同年3月31日に法律案が閣議決定された。その後2年間は，安全保障関連法などの政治問題によって審議が行われなかったが，2016（平成28）年11月から衆参両院の法務委員会で審議が開始され，2017（平成29）年5月26日の参議院本会議で改正法が成立した。

　(2)　**部会の構成と3段階の審議**　　部会の構成員には入れ替わりや増減があるが，会議毎に名簿が作成され，第99回会議時には，委員19名・幹事18名のほか，法務省や関係省庁の関係官12名であった。

　部会の審議は，おおむね3つの時期に区分される。まず，第1ステージ（第1ラウンド，第1読会などの呼び方もある）では，改正が必要だと考えられる論点を広く拾い出して，判例・学説の状況を検討する基礎的な議論が行われた。それをまとめた「中間的な論点整理」が2011（平成23）年5月に公表され，1回目のパブリック・コメント（意見募集）手続や関係業界からのヒヤリングが行われた。これをふまえて，第2ステージでは，取り上げるべき問題を選び出し，改正案の基本的な方向性を検討した。それをまとめた「中間試案」が2013（平成25）年3月に公表され，2回目のパブリック・コメント手続が実施された。第3ステージでは，寄せられた意見を考慮し，改正に賛成を得られる論点に限定して，全会一致の意見になるように要綱案を練り上げる議論が行われた。中間的な論点整理では，約500項目の問題が取り上げられていたが，中間試案では，240項目と約半減し，最終的な改正は約200項目に絞られた。

　部会の審議資料と議事録は，すべて下記のサイトで公開されている。

http://www.moj.go.jp/shingi1/shingikai_saiken.html

　(3)　**国会での審議**　　国会での実質的な審議は，衆議院法務委員会で11回（第192国会法務委員会議録8号〜16号，第193国会法務委員会議録8号・9号），参議院

法務委員会で7回（第193国会法務委員会議録8号～14号）行われた。改正の全体の趣旨や意見の対立した問題（→後述 6 (2)(3)）を中心に議論がされた。衆議院法務委員会では民進党・無所属クラブが修正案を提出したが否決され，内閣提出の法律案が実質的な修正なく可決された。

　衆参両院の法務委員会では，とくに議論が多かった点につき政府に格段の配慮を求める附帯決議がされており，これらは重要項目リストとしての意味がある。

　会議録は下記の国会会議録検索システムから入手可能である。

http://kokkai.ndl.go.jp/SENTAKU/syugiin/192/0004/main.html
http://kokkai.ndl.go.jp/SENTAKU/syugiin/193/0004/main.html
http://kokkai.ndl.go.jp/SENTAKU/sangiin/193/0003/main.html

6 改正内容の概観

　(1)　**確立した判例法理の明文化**　　約200項目のうち，最も多い改正は，確立した判例法理を異論がない範囲で明文化するものである。これによって，改正前には比較的詳しい民法の専門書を読まないとわからなかったルールが，条文から見えるようになり，一般の国民にわかりやすくなった。正確な内容を理解するところまでは難しいとしても，直接の手がかりが条文にあること自体が大きな前進である。

　多くの改正から10の重要項目をリストアップしておく。①意思能力を有しない者がした法律行為を無効とすること（3条の2），②代理権濫用や利益相反の場合の扱い（107条・108条2項），③表見代理の重畳適用（109条2項・112条2項），④消滅時効の援用権者（145条括弧書），⑤履行遅滞中の不能は債務者が責任を負うこと（413条の2。→72頁以下），⑥債務者は債務不履行の帰責事由がないときのみ損害賠償責任を免れること（415条。→71頁以下），⑦弁済の債務消滅効（473条。→226頁以下），⑧契約の自由の原則（521条・522条2項），⑨賃貸不動産が譲渡された場合の法律関係（605条の2），⑩賃貸借契約終了時の賃借人の原状回復義務の範囲や敷金（621条・622条の2）。

　(2)　**規律内容の廃止・修正，制度の新設**　　社会・経済の変化に対応するため，規定を廃止・修正し，または制度を新設する大きな改正も多い。筆者がとくに重要と思う10にあえて絞ってみる。①錯誤の取消化や法律行為の無効・取消しの場合の第三者保護規定の整備（93条～96条），②原則的な時効期間の短縮

と統一（5年または10年）など消滅時効制度の再編（147条〜161条・166条〜169条・724条の2），③法定利率の緩やかな変動制への移行（404条・417条の2・724条の2。→32頁以下），④否認権との整合性を重視した詐害行為取消権の規定の増設と変更（424条〜426条。→108頁以下），⑤根保証の規制の拡充など保証人保護の強化（465条の2〜465条の10。→190頁以下），⑥債権譲渡制限特約の拘束力の緩和（466条〜466条の6。→202頁以下），⑦債権者危険負担（旧534条・旧535条）の削除および債務者危険負担の抗弁権構成（536条），⑧帰責事由要件を削除し催告の要否で再編された契約解除（541条・542条），⑨定型約款に関する規定の新設（548条の2〜548条の4），⑩売主や請負人の担保責任の契約責任としての再編（560条〜567条，634条〜637条）。

　②の消滅時効，③の法定利率，⑤の個人保証，⑨の定型約款の4項目は，国会の法務委員会においても，趣旨説明において主要な改正の代表例として取り上げられ，多くの時間が審議にあてられた。反対や懸念があった改正は，いずれも妥協的な面を持つ。たとえば，定型約款の規律は，対象を「定型取引」に狭め，拘束力の問題と内容規制を区別する従来の考え方とは整合していない。定型約款が契約内容にならない場合（548条の2第2項）や定型約款の一方的な変更の歯止め（548条の4第1項2号）などの規律が機能するかどうかは，今後の解釈・運用にかかっている。

　(3)　**実現しなかった改正**　　現代型暴利行為，不実表示，付随義務・保護義務（→50頁以下），契約交渉段階での義務（→53頁以下），契約の解釈，事情変更の法理（→31頁），不安の抗弁権，継続的契約の一般原則などの規定は設けられなかった。典型契約類型の追加もなかった。規定を設けることの有用性への疑問，制度濫用のおそれ，条文文言による限界設定の困難，判例の今後の展開を不必要に縛ってしまう柔軟性の喪失などが反対の理由として主張され，意見の一致が得られる見通しがなかったからである。

　注意していただきたいのは，判例や学説の多くが認めてきたこうした法理は否定されたわけではないことである。批判や懸念のある改正規定についてと同様，今後の具体的事例に則して，議論をさらに蓄積していく必要がある。

序　章

債権法への
はじめの一歩

● **本章で学ぶこと**

　私たちは，普段の生活のなかで「債権」という言葉に接する機会は，ほとんどない。しかし，債権は，他人と契約を結んで将来の約束をしたり，加害者に損害賠償を求めたりするのに不可欠な概念である。約束の履行や賠償金の支払いを他人に強制できるのも，この概念のおかげであるといえる。

　本書では，その「債権」の発生から消滅までに適用されるさまざまなルールを学んでいく。もっとも，肝心の債権のイメージがつかめていなければ，いくらルールを説明されても十分に理解することはできない。そこで，本章では，債権法を学ぶためのはじめの一歩として，債権の意義と特徴を，適宜，具体例をおりまぜ，あるいは物権と比較しながら解説する。

　そのうえで，これから本書で学ぶことになるルールを簡単に紹介する。このようにして，予め債権法の全体像を示すのは，どの章においても，自分がいま学んでいるルールが，債権法全体のどのあたりに位置するのかをつねに意識してほしいからである。

　高度に発達した複雑な金融取引の手法も，すべて本書で出てくる基本的な仕組みの応用である。本章は，そのような世界への入り口にあたる。

1——債権とは

① 債権の具体例

　たとえば，絵画を100万円で売買する契約が結ばれると，絵画の引渡しを請求する買主の債権と，100万円の支払いを請求する売主の債権とが発生する。もっとも，契約の締結と同時に絵画が買主に引き渡され，代金が売主に支払われるのであれば，債権を観念することに，それほどの意味はない。このことが意味を持つのは，絵画の引渡日や代金の支払日が将来の日に設定された場合である。というのも，債権とは，究極的には，公権力（裁判所）の助力を得て，履行を強制するための概念だからである。したがって，約束の日になっても絵画が引き渡されなければ，買主は，絵画の引渡しを売主に強制できるし，代金が支払われなければ，売主は，代金の支払いを買主に強制できる。

　債権は，売買以外の契約からも生じうる。たとえば，マンションの1室を借りる契約の場合，部屋の使用などを請求する賃借人の債権と家賃の支払いを請求する賃貸人の債権とが相対することになる。

　以上は，相手に何らかの積極的な行為（物の引渡しや金銭の支払いなど）を求める債権である。これに対し，何かをしないことを求める債権もある。隣人に夜8時以降はピアノを演奏しないと約束してもらった場合などに，このような債権が成立する。

　契約以外の原因から発生する債権もある。たとえば，他人の運転する車にはねられて怪我をした場合には，被害者は，加害者に治療費等の支払いを請求する債権を取得する。上記のほかにも債権を発生させる原因はあるが，それらについては，後に改めて確認する。

② 債権の定義

　例にあげた4つの債権には，何か共通した要素があるだろうか。ある概念を定義するためには，その概念に含まれるものに共通した要素を抜き出して，範囲を明確にしなければならない。したがって，債権を定義する場合にも，あらゆる債権に共通した要素を抜き出す必要がある。

　まずいえるのは，どの債権も，他人に何らかの行為（作為または不作為）を請求できるということである。また，請求の相手は誰でもよいというわけではな

く，特定の者（債務者）に限られる。つまり，債権とは，特定の者（債務者）に対して特定の行為を請求できる権利である。

　債権の伝統的な定義は，このように債務者の「行為」に着目したものが一般的であった。というのも，債務者の人格を支配する権利でないことが鮮明になるうえ，物権と債権とを区別する民法の体系のもとで，物を支配する権利である物権との違いも際立つからである。

　しかし，1980年代になると，行為そのものではなく，行為の「結果」にも着目した定義があらわれる。売買の例でいえば，引き渡された物や支払われた金銭を債権者が持ち続けられる点にも目を向けるのである。このような観点に立った定義には，「特定人（債権者）が特定の義務者（債務者）をして一定の行為（給付）をなさしめ，その行為（給付）のもたらす結果ないし利益を当該債務者に対する関係において適法に保持しうる権利」といったものがある。

　債権の定義としては，行為の結果をも包む後者でよいと思われる。債権の内容に，給付された結果や利益の適法な保持が含まれることには疑いがないからである。しかし，行為自体と行為の結果のいずれをより重視するかは，また別の問題である。とはいえ，この問題は，債権の上位概念である「権利」の捉え方ともかかわる奥深いテーマであるため，本書では，この程度の記述にとどめたい。

３ 物権と債権

　債権の特徴は，その対概念である物権と比べてみると，よく理解できる。というのも，物権と債権とは，互いに対照的な要素を持っているからである。もっとも，以下で述べる特徴は，あくまでも理念的なレベルのものにすぎない。実際には，債権的な物権（未登記の所有権など）もあれば，物権的な債権（不動産賃借権など）もある。

　第1に，物権は誰に対しても主張できる**絶対権**であるのに対し，債権は債務者に対してしか主張できない**相対権**である。たとえば，土地の所有者は，無断で土地を使用する者がいれば，その者が誰であれ，自己の所有権を主張して土地の明渡しを請求することができる。これに対し，土地の買主（引渡債権の債権者）は，売主（債務者）以外の第三者に債権を主張し，土地の引渡しを請求することはできない（なお，債権侵害の問題については，→第5章参照）。

　第2に，物権には**排他性**があるが，債権にはない。排他性とは，同じ対象に同一内容の権利が同時に存在することを排除する性質をいう。たとえば，Aが自己の所有する土地（甲）をBとCとに二重に譲渡したとしよう。このとき，甲の所有権をBが取得するなら，Cがこれを取得することはできない（BとCのいずれが所有権を取得できるかは177条が規定する）。甲を目的とする所有権が2つ同時には存在しえないからである。このことは，甲の「全面的な支配権」である所有権（甲を自由に使用・収益・処分できる権利）がBとCの双方に帰属することの論理的な矛盾について考えれば，すぐにわかるだろう。他方，Aに甲の引渡しを求めるBとCの債権は，同時に成立する（その前提として，A・B間とA・C間の契約はどちらも有効である）。仮にBが甲の引渡しを受けた場合にはCの債権は実現されないから，CはAに対し，甲の引渡しに代わる損害の賠償を請求することになる（415条1項・2項）。

　第3に，同一内容の物権と債権とが競合するときは，物権が債権に優先する（**物権の優先性**）。たとえば，AがBに賃貸している土地（甲）をCに売却したとしよう。CがAから取得した所有権と，BがAとの契約により設定した賃借権とは，どちらも甲を使用・収益しうる点で内容的に競合する。したがって，この場合には，Cの所有権がBの賃借権に優先することになる（**売買は賃貸借を破る**）。Bは，甲の明渡しをCから請求されれば，原則として，それに応じなければならない。甲の上にBが建物を所有していても，Bは，その建物を収去してCに甲を明け渡すことになる（このときのA・C間の売買は，Bに建物の取壊しを強いることになるため，**地震売買**と呼ばれている）。ただし，Bの賃借権が登記等の対抗要件を備えたものであるときは（605条，借地借家10条参照），BとCの法律関係は，例外的に177条の規律する対抗問題となる。したがって，Bの賃借権がCの所有権より先に対抗要件を備えていれば，BはCからの明渡請求を拒絶できる。

　物権の債権に対する優先性は，金銭債権についてもあてはまる。たとえば，Aに600万円の債権を有するBが，債務を弁済しないAの土地（甲）に強制執行をかけ，その競売価格が500万円だったとする。この手続に，Aに400万円の債権を持つCも関与してきた場合，BとCとは，各自の債権額に応じて平等の配当を受けることになる（**債権者平等の原則**）。したがって，Bには300万円，Cに

は200万円が分配される。これに対し，Cだけが甲の上に抵当権（物権の一種）を設定していたとすると，まず抵当権者であるCが400万円の配当を受け，単なる債権者にすぎないBは，残りの100万円しか受け取れないことになる。

第4に，物権は，民法その他の法律で定めるもののほかは，自由に創設することができないのに対し（175条。**物権法定主義**），債権は，**契約自由の原則**のもとで，どのような内容のものでも自由に設定できる。ただ，実際には，取引上の必要から，法律上の規定のない物権が（慣習法上の物権として）判例に認められているし，契約自由の原則も，さまざまな立法目的を持つ多くの特別法により，相当に制約されている。

第5に，権利の**譲渡性**にも違いがある。もちろん，物権も債権も，基本的には譲渡は自由である。しかし，債権は，その性質が許さないときには，譲渡することができない（466条1項）。たとえば，役務の提供を求める債権（雇用・請負・委任等に基づく債権）は，そのほとんどが譲渡の許されない債権である。

④ 債権と請求権

債権と似た用語に「請求権」がある。たとえば，債務不履行に基づいて損害賠償を求める権利（415条）を表す場合，「損害賠償債権」ということもあれば，「損害賠償請求権」ということもある。この2つの概念には，どのような違いがあるのだろうか。

債権は，既述のように，債務者に特定の行為を請求できる権利であり，行為の結果を保持できる権利でもある。とすると，請求権とは，債権の内容のうち「行為を請求できる権利」という部分に着目した概念だといえそうである。ただ，請求権には，債権に基づかないものもある。たとえば，物権法上の請求権（所有権に基づく返還請求権等）や家族法上の請求権（扶養請求権，相続回復請求権等）などが，それである。このため，学説には，請求権を，実体法上の権利が，とくに裁判との関係で具体化したものだと捉えるものもある。もっとも，債権と請求権との区別に，それほど神経をとがらせる必要はない。

⑤ 債権と債券

「債券」も，債権と似た用語である。債券とは，国や地方公共団体，事業会社などが必要な資金を借り入れるために発行する有価証券のことをいう（発行する組織に応じて，国債，地方債，社債と呼ばれている）。これらは満期になると元

本に利息を付して償還される。要するに，債券とは，国等に対する債権を紙の上に表章したものである（ただ最近では，電子化された債券もある）。いわば債権を可視化したものであるが，これにより，権利行使が円滑・安全になり，流通性も高くなる。

2——債権の発生から消滅まで

1 債権の一生

　債権の発生から消滅までの典型的なパターンは，契約によって発生し，履行期（まで）に，契約の趣旨に適合する形で債務の履行がなされて消滅する，というものである。しかし，債権を発生させる原因は契約だけではなく，消滅させる原因も債務の履行だけではない。さらにいえば，債権の内容が途中で変更されることもあるし，債権者や債務者が交代することさえある。本書では，債権の発生から消滅までのさまざまなメカニズムを学んでいくことになるが，ここではまず，大まかな全体像を示しておこう。

2 債権の発生原因

　債権を発生させる原因には，**契約**のほか，**事務管理**，**不当利得**，**不法行為**がある。このうち契約から生じる債権の内容は，その契約を締結した当事者の意思によって決まる。ただ，民法典に規定のある13個の典型契約については，その典型契約に関する最初の条文をみれば，発生する債権の内容がわかる。たとえば，贈与契約の場合には，549条に「ある財産を無償で相手方に与える」とあり，契約から発生するのは，贈与者に財産の引渡しを請求する受贈者の債権であることがわかる。これらの債権は，各典型契約の本質的な債権，すなわち，ある契約の性質を，贈与なら贈与，売買なら売買と決定づける債権である。

　契約以外の3つの原因から生じる債権を**法定債権**という。その3つの原因の1つである事務管理とは，「義務なく他人のために事務の管理を始め」ることである（697条）。たとえば，海外赴任等で留守にしている家の窓ガラスが強風で割れてしまったので，隣家の住人が親切心から取り替えてあげたときなどに問題となる。この例では，窓ガラスの取替えにかかった費用を，留守宅の持ち主に請求する債権（費用償還債権）が発生する（702条）。

　2つ目の不当利得とは，「法律上の原因なく他人の財産又は労務によって利

益を受け，そのために他人に損失を及ぼ」すことである（703条）。不当利得には、いくつかの類型があるが，代表的な類型は，①契約債務が履行されたあとに，その契約が無効・取消しになった場合の利得（給付利得）と，②ある人の財産を何の権原もない他人が使用した場合の利得（侵害利得）である。不当利得の損失者は，利得者に利得の返還を請求する債権（不当利得返還債権）を取得する。

　3つ目の不法行為とは，「故意又は過失によって他人の権利又は法律上保護される利益を侵害」することである（709条）。他人に怪我をさせたり他人の財産を壊したりした場合などが，その例である。ただ，保護の対象となる「権利」や「利益」は多種多様であり，また侵害行為にも種々の態様がある。不法行為の被害者は，加害者に損害の賠償を請求する債権（損害賠償債権）を取得する。

③ 債権の消滅原因

　債権は，基本的には，債権者の**満足**（債権の目的到達）によって消滅する（→第10章）。**弁済**（履行とほぼ同義）は，債権者に直接的な満足を与える債権の消滅原因である。しかし，債権は，弁済とは異なる原因によっても消滅する。具体的には，**代物弁済**，**供託**，**相殺**，**更改**，**混同**である。これらは，債権者に，当初予定していたのとは異なる間接的な満足しか与えない。したがって，債権の消滅という効果を発生させるには，何らかの付加的な要件が必要となる。

　他方，債権者が満足を得られない消滅原因もある。**免除**，**消滅時効**がそれである。免除は，債権者の意思に基づくものであり，消滅時効は，債権の消滅を立証する困難から債務者を救済するという政策的な配慮に基づく面の大きい制度である。このほか，債権を発生させた原因である契約自体が，無効，取消し，解除によって消滅してしまった場合も，債権は，その基盤を失って消滅する。

④ 債権の実現

　上記のように，債権は，弁済によって実現されるのが，最も望ましい。とはいえ，債務者がつねに自発的に弁済をしてくれるとは限らない。このような場合に，債権者は，どのような手段をとることができるのだろうか。

　債権を実現するために，債権者には2つの選択肢が与えられている。**履行の請求**と**債務不履行に基づく損害賠償の請求**（415条）である（→第2章，第3章）。前者は，債務の内容そのものを，後者は，債務の履行に代えて，または債務の履行とともに，債権者に生じた損害の賠償を，債務者に請求する方法である。

これらの請求（裁判外または裁判上の請求）にも債務者が応じなければ，債権者は，公権力（裁判所）の助力を得て，債務の履行や損害賠償を強制することができる（414条）。

ところで，債権が実現されるかどうかは，その債権が金銭の支払いを目的としたもの（金銭債権）であるときは，債務者の**責任財産**（土地・建物，自動車，預金など，担保権を持たない債権者が自己の債権を回収するために強制執行をかけることができる財産の総体）の価値に左右される。したがって，債務者の責任財産の増減は，債権者の重大な関心事である。このような理由から，民法は，債務者の責任財産を確保しうる制度として，債権者代位権（423条以下）と詐害行為取消権（424条以下）を用意している（→第4章）。

さらに，債権者は，予め責任財産の個数を増やしておくこともできる。連帯債務（436条以下）や保証債務（446条以下）は，そのための制度である。これらは，**多数当事者の債権および債務**の問題として扱われる（→第6章，第7章，第8章）。

⑤ 債権の変更

債権には，発生から消滅までの間に，何らかの変更が加えられることもある。これには，内容の変更と帰属の変更の2つがある。前者は，債権者と債務者の合意により履行期や金額などを変更する場合である。他方，後者には，債権者の変更と債務者の変更とがある。債権者の変更は，債権が第三者に譲渡された場合に起こる。これに対し，債務者の変更は，債務が第三者によって引き受けられた場合に起こる（→第9章）。なお，債権者や債務者の変更は，賃貸物件が売却された場合など，契約上の地位の移転（539条の2以下）があったときに生じることもある（→新プリメール民法4第2章）。

3──債権（債務）関係に適用される法律

債権に関する規定の多くは，民法の第3編にある。第3編は，目次をみるとわかるが，第1章が「総則」，第2章が「契約」，第3章が「事務管理」，第4章が「不当利得」，第5章が「不法行為」である。このうち第1章が，「**債権総論**」と呼ばれる領域である（本書で学ぶのは，この部分である）。第2章以下は，債権の発生原因ごとに章立てされている。

しかし，債権に関する規定は，これだけではない。第1編「総則」にも重要

な規定が置かれている。このように，債権に関する規定が複数の編にまたがっているのは，債権の発生原因である契約も，第1編に規定されている「法律行為」の1つだからである。法律行為には，遺言のように，第3編以外の編に規定されている制度もあるため，それらに共通する規定を総則に持ってきたというわけである。

　債権（債務）関係には，民法のほかにも非常に多くの特別法が適用される。それらを逐一あげることはできないが，債権総論の領域に関係する主だったものだけでも，商法，会社法，利息制限法，電子記録債権法，手形法，小切手法，身元保証法，動産及び債権の譲渡の対抗要件に関する民法の特例等に関する法律，供託法等々がある。また，民事訴訟法や民事執行法などの一連の手続法のほか，破産法や民事再生法などの倒産法制も関連する。これらの特別法が，一般法である民法のどのようなルールを修正し，または手続を定めているのか，その立法目的とともに確認することが必要である。

第 **1** 章

債権の目的

● **本章で学ぶこと**

　民法の第3編「債権」は「債権の目的」という節から始まっている。「目的」という言葉は，通常は，めざすべき目標といった意味で用いられることが多いが（留学の目的，生きる目的など），ここでいう目的は「対象」の意味で用いられており，具体的には，物の引渡しや金銭の支払いなどの「給付」を指している。契約自由の原則のもとでは，さまざまな給付を目的とした債権がありうるところ，民法は，そのうちの5種類について，それぞれに特有の規定を設けている。

　その5種類の債権とは，条文の順に，特定物債権，種類債権，金銭債権，利息債権，選択債権である。たとえば，同じ車の売買でも，中古車の買主が取得する引渡債権（特定物債権）と，新車の買主が取得する引渡債権（種類債権）とでは，適用されるルールに違いがある。どのような違いがあり，そして，どうして違うのか。

　本章では，まず，債権の目的になりうる給付の要件を簡単に確認する。そのうえで，上記5種類の各債権（および条文のない任意債権）につき，ルールの内容と，そのルールが設けられている理由とを順番に学んでいく。

第1節　債権の目的となるための給付の要件

① 債権の目的＝給付

　債権は，債務者の行為，すなわち**給付**を目的とした権利である。自動車の買主が持つ債権なら，自動車の引渡しがそうであるし，引っ越し業者の顧客が持つ債権なら，家財道具の運搬がそうである。しかし，債権の目的となりうる給付は，このような積極的な行為（作為）に限られない。たとえば，夜8時以降にはピアノを弾かないでもらう債権も，当事者が合意に至れば，有効に成立しうる。消極的な行為（不作為）も，債権の目的となりうるのである。

　ただし，ある給付が債権の目的となるためには，次の要件が必要である。

② 適法性・社会的妥当性

　第1に，適法かつ社会的に妥当な給付でなければならない。つまり，公序良俗や強行規定に反した給付を，債権の目的とすることはできない（90条・91条参照）。たとえば，再婚しないという給付は，いたずらに人の自由を奪い公序良俗に反するから，このような給付を債権の目的とすることはできない。自動車を60年間賃借するというのもダメである。50年を超える賃貸借を禁ずる強行規定（604条1項）に反するからである。

③ 確定可能性

　第2に，内容を確定しうる給付でなければならない。たとえば，夢をかなえてあげるといった給付では，あまりにも内容が漠然としており，債務者が具体的に何をすればよいのかわからない。これでは，訴えが提起されたときに裁判所も困ってしまうだろう。確定可能性が要求されるのは，このためである。したがって，債権が発生する時（多くは契約を締結する時）に具体的な内容が確定している必要はなく，給付の時までに確定できればよい。実際，代金を時価で指定した取引は，よく行われている。毎月の家賃の保証も，契約を締結した時には金額が確定しているわけではないが，給付の時（保証債務を履行する時）には確定するから，債権の目的とすることができる。

④ 実現が不可能な給付

　注意を要するのは，実現が不可能な給付を目的とした債権も，効力が否定さ

れるわけではないということである。たとえば，別荘を購入する契約を締結したところ，その別荘が契約締結前に落雷により焼失していたという場合，別荘の引渡しは，契約が成立した時点で，すでに実現が不可能（**原始的不能**）である。しかし，このような給付を目的とした債権も，契約自体の効力が，錯誤等を理由に否定されるのでない限り，効力を妨げられることはない。債務が履行されないことの後始末は，損害賠償のほか（412条の 2 第 2 項），契約解除や代償請求権など履行不能一般の問題として処理される。これは，2017（平成29）年に成立した改正法が，原始的不能の契約を無効とする伝統的見解とは異なるルールを採用したことによる（詳しくは，→第 2 章）。

⑤ 金銭評価になじまない給付

民法は，金銭に見積もることのできないものであっても，債権の目的にできると定めている（399条）。裁判例には，先祖の冥福を祈るために寺僧が永代常念仏を唱えるという給付を目的とした契約の効力が争われ，有効と判断された例がある（東京地判大正 2（ワ）922号新聞986号25頁）。1890（明治23）年公布の旧民法には，金銭で評価できないものを自然債務とする定めが存在していたところ，現行民法が，これを明示的に否定したという立法の経緯がある（なお，保険法 3 条は，この原則の例外を定めている）。

第2節　債権の分類

契約自由の原則のもとでは，債権の目的（給付）は実に多様であるが，民法は，このように多様な債権のうち，特定物債権（400条），種類債権（401条），金銭債権（402条以下），利息債権（404条以下），選択債権（407条）の規定を特別に設けている。これらの債権についての個別的な説明に入る前に，まずは債権・債務の一般的な分類方法を，いくつか紹介しよう。

① 作為債務・不作為債務

債務者の積極的な行為（金銭の支払い，家屋の引渡し，引越しの手伝いなど）を内容とする債務を**作為債務**，消極的な行為（夜 8 時以降はピアノを弾かない，汚水を排出しないなど）を内容とする債務を**不作為債務**という。作為債務・不作為債務

は，次の「与える債務・なす債務」とともに，債務の履行を強制する手段を選択する際に基準とされる分類である（→第3章）。

2 与える債務・なす債務

　物の引渡しや金銭の支払いを内容とする債務を**与える債務**，それ以外の作為債務を**なす債務**（ピアノの演奏，講演，時計の修繕など）という。なす債務は，債務者自身による履行が必要であるかどうか，逆にいえば，債務者以外の者に履行させてもよいかどうかで，履行を強制する手段に違いがでる（→第3章）。なお，与える債務には，そのような違いはない。

3 可分債権・不可分債権

　給付の分割が許されるかどうかを基準とした分類である。金銭の支払いや米10キロの引渡しなどを目的とする債権は，目的物の性質からみて**可分債権**であり，車1台や家屋1戸の引渡しを目的とする債権は**不可分債権**である。債権者や債務者が複数いるときに，債務を履行する方法や履行の効果に違いがでる（→第6章）。

4 結果債務・手段債務

　一定の結果を実現することが給付の内容である債務を**結果債務**（建物を建築する債務，売却した物を引き渡す債務，代金を支払う債務など），結果の実現に向けて合理的な注意を払いながら行動することが給付の内容である債務を**手段債務**という。債務の目的に，結果の実現まで含まれるかどうかで区別される。たとえば，手段債務の例とされることの多い診療債務の場合，医師ないし医療機関が負う債務の目的は，その時の医療水準に照らして必要かつ相当な治療行為を行うことであり，通常は，病の完治までは含まれない。債務者が債務の本旨に従った履行をしないと損害賠償責任（415条）や契約の解除（541条以下）が問題となるところ，結果債務・手段債務の分類は，何が債務の本旨であるかを説明する際に用いられる（→第2章）。

第3節　特定物債権

1——特定物とは

　Aが，B所有の絵画（甲）をすっかり気に入り，これを買い受ける契約をBと結んだとしよう。その後，より高額で甲を買ってくれるCが現れたとしても，Bは，甲と似た他の絵画をAに引き渡してすませるわけにはいかない。甲でなければAは満足できないからである。**特定物**とは，このように，当事者が個性に着目して取引の対象とした物をいう。不動産や美術品，中古自動車などが，これにあたる。あくまでも当事者にとっての主観的な個性が問題なのであり，世の中の人にとってどうかという客観的な基準で決まるわけではない（客観的な基準で分類される物を**不代替物・代替物**という）。とはいえ，世間一般にとって替わりのきかない物（不代替物）の多くは，当事者にとっても個性が重要な物（特定物）であるとはいえるだろう。このような特定物の引渡しを目的とする債権を，**特定物債権**という。

2——保管についての注意義務

① 善管注意義務

　特定物を引き渡す債務を負う者（特定物の売主・貸主，修繕を終えた物の返還義務者など）は，その引渡しまでの間，「善良な管理者の注意」をもって目的物を保存しなければならない（400条）。このような注意義務を**善管注意義務**という。具体的には，防火や換気，盗難予防など，物の滅失・毀損，占有喪失を防ぐための措置をとることが必要となる。特定物の保管に善管注意義務が課されるのは，後述の種類物とは異なり，他に替わりがきかないためである。

　善管注意義務の内容や程度は，特定物を引き渡す債務が契約によって生じたのであれば，その契約の趣旨（主観的事情）をはじめ，契約の性質や目的，契約締結に至った経緯等，取引上の社会通念（客観的事情）も考慮して判断される。当事者の個人的な能力が基準とされるわけではないため，最大限の注意を払っていたとしても，保管の仕方が契約の趣旨にかなっていなければ，特定物の滅

失・毀損につき，注意義務違反を問われることになる。

民法は，善管注意義務を原則とするが，同じく物の保管に関する規定でも，659条のような例外規定もある。同条は，無報酬で物の寄託を受けた者が「**自己の財産に対するのと同一の注意**」をもって寄託物を保管すればよいと定めている。この自己の財産に対するのと同一の注意とは，個々の受寄者の能力に応じた注意のことをいう。したがって，注意力が標準より低い受寄者でも，その人なりに精一杯の注意を尽くして保管していたのであれば，仮に寄託物が保管中に滅失・毀損したとしても，責任を免れる。

② 引渡しをするまで

善管注意義務は，契約等で定めた履行期（引渡しの日）を過ぎた後も，実際に引渡しがなされるまでは継続する。もっとも，履行期を過ぎた理由が債権者の受領遅滞（受取り拒否や受取り不能）にあるときは，注意義務が軽減され，債務者は，自己の財産に対するのと同一の注意をもって保存すれば足りる（413条1項。→第3章）。また，履行期を過ぎた理由が債務者の履行遅滞にあるときは，逆に注意義務が加重され，不可抗力による目的物の滅失・損傷についても，債務者が責任を負わなければならない（413条の2第1項。→第3章）。そうなると，債務者が履行期後，引渡しまでの間に400条の善管注意義務を負うのは，受領遅滞にも履行遅滞にもあたらない場合（不可抗力により履行期に引渡しができなかったか，債務者に留置権や同時履行の抗弁権があった場合など）に限られる。

3──引渡しの仕方

① 引き渡す物の状態

特定物の引渡しをすべき時の品質は，一義的には「契約その他の債権の発生原因」および「取引上の社会通念」に照らして定まる。しかし，それで定まらない場合は「引渡しをすべき時の現状で」その物を引き渡さなければならず，かつ，それで足りる（483条）。

特定物の引渡債権が，契約の無効・取消しや解除に基づく不当利得返還債権である場合において，返還すべき特定物に損傷や一部滅失といった事情があるときは，特別の規定が適用されるほか（121条の2・545条），価額償還の法理に従うことになる。また，他人の特定物を占有する者に対する不当利得返還債権に

ついては，所有権に基づく返還請求権に適用される規定（191条）に準じて処理すればよい。したがって，483条が適用されるのは，法定債権としての特定物引渡債権のなかでも，ごく一部のものに限られる。

② 引き渡す場所

484条 1 項は，特定物を引き渡すべき場所について当事者間に合意がなければ，「その物が存在した場所において」引き渡さなければならないとする。ただし，目的物の滅失などにより，特定物を引き渡す債務が損害賠償債務に変わったときは，同条にいう「その他の弁済」にあたるものとして，「債権者の現在の住所において」履行することになる。

③ 所有権移転の時期

特定物の売買においては，特約のない限り，売買契約の成立と同時に所有権移転の効果を生ずるとするのが判例（最判昭33・6・20民集12巻10号1585頁）である。引渡しの時期と観念的な所有権が移転する時期とが一致していない点がポイントである。もっとも，この点には，学説上の争いがある（詳しくは，→新プリメール民法 2 第 2 章）。

第4節　種類債権

1 ── 種類物とは

① 種類と数量

種類物の引渡しを目的とする債権を**種類債権**という。種類物とは，当事者が種類と数量のみで指定した物である（たとえば「コシヒカリという品種の米を10キロ」という仕方で指定することが考えられる）。先に中古自動車を特定物の例としてあげたが，新車は，一般には種類物と解される。なお，種類物と不特定物とは，ほぼ同義であるが，前者は，厳密にいえば，品質（米の場合なら 1 等級米とか 2 等級米）までは指定しない物をいう（401条は種類物に関する規定である）。

② 債務者の調達義務

種類物は当事者にとって個性が重要ではないから，種類債権の債務者は，手

持ちの種類物がなくなったとしても，ほかから調達して債権者に引き渡す義務（**調達義務**）を負う。したがって，市場に同種の物が存在する限り，種類物の引渡債務が履行不能になることはない。コシヒカリの売買を例にとると，売主である米屋の店舗が火災で焼失し，在庫の米がすべて滅失したとしても，売主は，何とかコシヒカリを調達して買主に引き渡さなければならない。種類物の保存につき善管注意義務（400条参照）が定められていないのは，債務者の不注意で手持ちの種類物をすべて滅失させたとしても，債務者が，この調達義務を負うからである。

　なお，種類物は，債権者に給付される際に同種の物から選り分けられ，一定の要件を備えると「特定」する。これにより債務者は調達義務を免れるが，その代わり，保存についての善管注意義務を負うことになる（特定については，あとで詳しく述べる）。

2——種類債権の場合に給付すべきものの品質

① 中等の品質

　債務者が給付すべき種類物の品質は，契約など法律行為の性質によって当然に確定する場合もある。たとえば，カタログの写真をみて宅配を依頼する野菜を選ぶような場合は，写真の野菜と同等の品質のものを給付すべきことになるだろう。もちろん，当事者が目的物の品質を任意に決めることもできる。品質についての合意がある場合（契約の締結時か締結後かを問わない）のほか，品質を確定する方法（当事者の一方が指示する方法や第三者の指示にゆだねる方法など）についての合意がある場合も，それに従うことになる。契約等の性質や当事者の合意によって品質を確定することができないときは，債務者は「**中等の品質を有する物**」を給付しなければならない（401条1項）。

② 下等な物の給付

　給付された物の品質が所定のものより下等であった場合には，債務の本旨に従った履行（415条1項）とはいえず，債権者は受取りを拒絶することができる（受取りを拒絶しても，受領遅滞の責任〔413条〕を問われない）。債権者がすでに給付物を受け取っていても，目的物の修理や取替えを請求することが可能である（562条1項）。

3——種類債権の特定 (集中)

① 特定の意義

　種類債権も，債権者に給付される段階では「特定の物」として給付される。コシヒカリ10キロの売買であれば，実際に給付されるときには，袋か何かに入れられているだろう。このように，種類債権の目的物が具体化することを**種類債権の特定** (または集中) という。

　問題は，特定がいつ，どのようにして生ずるかである。民法は，「債務者が物の給付をするのに必要な行為を完了」し，または「債権者の同意を得てその給付すべき物を指定」したときと定めている (401条 2 項)。条文には書かれていないものの，当事者間で，どれを給付すべきかを合意したときも，特定する。当事者が第三者に指定権を与え，その第三者が給付すべき物を指定した場合も，同様である。

　物の給付に必要な行為の完了とは，要するに，債権者がその目的物を受け取ろうと思えば受け取れる状態にすることである。「必要な行為」の具体的な内容と完了の時期は，持参債務・取立債務・送付債務の区別に応じて決まる。

② 持参債務

　持参債務とは，債務者が債権の目的物を「債権者の現在の住所」まで持参して履行すべき債務である (484条 1 項参照)。この場合は，債務者が債権者の住所におもむき，目的物を受け取れる状態に置くこと (現実の提供) によって特定する (米屋が買主の自宅の呼び鈴をならし，コシヒカリ10キロを「どうぞ」と差し出せば，そのときに特定する)。

③ 取立債務

　取立債務とは，債権者の住所において履行すべき債務をいう。債権者のほうが，債務者の住所まで目的物を受け取りに行かなければならない。取立債務の場合には，債務者が目的物を分離し，債権者へ通知したことによって特定する (米屋がコシヒカリ10キロを選り分けて袋に入れ，買主に「準備ができたので取りにきてほしい」と連絡することによって特定する)。特定には「分離」が必要だと解されており (最判昭30・10・18民集 9 巻11号1642頁)，弁済の提供 (492条) の 1 つである「口頭の提供」(493条ただし書) とは，この点で異なっている (口頭の提供の場合には，

弁済の準備をしたことの通知でよい。詳しくは，→233頁）。

④ 送付債務

送付債務とは，債権者の住所でも債務者の住所でもない第三地（買主の経営する料亭など）に目的物を送付して履行すべき債務である。第三地での履行が債務者の「義務」であるときは，その場所での現実の提供により，また，債務者の「好意」であるとき，すなわち，本来は持参債務または取立債務であるときは，発送（運送業者への引渡しなど）により，それぞれ特定する。義務か好意かは，契約の解釈によって決めるほかないが，微妙な判断を強いられることになるだろう。

⑤ 特定の効果

種類債権が特定すると，以後は，特定物債権とほぼ同じ扱いを受ける。すなわち，目的物の保存につき債務者が善管注意義務を負い（400条），目的物が滅失すると，引渡債務は履行不能によって消滅する。債務者は，目的物の滅失につき帰責事由があれば，損害賠償責任（415条2項1号）を負う。帰責事由がない場合には損害賠償責任は負わないが，反対給付（売買の場合には代金）を受領することができなくなる（536条1項）。なお，所有権の移転時期について当事者の間でとくに合意をしていないときは，種類債権が特定した時に移転するというのが，判例である（最判昭35・6・24民集14巻8号1528頁，最判昭44・11・6判時579号49頁）。

⑥ 債務者の変更権

特定後の扱いが特定物債権と完全に同じであるといい切れないのは，目的物が滅失・損傷した際に，同種同量の別の物に変更する権利（**変更権**）を債務者に認めてよい場合があるからである（大判昭12・7・7民集16巻1120頁）。目的物の変更により，債務者は債務不履行責任を免れる。ただ，特定後の変更によって債権者に不当な不利益を与えてはならないため，変更が認められるかどうかは，契約の解釈または信義則によって判断される。

⑦ 制限種類債権

種類債権のうち，債務者が給付すべき種類物の範囲に特別の限定が設けられているものを**制限種類債権**という。たとえば「Aが栽培したコシヒカリ10キロ」という場合，Aが栽培したコシヒカリであればどれでもよいから，特定物

□ WINDOW 1-1 　　　　　　　　　　　　　　　　　　　　　　　　◀◀

漁業用タール事件（最判昭30・10・18民集 9 巻11号1642頁）

　この事件は，最高裁が制限種類債権のルールを示したことで有名な判決である（このほか，「口頭の提供」が必然的に種類債権の特定をもたらすわけではないと判示したことでも知られている。なお，口頭の提供については，→第10章参照）。

　本件の事案は，ため池に貯蔵されていた漁業用のタール3000トンのうち2000トンを購入する契約が締結され，一部の引渡しが行われた後，買主が，ため池内のタールがすべて滅失したとして契約を解除し，売主に対して，すでに支払っていた手付金の返還を求めたというものである。タールは，買主のほうから何回かに分けて引き取りに行くことになっていた。ところが，途中から買主が「品質が悪い」などといって引取りを拒絶している間に，売主が引渡作業に必要な労働者を引き揚げて監視人を置かなったため，ため池のあった会社の労働争議も重なり，タールが滅失してしまった。

　原審は，タールはすでに特定していたから，売主が途中でタールの保管をやめてしまったのは善管注意義務違反にあたるとして，買主の請求を認容した。これに対して，最高裁は，仮に買主の債権が制限種類債権であるとすれば，目的物の品質は問題にならないはずであるから，もし買主が品質の悪さを理由にタールの引取りを拒否したのであれば，受領遅滞の責任を免れないし，また売主が口頭で引取りを催告しただけでは目的物の特定が生じているとはいえないから，売主に善管注意義務違反があったとした原審の判断は誤りであると述べて，原審の判決を破棄し，本件を高等裁判所に差し戻した。

　差戻審では，制限種類債権の債務者は，保管について，少なくとも自己の財産に対するのと同一の注意義務（659条参照）を負うと解すべきであるところ，売主にはこの注意義務の懈怠による過失はなかったと認定して，買主の請求が棄却されている。

債権ではない。かといって，BやCが栽培したコシヒカリ10キロでは種類が同じでもダメであるから，通常の種類債権とも違っている。給付すべき物の範囲が限定されているため，債務者としてはその範囲内の物を給付すればよく，給付すべき物の品質が決まっていないという事態は生じない（→WINDOW 1-1）。

　制限種類債権の場合，限定された範囲内の物がすべて滅失してしまえば，債務者の引渡債務は履行不能となる（調達義務はない）。このため，通常の種類債権とは異なり，特定前でも債務者は保存についての注意義務を負うと解されている（札幌高函館支判昭37・5・29高民集15巻 4 号282頁は，「少なくとも債務者はその保管につき自己の財産におけると同一の注意義務を負う」とするが，善管注意義務を負うとする学説もある）。その場合，債務者が注意義務に違反していれば，特定物が滅失したときと同様に，損害賠償責任（415条 2 項 1 号）を負う。目的物の滅失が，自然災害のような債権者・債務者双方の責めに帰することのできない事由で生

じた場合には，売主は損害賠償責任を負わなくてよいが，その一方で，買主も代金の支払いを拒むことができる（536条1項。いわゆる危険負担の問題である。危険負担については，→新プリメール民法4参照）。

第5節　金銭債権

1——金銭債権の特殊性

1 意　義

金銭債権とは，金銭の支払いを目的とする債権である（なお，一定額の支払いを目的とする金銭債権のことを金額債権ともいう。金銭債権の多くは金額債権である）。たとえば，売買契約における売主の代金債権，金銭消費貸借契約における貸主の貸金返還債権，不法行為における被害者の損害賠償債権など，枚挙にいとまがない。双務契約から生ずる2つの債権の一方が金銭債権であることも多い（交換契約などの例外もある）。非金銭債権の債権者が，債務者の不履行によって，履行に代わる損害賠償（塡補賠償）を求める金銭債権を取得する場合もある（415条2項）。

金銭債権は，目的物の種類がそれほど問題にはならないため（せいぜい紙幣や硬貨の種類が問われる程度である），種類債権とは区別されている（ましてや目的物の個性が重要な特定物債権ではない）。しかし，金銭の給付を目的とする債権であっても，特定の種類の金銭（記念金貨など）を給付すべきときは，種類債権に分類されることもある。目的物に骨董的価値があって個性が重要であれば，特定物債権となることもある。

2 金銭の特殊性

支払手段である金銭は，価値をあらわす存在である点に意味があり，物としての個性は，ほとんどない（高度の代替性がある）。この特殊な性質ゆえに，金銭は，通常の動産とは異なり，占有と所有とがつねに一致する（金銭を占有する者が，その所有者である）。たとえば，友人から1万円を借りた場合，もし1万円札（紙幣）にこの友人の所有権があるとすれば，受け取った1万円札そのも

のを友人に返さねばならないことになる。しかし，それでは1万円を消費することができないし，友人としても引き渡した紙幣そのものを返してもらいたいわけではない。泥棒が金銭を盗んだ場合も，同様である。泥棒は不当な利得をしているため，これを返還する義務を負うが(703条)，盗んだ金銭そのものを返還する必要はなく，盗んだ金銭と同額を，別の紙幣等で返還すればよい。これは，別の角度からみれば，金銭の貸主や泥棒の被害者が，金銭の所有者ではなく，単なる金銭債権の債権者として扱われるにすぎないことを意味している。それゆえ，借主や泥棒に複数の債権者がいれば，貸主や被害者は，債権全額の弁済を受けられないこともある(詳しくは，→第3章)。

　金銭債権には種類債権のような「特定」はないが，これも金銭の特殊性に理由がある。保存に関する注意義務や危険の移転といった特定に伴う効果は，金銭債権については何の意味もない。高度の代替性ゆえに，履行不能になることがないためである。同じ理由から，金銭債務の「不履行」については，特別の規定が設けられている(419条。詳しくは，→第3章)。

2──弁済に関する規定

① 通貨による支払い

　金銭債権の債務者は，その選択に従い，各種の通貨で弁済をすることができる(402条1項本文)。わが国の通貨は，貨幣および日本銀行が発行する銀行券(日本銀行券)である(「通貨の単位及び貨幣の発行等に関する法律」〔=通貨〕2条3項)。貨幣には，500円，100円，50円，10円，5円，1円の6種類があり(通貨5条1項)，日本銀行券には，1万円，5000円，2000円，1000円の4種類がある(日銀施行令13条)。なお，国家的な記念事業として，1万円，5000円，1000円の貨幣を発行することができる(通貨5条2項)。

　債務者は各種の通貨を組み合わせて支払えばよいが，1万円が100円硬貨100枚で支払われた場合にも，債権者は受領を強制されるのだろうか。貨幣については，額面価格の20倍までに限り，法貨として通用する(通貨7条)。法貨とは，適法な弁済として受領を拒絶できないという意味の**強制通用力**を持った貨幣をいう。したがって，債権者は，20枚を超える100円硬貨の受領を拒絶することができる。なお，日本銀行券は，無制限に法貨として通用する(日銀46条)。

当事者が特定の種類の通貨で支払う旨の合意をした場合には（1万円を100円硬貨100枚で支払うという合意も有効である），それに従うことになる（402条1項ただし書）。ただし，指定された通貨が，法令の改正などにより弁済期に強制通用力を失っていたときは，債務者は他の通貨で支払わなければならない（同条2項）。以上のルールは，外国通貨で支払うことを債権の目的とした場合でも，同様である（同条3項）。

② 外国通貨

債務者は，債権額が米ドルやユーロなどの外国の通貨で指定された場合でも，履行地における為替相場により，日本の通貨で支払うことができる（403条）。日本円での支払いを許すことが当事者の合理的意思にかなうとは必ずしもいえないが，為替規制等により指定された通貨による弁済が困難となる場合のあることや，執行実務に与える影響などが考慮されて，このようなルールとなっている。なお，判例は，債権者の側も，日本の通貨による支払いを請求することができるとする（最判昭50・7・15民集29巻6号1029頁）。

ところで，403条にいう履行地の為替相場とは，いつの時点における為替相場をいうのだろうか。判例によれば，債務者が弁済するときは「現実に弁済する時」であり，債権者が裁判で支払いの請求をしているときは「事実審の口頭弁論終結時」である。後者の場合，判決言渡しまでに為替相場の変動があっても，その変動は考慮されないことになる（前掲最判昭50・7・15）。

3 ── 貨幣価値の下落と事情変更の法理

① 貨幣価値の下落

金銭債権の発生後に社会的・経済的な変動により貨幣価値が下落した場合であっても，債務者は原則として債権発生時の額面で債務を弁済すればよい（**名目主義**）。貨幣価値の下落は，経済史においてよくみられる現象であり，債権者も当然にそれを予測しておくべきだからである。しかし，下落の幅が極端である場合にも，この原則が厳格に貫かれるべきなのだろうか。たとえば，数年後に引き渡す約束で建物を300万円で売却する契約が締結されたところ，急激なインフレーションで貨幣価値が100分の1にまで下落してしまったという事態を想定してみよう。額面どおりの弁済でよければ，売主は，実質的には3万

円の価値しかない代金と引き換えに建物を引き渡すことになるが，それではとても引き合わない。

② 事情変更の法理

契約締結後に，契約の基礎となった事情が当事者の予見しえなかった事実の発生によって変更したことにより，当初の契約内容に当事者を拘束することがきわめて苛酷となった場合に契約の解除や改訂を認める法理を**事情変更の法理**という（→新プリメール民法4第2章）。インフレーションのように，給付と反対給付の等価関係が著しく破壊されている場合のほか，戦争や大災害等の発生により，契約当事者の一方にとって契約の履行が著しく困難になった場合，あるいは契約締結時に当事者が達成しようとした契約の目的が何らかの事情で達成できなくなった場合にも，この法理の適用が問題となる。

欧米のいくつかの立法例とは異なり，わが国の民法には明文規定がない。しかし，判例は，古くから法理の存在自体は認めている（最判昭26・2・6民集5巻3号36頁，最判昭29・2・12民集8巻2号448頁，最判昭30・12・20民集9巻14号2027頁，最判平9・7・1民集51巻6号2452頁等）。もっとも，裁判所は，この法理の適用にはきわめて慎重である。下級審レベルでは契約解除の主張を認めた裁判例もあるが（熊本地八代支判昭30・10・15下民集6巻10号2145頁），最高裁の判決には，事情変更の法理を適用したものはなく，かえって1934（昭和9）年発行の割増金付割引勧業債券（額面20円）につき，償還時に貨幣価値が300分の1にまで下落していても券面額を弁済すればよいとした判決がある（最判昭36・6・20民集15巻6号1602頁）。

事情変更の法理は，当事者間の利害を適切に調整する仕組みとして期待される一方，濫用的な利用を懸念する声も根強くある。2017年改正の際には，明文規定を民法に設けることも検討されたが，結局，見送られることになった。

第6節 利息債権

1——利息とは

① 元本と利息

　利息の支払いを目的とする債権を**利息債権**という。利息とは，元本を一定の期間利用することの対価である。100万円を，年率10％で計算した対価を支払う約束で1年間借りるという場合，100万円が**元本**であり，10万円が**利息**である。

　元本・利息債権は，金銭債権とは限らない。米100キロを借りて1年後に元利合計110キロを返すという約定も可能である。この場合には，100キロの米が元本であり，10キロの米が利息である。ただし，元本債権は，金銭その他の消費物を目的としたものでなければならない。したがって，特定物を利用する際の対価（借地や借家の地代・家賃など）は利息ではない。なお，利息も地代・家賃も，物の使用の対価として受けるべき金銭その他の物という点では共通しており，民法では法定果実と総称されている（88条2項）。

② 遅延損害

　金銭債務が弁済期に履行されなかった場合，債務者は，履行が遅れたことによる損害を賠償しなくてはならない。この損害を**遅延損害**という。遅延期間の長さによって損害額を計算するので遅延利息とも呼ばれているが，厳密にいえば損害賠償であって利息（元本使用の対価）ではない。

2——利　率

　元本に対する利息の割合を**利率**という。利率は，通常は当事者間の合意で定められる（合意で定める利率を**約定利率**，その利率に基づく利息を約定利息という）。約定利息には，利息制限法の適用があるほか，貸金業法や出資法（正式名称は「出資の受入れ，預り金及び金利等の取締りに関する法律」）の規制を受ける。規制の内容については，後述する。

① 法定利率

　当事者が利率に関する合意をしないときは，その利率は**法定利率**による（404

条 1 項)。契約上の利息債権のほかにも，金銭債務の不履行にかかる損害賠償額の算定 (419条 1 項) や，生命侵害における逸失利益など将来において取得すべき利益にかかる損害賠償額を算定する際の中間利息控除 (417条の 2・722条 1 項) において意味を持つ。

　法定利率は，2017 (平成29) 年改正法の施行時には**年 3 ％**であるが (404条 2 項)，法務省令で定めるところにより，3 年ごとに見直される (同条 3 項)。改正前の民法では年 5 ％ (商法では年 6 ％) の固定制がとられていたが，低金利の状況が長く続き，経済実態 (市中金利など) とのかい離が大きくなったことから，変動制が採用されることとなった (民事も商事も同一の法定利率が適用される)。見直しの頻度が 3 年ごととされているのは，これ以上の間隔をあけると，直近の市中金利とのかい離が大きくなるためである。

　では，お金を借りた時 (契約成立時) と返す時 (弁済期) とで法定利率が異なる場合には，どの時点の利率が適用されるのだろうか。住宅ローンなど長期にわたる融資を受けた場合に，とくに問題となる。利率の基準時については404条 1 項が「利息が生じた最初の時点」と定めているから，適用される利率は契約成立時のものである。その後に法定利率が変動しても，その契約に適用される利率は変わらない。これは，事務負担の増大を防ぐための配慮である。

　法定利率の算定方法は，少々複雑である。利率の算定には**基準割合**という指標が用いられる (同条 4 項)。これは，日本銀行が公表している貸出約定利率 (新規・短期)，すなわち，国内銀行が過去 5 年間 (各期の初日の属する年の 6 年前の年の 1 月から前々年の12月までの各月) に新たに行った，期間 1 年未満の貸付けにかかる利率の各月の平均をすべて足し，それを60で割った数値 (0.1％未満は切り捨て) をいう (同条 5 項)。法定利率は，ある程度緩やかに変動することが望ましい。過去 5 年間の金利の平均値が算定の基礎とされているのは，このためである。3 年を 1 期とする各期の法定利率は，法定利率に変動があった期のうち直近のもの (直近変動期) の基準割合と当期の基準割合の差が 1 ％を超えたときに，その差 (小数点以下は切り捨て) を，直近変動期の法定利率に加算または減算して算定する (同条 4 項。→WINDOW 1-2)。

② 単利と重利

　利息には，**単利**と**重利** (複利ともいう) の区別がある。前者は，一定期間ごと

法定利率の定め方

　法定利率は，1期（3年）ごとに見直されるが（404条3項），変更する場合の利率は，どのようにして決められるのだろうか。

　利率の算定に「基準割合」が用いられることは本文で述べたが，各期の基準割合が，下の左図のように，①0.7→②1.1→③0.5→④1.3→⑤1.0→⑥1.7→⑦2.0→⑧1.5（単位は％。以下同じ）と推移したとしよう。たとえば，3期目をみてみると，この期の基準割合は0.5であり，直近変動期（今回の例では最初の期）の基準割合である0.7との差が−0.2であるため，1パーセント未満の端数が切り捨てられ（同条4項），見直しは不要ということになる。5期目も，その期の基準割合（1.0）と直近変動期の基準割合（0.7）との差が0.3であり，やはり見直しは不要となる。これに対し，6期目は，この期の基準割合（1.7）と直近変動期の基準割合（0.7）との差が1.0であるから，1を直近変動期の法定利率である3に加算することになり，法定利率は4％に変動する。

　他方，各期の基準割合が，下の右図のように，①1.3→②1.0→③1.5→④0.8→⑤0.6→⑥0.1→⑦0.1→⑧0.3と推移した場合はどうか。たとえば，3期目と5期目は，これらの期の基準割合と直近変動期の基準割合との差が，それぞれ0.2と−0.7であるため，法定利率の見直しはない。これに対し，6期目は，この期の基準割合（0.1）と直近変動期の基準割合（1.3）との差が−1.2であるから，小数点以下を切り捨てた1を直近変動期の法定利率である3から減算することになる。その結果，法定利率は2％に変動する。

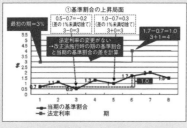

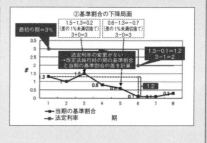

出所：民法（債権関係）部会資料8 1Bから抜粋

に利息を計算する際に，前の期間に生じた利息を元本に組み入れないものをいい，後者は，組み入れるものをいう（わかりやすくいえば，重利の場合は利息にも利息がつく）。たとえば，100万円を年5分の利息で2年間借り入れた場合，単利であれば，元本100万円に2年分の利息10万円を加えた110万円を履行期に返済すればよい。これに対し，重利であれば，2年目の利息が，1年目に生じた利息5万円を元本に組み入れた額（100万円＋5万円）を基礎として計算されるため，履行期に返済すべき元利合計金は，110万2500（100万 × 〔1＋0.05〕^{2}）円となる。民法上は単利が原則であるが，利息の支払いが1年以上延滞している場

合で，かつ債権者が催告をしても債務者がその利息を支払わないときは，たとえ重利の特約がなかったとしても，債権者は，その延滞した利息分を元本に加えることができる (405条)。法律の規定によって生じる重利 (**法定重利**) である。

　契約自由の原則のもとでは，当事者間の合意で重利とすることも，当然に認められる。利息を元本に組み入れる期間についても自由に定めうるが，年に数回の組入れを行う旨の重利の予約は，1年につき利息制限法所定の制限利率をもって計算した額の範囲内でのみ，効力が認められる (最判昭45・4・21民集24巻4号298頁)。

3——基本権としての利息債権と支分権としての利息債権

1 基本権と支分権

　利息債権は，**基本権**としての利息債権と**支分権**としての利息債権とに区別することもできる。前者は，債権者が元本に対する利息を請求できるという抽象的な権利であり，後者は，その抽象的な権利に基づいて発生した具体的な利息債権である。たとえば，100万円を年7％ (単利) の約定で3年間貸し付けたという場合，1年ごとに7万円の利息を請求できるという債権が基本権としての利息債権であり，1年ごとに発生する7万円の債権が支分権としての利息債権である。

2 付従性と随伴性

　基本権としての利息債権は，元本債権の存在を前提とするものであり，元本債権が成立しなければ成立せず，元本債権が弁済等によって消滅すれば利息債権も消滅する。これを**利息債権の付従性**という。また，元本債権が譲渡等によって移転すれば，利息債権もそれに伴って移転する。この性質を**利息債権の随伴性**という。

　他方，支分権としての利息債権は，ひとたび発生すると，元本債権から独立した存在となる。上記の例でいえば，債務者が1年後に100万円を支払って元本債権が消滅しても，7万円の利息債権は，なお存続する (付従性がない)。また，元本債権が譲渡されても，支分権としての利息債権は，当然には移転しない (随伴性がない)。すでに発生している支分権としての利息債権をあわせて譲渡する場合には，その旨の特約が必要である。

4──利息の制限

① 私法上の制限と刑事罰

　契約自由の原則のもとでは，利率についても，債権者と債務者の間で自由に取り決めることができるはずである。しかし，利率の取決めを当事者の完全な自由にゆだねると，経済的に立場の弱い債務者が足元をみられ，債権者から法外な高利を押し付けられるおそれがある。そこで，**利息制限法**は，経済的弱者である債務者を保護するために，私法上，当事者が有効に約定できる利率に上限（後述のように，元本の額に応じて15%～20%）を設けている（利息1条）。

　さらに，「出資の受入，預り金および金利等の取締等に関する法律」〔＝**出資法**〕は，所定の率を超える利息（遅延損害金も同じ）の契約をし，またはこれを受け取ったり要求したりした貸主に対し，刑罰を科している。2006（平成18）年改正前の出資法5条は，刑罰の対象となる利息を，一般には年109.5%（閏年の場合は109.8% = 1日0.3%〔日歩30銭〕）を超える利息，金銭の貸付けを行う者が業として貸付けをするときは年29.2%（閏年の場合は29.28% = 1日0.08%〔日歩8銭〕）を超える利息と定めていた。

　同条の規定は，利息制限法の適用を除外する趣旨ではないため（最判昭34・5・8民集13巻5号571頁），利息制限法の制限利率を超える利息は，出資法5条による刑罰の対象とはならなくても，私法上は無効である（貸主が支払いを請求する訴えを起こしても認められない）。このような範囲の金利は，私法上は有効ではない（「白」ではない）が，刑罰の対象となるわけでもない（「黒」でもない）という意味で**グレーゾーン金利**と呼ばれており，従来から，いわゆるサラ金を規制するための立法に際して重要な問題とされてきた。もっとも，今日では，刑罰の対象となる金利（業として貸付けを行う場合）が出資法の改正により年20%超に引き下げられたことにより，グレーゾーン金利の範囲は大幅に縮小されている。さらに，2006（平成18）年の**貸金業法**の改正（施行は2010〔平成22〕年）により，利息制限法所定の制限利率を超える金利での貸付けが行政処分の対象とされたことから，グレーゾーン金利は，事実上，撤廃されたものと考えられている。

② 利息制限法の制限利率

　利息制限法1条には，元本が10万円未満であれば年2割，10万円以上100万

円未満であれば年1割8分，100万円以上であれば年1割5分の利率で計算した金額を超える利息の契約は，**超過部分につき無効**であると定められている（→WINDOW 1-3）。また，債務不履行による賠償額（遅延損害金）の予定については，上記の制限の1.46倍の利率を超えると，超過した部分につき無効となる（利息4条1項）。したがって，制限を超過した部分の支払いを裁判所に求めても，制限利率の範囲内でしか請求は認容されない。また，抵当権の設定登記をする際に，制限を超える利息の登記をすることはできないし（不登25条13号，不登令20条8号），制限を超える利息の約定を公正証書にすることもできない（公証26条）。

③ 利息の天引き

利息の天引きをした場合には，債務者の受領額を元本として計算し，その結果，天引きの額が制限利率を適用した額を超えているときは，超過部分が元本に充当されたものとみなされる（利息2条）。たとえば，20万円を年3割・期間1年の約定で借りる際に，1年分の利息（6万円）の天引きがなされたという場合，受領額14万円に対する制限利息は2万5200（14万円×0.18）円であるから，天引きされた6万円のうち，超過額3万4800円が元本に充当される。その結果，1年後に返済すべき元利合計額は16万5200円となる。

④ みなし利息

債権者が受け取る元本以外の金銭は，その名義が，礼金，割引金，手数料，調査料等のいずれであるかを問わず，すべて利息とみなされる（利息3条）。判例は，貸金業者が100％出資して設立した保証会社が受け取る保証料についても，利息制限法3条所定のみなし利息にあたると解している（最判平15・7・18民集57巻7号895頁，最判平15・9・11判時1841号95頁，最判平15・9・16判時1841号100頁）。

□ WINDOW 1-3　　　　　　　　　　　　　　　　　　　　　　　　◀◀

利息の規制をめぐる司法と立法の攻防

　2006（平成18）年改正前の利息制限法1条2項は，「債務者は，前項の超過部分を任意に支払ったときは，同項の規定にかかわらずその返還を請求することができない」と定めていた（4条2項が同条を損害賠償額の予定にも準用していた）。制限超過部分の契約は無効なのであるから，本来なら，その部分の支払いは債権者の不当利得となり，債務者は返還を求めうるはずである。にもかかわらず，返還を請求できないと定められたのは，1877（明治10）年制定の旧利息制限法2条に，制限超過部分は「裁判上無効」と規定されていたところ，大審院が，裁判外で任意に支払われた制限超過部分の返還を請求できないとする趣旨の規定であると解釈し（大判明35・10・25民録8輯9巻134頁），それが1954（昭和29）年に制定された現行法にも採用されたという事情があった。

　ところが，1条2項の規定は，その後，判例によって実質的に空文化されることになる。最高裁はまず，任意に支払われた制限超過部分は元本の支払いに充当されるとして，従来の判例の立場を変更し（最大判昭39・11・18民集18巻9号1868頁），ついで，充当計算の結果，元本が完済となれば，以後に支払われた利息・遅延損害金は，債務が存在しないのに支払われたものであるから利息制限法1条2項の適用はなく，債務者は不当利得返還請求をなしうるとする判断を示した（最大判昭43・11・13民集22巻12号2526頁）。さらに最高裁は，制限超過利息と元本とを一括して支払った場合でも，債務者は返還を求めうるとした（最判昭44・11・25民集23巻11号2137頁）。

　一連の判決は，あたかも利息制限法の条項が削除されたのと同様の効果をもたらした。これについては，判例による事実上の法改正であり，司法の役割の限界を超えるものであるとの批判的な評価もある。しかし，他方では，こうした判例が，高利にあえぐ債務者の救済に大きな威力を発揮したことも事実である。そもそも任意弁済の場合に返還請求を認めないとする規定の合理性については，立法当初から疑問が持たれていたこともあり，学説も判例の積極的な姿勢をおおむね支持していた。

　ところが，1983（昭和58）年に制定された「貸金業の規制等に関する法律」（2006年に「貸金業法」と改称）のなかに，債務者が利息として任意に支払った金銭の額が利息制限法1条1項に定める利息の制限額を超える場合であっても，所定の要件を満たす場合には，その超過部分の支払いを有効な利息の債務の弁済とみなすとする規定（貸金業規制43条。いわゆる「みなし弁済」規定）が設けられ，いったんは空文化された利息制限法1条2項の規定が，ふたたび息を吹き返すこととなった。しかし，多重債務者の増加が深刻な社会問題として認識されるなか，最高裁は，有効な弁済とみなすための要件を厳格に解する判決を相次いで下し，その結果，みなし弁済の範囲は極端に縮小されていた。結局，利息制限法の1条2項・4条2項は，2006（平成18）年の法改正の際に削除された。

第7節　選択債権

1──選択債権とは何か

　選択債権とは，債権の目的が数個の給付のなかから選択によって定まる債権をいう（406条）。たとえば，祖父が，結婚する娘に自己の所有する数個の絵画から1つを贈与しようと考え，「私の持っている絵画のうち，どれか1つをお前に譲ろう」と約束した場合，この約束（契約）から生ずる娘の権利は，選択債権である。

⌷ 種類債権との違い

　選択の対象となる「数個の給付」は，性質のまったく違うものであってもよい。たとえば，自動車を買ってもらうか海外旅行に行かせてもらうという債権も，有効な選択債権である。給付の対象が特定していない点で種類債権と類似するが，種類債権の場合は，米10キロとか特定車種の新車1台というように，同種の物のなかからどれかを特定して給付するのに対し，選択債権の場合は，選択の対象になっている給付自体は，それぞれ個性を持っている。

　では，土地の一部を贈与する契約が結ばれたが，債務者が贈与地の選択をしないまま履行期を過ぎたという場合には，選択債権を規律する条文である408条は適用されるだろうか。大審院は，かつて，受贈者の権利を限定種類債権としたうえで，選択債権に関する規定を「準用」するとしていた（大判大8・5・10民録25輯845頁）。しかし，端的に選択債権と解するべきだとする学説の批判もあり，最高裁は，その後，土地の一部を賃借する債権が選択債権にあたるとする判断を示すに至っている（最判昭42・2・23民集21巻1号189頁。土地の一部の売買に関する最判昭55・9・30判時981号61頁も参照）。

⌷ 法律の規定による選択債権

　選択債権は，法律の規定によって生ずることもある。たとえば，無権代理人は，「相手方の選択に従い，相手方に対して履行又は損害賠償の責任を負う」（117条1項）。また，有益費を支出した占有者は，「回復者の選択に従い，その支出した金額又は増価額を償還させることができる」（196条2項）。

2——選択債権の特定（集中）

選択債権が履行されるためには，数個の給付が1つに絞られる必要がある。これを**選択債権の特定**（または集中）という。特定は，当事者の合意によるほか，選択権の行使や給付の不能によっても生ずる（406条以下）。

1 選択権行使による特定

特定を生ずるための選択権が誰に属するかは，当事者間の合意で自由に定めることができ，合意があれば，それに従うことになる。合意がないときは，債務者が選択権を行使するというのが民法の原則である（406条）。ここでいう債務者とは，選択債権の目的物を給付する債務の債務者である。贈与であれば贈与者，売買であれば売主が，これにあたる。

2 選択権の移転

選択権を有する者が，弁済期が到来しているのに選択をしないときは，相手方は，相当の期間を定めて選択の催告を行うことができ，その期間内に選択がなされなければ，選択権が相手方に移転する（408条）。たとえば，絵画か宝石のどちらかを贈与すると約束した贈与者が，約束した履行期が過ぎても選択をしないために目的物が特定されないときは，受贈者は，「いついつまでに選択をせよ」という催告を行い，にもかかわらず，その期日までに贈与者が選択をしなければ，「それでは宝石の方をいただくよ」と選択したうえで，宝石の引渡しを求めることができる。

3 選択権の行使方法

選択権は，相手方に対する意思表示によって行使する（407条1項）。意思表示であるから，隔地者間では，それが相手方に到達した時に選択の効果が生ずる（97条1項）。選択の意思表示が虚偽表示であるときは，その無効を主張することもできるし，錯誤や詐欺・強迫によるときは，取り消すこともできる。もちろん，行為能力に関する規定（4条以下）の適用も受ける。

上記のような無効・取消し原因が存在しない以上，いったん行った選択の意思表示は，相手方の承諾がなければ撤回することができない（407条2項）。相手方の意向を無視した一方的な撤回を認めては，特定の給付を期待した相手方の利益を害することになるからである。

4 第三者による選択

　選択権の行使は，当事者以外の第三者にゆだねられることもある。たとえば，契約の公正を担保するため，契約に際して当事者が第三者の立会いを求め，その第三者に給付内容の選択をゆだねるような場合である。第三者が選択を行うには，債権者か債務者のいずれかに選択の意思表示をすればよい（409条1項）。第三者が行った選択の意思表示は，債権者と債務者双方の承諾がなければ撤回することができない。明文の規定はないが，異論のない解釈である。第三者が選択することができず，または選択することを欲しないときは，選択権は債務者に移転する（409条2項）。

5 給付不能による特定

　たとえば，絵画か宝石のいずれかを給付してもらう選択債権があるとする。このうち絵画が滅失したという場合には（滅失の時期は契約締結の前後を問わない），その滅失が選択権を有する者の過失によるときは，残存する宝石の給付を目的とする選択債権となる（410条）。これに対し，滅失が選択権を有する者の過失によらないときは，選択権者は，残存する給付を選択してもよいし，不能となった給付を選択することもできる（410条の反対解釈）。たとえば，売主が選択権を有していたところ，買主の過失で絵画が滅失したのであれば，売主はあえてその滅失した絵画を選択して給付義務を免れつつ，代金を買主から受け取ることもできる（536条2項）。反対に，買主に選択権があったところ，売主の過失で絵画が滅失したという場合には，買主は，あえて絵画の給付を選択したうえで，売主に対して損害賠償を請求することもできる（415条2項1号）。

3——選択の遡及効

　選択による特定の効果は，債権発生の時にさかのぼって効力を生ずる（411条）。つまり，その債権は，はじめからその選択された給付を目的とした単純な債権だったことになる。ただし，選択の遡及効は，第三者の権利を害することができない（同条ただし書）。たとえば，AがBに絵画か宝石を給付するという内容の選択債権が発生した後にAが絵画をCに売却したという場合，この規定によれば，A・B間で絵画を選択してCを害することはできないことになる。しかし，BとCのいずれが絵画の所有権を取得するかは，所有権移転の時

期の前後を問わず，物権変動の対抗問題として処理すればよい（この場合は178条が適用され，先に絵画の引渡しを受けた方が，その所有権を取得する）。したがって，同条のただし書は，適用の余地がほとんどないと解されている。

第8節　任意債権

　任意債権とは，債権の本来的な内容は特定の給付であるが，債権者が別の給付を請求できる権利を有していたり，債務者が別の給付に変更する権利を有していたりする債権をいう。民法上，任意債権に関する一般的な規定はないが，個別の規定によって任意債権が発生する場合がある。たとえば，外国の通貨で債権額が指定されたときでも，債務者は，403条の規定により，日本の通貨で弁済をすることができる。また，保証人から事前の求償権を行使された主たる債務者は，461条2項の規定により，供託等をして償還義務を免れることができる。

　任意債権は，契約によって発生することも多い。たとえば，ある絵画を贈与する契約をしたが，場合によっては，別の絵画を贈与するという内容に変更してもよいと予め合意されているような場合である。目的物を変更する権利は，贈与者の側にある場合と受贈者の側にある場合とがありうるが，そのいずれであるかは契約によって決まる。

　選択債権とは異なり，任意債権の場合には本来の給付が決まっており，他方は補充的な給付にすぎない。したがって，本来の給付が債務者（上記の例では贈与者）の責めに帰することのできない事由で不能になったときは，債務は全体として消滅し，補充的なもう一方の給付も残らない。

第**2**章
債務不履行
とは何か

●**本章で学ぶこと**

債権・債務は，たいていの場合には，債務者が債務の履行をすることによって消滅し，その役割を終える。

しかし，債務者が債務を負っているにもかかわらず，それを履行しない場合もある。このように債務が履行されない場合のことを，債務不履行という。

本章では，こうした債務不履行の意味と判断方法をふまえたうえで，具体的にどのような場合に債務不履行があるとされるのかを，契約関係が展開する過程（契約成立前・契約履行過程・契約終了後の各段階）に即してみていく。

債務不履行が生じた場合，債務者は，一定の要件のもとで，損害賠償などの責任を負う。こうした債務不履行責任の内容については，第3章で取り扱う。

第1節 債務の発生とその履行

　契約などに基づいて債務が発生した場合，その債務は，債務者が履行をすることによって消滅するのが通常である。

　たとえば，売買契約が成立すると，①買主は売主に対して代金を支払う債務を負い，②売主は買主に対して目的物を引き渡す債務を負う。このとき，①買主が売主に代金を支払えば，買主の代金債務は履行によって消滅し，②売主が買主に目的物を引き渡せば，売主の目的物引渡債務は履行によって消滅する。

　このように，たいていの場合には，債務は，債務者がそれを履行することによって消滅し，その役割を終えることになる。

第2節 債務不履行の意味と判断方法

1──債務不履行の意味

　債務が発生したにもかかわらず，それが履行されない場合もある。たとえば，売買契約が成立したにもかかわらず，買主が代金を支払わない，あるいは，売主が目的物を引き渡さないといった場合である。このように，債務が履行されない場合のことを，**債務不履行**という。

　こうした債務不履行には，①「債務者の責めに帰すべき事由」によるものと，②「債務者の責めに帰することができない事由」によるものとがある（415条1項ただし書を参照）。学説によっては，「債務不履行」という言葉が，もっぱら債務者の責めに帰すべき事由による債務不履行（上記①）を指すものとして用いられることもある。しかし，本書においては，「債務不履行」という言葉を，債務者の責めに帰すべき事由（帰責事由）によるかどうかを問わず，**債務が履行されない場合一般**を指すものとして用いることとする。

　さて，こうした債務不履行があった場合には，債務者は，一定の要件のもとで，債務不履行の責任を負う。債権者の側からみれば，債務不履行に直面した

図表2-1　債務の発生と債務の履行・不履行

債権者には，一定の要件のもとで，債務不履行に対する各種の救済手段が認められることになる（詳しい内容については→第3章で取り上げる）。

　債務不履行は，契約に基づく債務のほか，不法行為・不当利得など契約以外の発生原因に基づく債務においても生じる（→図表2-1）。もっとも，これらのうち最も重要なのは，契約に基づく債務の不履行である。したがって，以下でも，主として，契約に基づく債務の不履行を取り扱う。

2——債務不履行の判断方法

　債務不履行があったかどうかを判断するためには，①債務者がどのような内容の債務を負っているかを確定し（債務内容の確定），②その債務が内容どおりに履行されたかどうかを判断する（不履行の判断）ことが必要になる。

1 債務内容の確定

　債務者がどのような内容の債務を負っているかは，契約に基づく債務の場合には，契約の解釈（契約内容の確定）という作業によって確定される。これに対して，不法行為など法律の規定に基づく債務の場合には，債務の内容は，それぞれの法律の規定の解釈によって確定される。

　その際，債務者が負う債務には，①売買契約における売主の目的物引渡債務・買主の代金債務のような，各契約における中心的な給付を行う義務（給付義務）のほか，後述するように，②付随義務，③保護義務といったさまざまな性質・内容の義務があるとされている。

2 不履行の判断

　以上のようにして確定された債務が，その内容どおりに履行されていないと判断される場合に，債務不履行があることになる。

　債務不履行には，①債務の履行がその履行すべき時期に遅れている場合（履行遅滞），②債務の履行が不能である場合（履行不能），③債務の履行として給付

□ WINDOW 2-1

債務不履行の判断と結果債務・手段債務

債務不履行の判断にあたっては，結果債務・手段債務という債務の分類が有用であるとされている。この分類は，フランス法に由来するものである。

結果債務とは，一定の結果を実現することを内容とする債務である。結果債務においては，債務内容である結果が実現されなければ，それだけで債務不履行と判断されることになる。結果債務の例としては，たとえば，売主の目的物引渡債務，買主の代金債務などがあげられる。これらの債務においては，目的物の引渡しや代金の支払いがされなければ，それだけで債務不履行があると判断されることになる。

手段債務とは，結果の実現に向けた適切な手段を講じることを内容とする債務である（結果の実現までは債務内容となっていない）。手段債務においては，目指された結果が実現しなかったからといって，直ちに債務不履行と判断されるのではなく，結果の実現に向けた適切な手段が講じられていたかどうかによって，債務不履行の有無が判断されることになる。手段債務の例としては，たとえば，医師の診療債務などがあげられる。医師は，患者の治癒に向けた適切な手段を講じるべき債務を負うものの，患者が確実に治癒することまで債務内容として引き受けているわけではない。したがって，患者の治癒という結果が実現しなかったからといって，直ちに医師の債務不履行と判断されるわけではないことになる。手段債務において債務不履行があったと判断されるには，債務者が具体的にどのような手段を講じなければならなかったのかを明らかにしたうえで，債務者がそれを怠ったと認められることが必要になる。

が行われたものの，それが不完全であった場合（不完全履行）など，さまざまな態様のものがありうる。民法には，こうした債務不履行の態様に応じて特別の規律が設けられていることもある（たとえば，履行遅滞の要件について定める412条など）。

第3節　債務不履行の態様——履行遅滞と履行不能

債務不履行には，上で述べたように，さまざまな態様のものが考えられる。ここでは，そのなかでも代表的な不履行の態様である，①履行遅滞，②履行不能について詳しくみていく。もちろん，債務不履行の態様は，この2つに限られるわけではない。これら以外の態様については，それぞれ必要な箇所で取り上げることにする。

① 履行遅滞

　履行遅滞とは，債務の履行が可能であるにもかかわらず，履行すべき時期（履行期）までに，債務の履行がされなかった場合のことをいう。たとえば，Ａが Ｂに対して，返済期日を５月10日と定めて100万円を貸し付けた場合，５月10 日を経過するまでにＢがＡに100万円の返済をしなければ，Ｂは，Ａに対する 貸金返還債務について履行遅滞となる。

　債務者がどのような場合に履行遅滞となるかは，以下でみるように，債務の 履行期がどのように定められているかによって異なる。こうした債務の履行期 は，契約の解釈などによって定められる。各種の契約類型について，債務の履 行期に関する定めが存在することもある（573条・591条など）。

　(1)　**確定期限のある債務**　　債務の履行について確定期限があるときは，そ の期限を経過することによって履行遅滞となる（412条１項）。たとえば，上記 の例のように，「５月10日までに100万円を支払う」という確定期限の合意があ る場合には，債務を履行しないで５月10日を経過することによって（翌日の５ 月11日から），債務者は履行遅滞となる。

　(2)　**不確定期限のある債務**　　債務の履行について不確定期限があるとき は，①債務者がその期限の到来した後に履行の請求を受けた時，または，②債 務者がその期限の到来を知った時のうち，いずれか早いほうの時期を経過する ことによって履行遅滞となる（412条２項）。不確定期限とは，将来到来するこ とは確実であるが，その到来時期が不確定なものである。たとえば，「Ｃが死 亡したら，ＢはＡに100万円を支払う」という不確定期限の合意がある場合が これにあたる。この場合，Ｃが死亡した時点で，ＢのＡに対する100万円の支 払債務の履行期は到来する。しかし，期限が到来したことを知らない債務者に まで履行遅滞の責任を負わせるべきではない。そこで，Ｂが履行遅滞となるの は，Ｃの死亡後に，①ＡがＢに対して履行の請求をした日，または，②ＢがＣ の死亡の事実を知った日のいずれか早い日の翌日からとされている。

　(3)　**期限の定めのない債務**　　債務の履行について期限の定めがないとき は，履行の請求を受けた時から——厳密には，請求を受けた日に履行せずにそ の日を経過することによって——履行遅滞となる（412条３項）。たとえば，Ｂの Ａに対する100万円の支払債務について期限を定めなかった場合には，ＢがＡ

から履行請求を受けた日の翌日から，Bは履行遅滞となる。

(4) **不法行為による損害賠償債務**　法律の規定に基づいて生じる債務は，原則として，期限の定めのない債務と考えられており，債権者の履行請求を受けてはじめて履行遅滞となるとされている。しかし，不法行為による損害賠償債務は，例外的に，債権者の履行請求を待たずに，損害発生と同時に履行遅滞となるとするのが判例である（最判昭37・9・4民集16巻9号1834頁）。

② 履行不能

履行不能とは，債務の履行が不可能である場合のことをいう。たとえば，絵画甲の売買契約が締結されたものの，売主が買主に甲を引き渡す前に，甲が火事により焼失してしまった場合がこれにあたる。

(1) **履行不能の判断基準**　履行不能とされるのは，「債務の履行が契約その他の債務の発生原因及び取引上の社会通念に照らして不能であるとき」である（412条の2第1項）。

具体的に履行不能とされるのは，上記の例のように債務の目的物が滅失したという物理的不能の場合が典型例であるが，それに限られるわけではない。

債務の履行が物理的には可能であっても，上記の基準に照らして債務者に債務の履行を期待することが相当でないと評価される場合には，履行不能とされる。たとえば，指輪の売買契約において，目的物である指輪が湖の底に落ちてしまったという場合，売主が指輪を湖の底から引き揚げて買主に引き渡すことも物理的には不可能ではない。しかし，これを行うとなると，それによって買主が取得する利益に比して不相当に多額の費用を要する結果となってしまう。そこで，このような場合には，取引上の社会通念に照らして，指輪の引渡債務は履行不能とされる。

また，売買契約の成立後に，法律によって目的物の取引が禁止された場合などにおいても，売主の目的物引渡債務は，履行不能とされる（大判明39・10・29民録12輯1358頁）。これに対して，売買契約の成立前の時点ですでに，法律によって目的物の取引が禁止されていた場合には，その売買契約が公序良俗違反（90条）を理由に無効となる可能性がある。この場合には，売買契約が無効であるために，それに基づく売主の債務がそもそも発生せず，したがって，その債務の履行不能もまた問題とならないことになる。

このほか，判例によれば，不動産の売買契約において，売主が目的不動産を買主Ａと買主Ｂに二重譲渡し，買主Ｂへの所有権移転登記手続を行ったときには，その移転登記の完了の時点で，売主の買主Ａに対する債務（所有権移転義務）は，原則として履行不能となるとされている（最判昭35・4・21民集14巻6号930頁）。

（2）　**原始的不能と後発的不能**　　債務の履行が不能である場合のうち，①契約の成立時に債務の履行がすでに不能であった場合のことを**原始的不能**といい，②契約の成立後に債務の履行が不能となった場合のことを**後発的不能**という。たとえば，絵画甲の売買契約が締結された場合に，①契約締結の前日に甲が火事ですでに焼失していたのであれば原始的不能であり，②契約締結の翌日に甲が火事で焼失したのであれば後発的不能ということになる。

かつては，原始的不能の給付を目的とする契約については，その契約自体が無効となると考えられたこともあった。それによると，原始的不能の給付を目的とする契約は無効であり，そうした無効な契約から債務が発生することもないから，債務の発生を前提とする債務不履行もまた存在しないことになる。

これに対して，412条の2第2項の規定は，そうした原始的不能の場合にも，債務不履行（履行不能）による損害賠償を請求することを妨げないとしている。これは，原始的不能が契約の無効をもたらさないこと（それゆえに，契約から債務が発生し，債務不履行の存在が認められること）を明らかにするものである。この規定は，債務不履行による損害賠償に言及するにとどまっているが，それは，原始的不能の場合に認められる最も代表的な法的効果をあげたものにすぎず，履行不能の場合に問題となるその他の規律（契約解除権や代償請求権など）の適用が認められることを否定する趣旨ではない。

第4節　契約関係の展開と債務不履行

契約関係は，典型的には，①当事者間で，一定の交渉を経て契約が成立し，②その後，その契約に基づく債務の履行がされ，③契約の終了に至るという形で展開する。もちろん，コンビニでの買い物など日常的な取引の場合には，交渉を経ることなく契約が締結されることも少なくないであろう。これに対し

図表 2-2　契約関係の展開

て，不動産の売買契約など重要性の高い取引においては，契約の締結に先立って，一定期間にわたって契約に向けた交渉がされるのが通常である。

　このとき，契約をめぐる当事者の関係としては，①契約成立前における関係（契約交渉過程における関係），②契約の履行過程における関係，③契約終了後における関係が考えられることになる（→**図表 2-2**）。

　ここでは，契約関係が展開していくなかで，具体的にどのような場合に債務不履行があるとされるかを，上記①〜③の各関係に即してみていくことにしよう。

　以下では，まず，これまで債務不履行の中心的な問題領域とされてきた②の関係をみたうえで，その後に，①および③の関係をみていくことにする。

1 ——契約の履行過程における関係

　当事者間で契約が成立すると，その契約に基づいて当事者は債務を負うことになる。こうした契約に基づく債務の内容は，すでに述べたように，契約の解釈によって確定される。そのようにして確定された債務がその内容どおりに履行されなければ，債務不履行があるとされることになる。

　その際，債務者が負う債務は，次にみるように，①給付義務，②付随義務，③保護義務と呼ばれるものに分類される（もっとも，これらの義務の呼称は，学説によりさまざまである）。

① 給付義務

　売買契約における売主の目的物引渡義務のように，契約における中心的な給付を行う義務は，**給付義務**と呼ばれる。これは，契約において合意された給付利益の実現のために認められる義務であり，債務者の債務として典型的に想定されるのも，この給付義務である。

② 付随義務

　債務者が負う債務は，給付義務に限られない。たとえば，売買契約における売主は，目的物を引き渡す義務（給付義務）だけでなく，それに付随して，目的

物を損傷しないように適切に保存・管理・運搬等を行う義務や，買主が契約の目的に従って目的物を適切に使用できるように必要な説明をする義務などを負うことがある。

　このように，給付義務に付随して，契約の趣旨・目的に従って適切に給付を実現するために必要な措置を行う義務は，**付随義務**と呼ばれる。これは，契約の趣旨・目的に従った給付利益の実現のために，信義則（1条2項）に基づいて認められる義務とされている。

③ 保護義務

　以上のほかにも，たとえば，家具の売買契約の場合に，売主は，目的物である家具を買主の自宅に搬入する際に，買主の他の所有物（家屋の床など）を傷つけないように必要な配慮をする義務を負うとされている。

　このように，相手方が現に有している生命・身体・財産その他の利益（これを，**完全性利益**という）を侵害しないように必要な配慮をする義務は，**保護義務**と呼ばれる。これは，当事者の完全性利益の保護のために，信義則（1条2項）に基づいて認められる義務とされている。

　保護義務は，完全性利益の保護に向けられた義務である点で，給付利益の実現に向けられた義務である給付義務・付随義務とは区別される。しかし，完全性利益の保護自体が，給付利益の内容となる場合（たとえば，警備委託契約の場合）や，契約の趣旨・目的に従った給付利益の実現に必要とされる場合（たとえば，旅客運送契約においては，債権者を「安全に」運送することが必要とされる）もある。これらの場合には，完全性利益の保護は，保護義務の対象というよりも，むしろ給付義務または付随義務の対象となっているといえる。

④ 安全配慮義務

　上記の保護義務と関連するものとして，判例上認められてきたものに，**安全配慮義務**と呼ばれるものがある。

　(1)　判例の展開　　まず，この安全配慮義務に関するリーディング・ケースとなった判例（最判昭50・2・25民集29巻2号143頁）をみてみよう。

　そこで問題となったのは，次のような事例である。自衛隊員Nが，自衛隊の車両整備工場で車両の整備をしている際に，同僚Aが運転する大型自動車の後車輪で頭部をひかれて即死した。Nの両親Xらは，事故後すぐに国家公務員

災害補償金の支給を受けたが，その後になって，本来の損害賠償請求ができることを知り，国Yに対して，損害賠償を求める訴えを提起した。しかし，その時点で，Xらが事故を知ってからすでに4年3か月が経過しており，不法行為による損害賠償請求権は，すでに消滅時効にかかっていた。

このような事例において，前掲最判昭50・2・25は，「国は，公務員に対し，国が公務遂行のために設置すべき場所，施設もしくは器具等の設置管理又は公務員が国もしくは上司の指示のもとに遂行する公務の管理にあたつて，公務員の生命及び健康等を危険から保護するよう配慮すべき義務（以下「安全配慮義務」という。）を負つているものと解すべきである。」と判示し，公務員に対する国の安全配慮義務を認めた。

その結果，この事例では，不法行為による損害賠償請求権は3年の消滅時効（改正前724条前段）にかかっていたものの，安全配慮義務違反（債務不履行）による損害賠償請求権が認められ，その消滅時効期間は10年（改正前167条1項）とされていたことから，最終的にXらの国Yに対する損害賠償請求が認められることになったわけである。

その後，判例においては，①雇用契約における被用者と使用者との関係（最判昭59・4・10民集38巻6号557頁），②下請企業の労働者と元請企業との関係（最判平3・4・11判時1391号3頁）においても，それぞれ使用者・元請企業の側の安全配慮義務が認められた（なお，労働契約については，労契5条にこれに関する規定が設けられた）。これに対して，未決勾留による拘禁関係においては，拘置所に収容された被勾留者に対する国の安全配慮義務が否定されている（最判平28・4・21民集70巻4号1029頁）。

また，判例は，安全配慮義務違反（債務不履行）による損害賠償について，その規律の詳細を明らかにしている（最判昭55・12・18民集34巻7号888頁）。それによれば，①安全配慮義務違反による損害賠償債務は，期限の定めのない債務であり，債権者からの請求を受けた時に履行遅滞となり，②使用者の安全配慮義務違反により死亡した被用者の遺族は，使用者の安全配慮義務を理由とする固有の慰謝料請求権を有しないとされた。

これらについて，不法行為による損害賠償の場合と比較すると，①不法行為による損害賠償債務は，損害発生時から履行遅滞となり（最判昭37・9・4民集16

巻 9 号1834頁），②生命侵害による不法行為においては，遺族固有の慰謝料請求権も認められる（711条）。こうしてみると，消滅時効以外の点では，不法行為構成によるよりも，安全配慮義務違反の構成によるほうが，被害者側にとってむしろ不利な部分もあることがわかる。

　(2)　**民法改正と安全配慮義務の行方**　　上記のリーディング・ケースからわかるように，判例において安全配慮義務が認められた実質的な理由は，不法行為による損害賠償請求権が 3 年の短期消滅時効にかかっている場合においてもなお，生命・身体という重大な法益を侵害された被害者に救済を認める必要があると考えられたことにあった。

　しかし，こうした判例が前提としていた消滅時効の規律は，2017（平成29）年の民法改正によって大きく変更された。この改正により，人の生命または身体の侵害による損害賠償請求権については，それが不法行為によるのであれ，債務不履行によるのであれ，ともに主観的起算点から 5 年の短期消滅時効と客観的起算点から20年の長期消滅時効に服することとなった（債務不履行の場合につき166条・167条，不法行為の場合につき724条・724条の 2）。

　こうした改正後の規律のもとでは，少なくとも消滅時効の点に関する限り，被害者の救済のために，不法行為構成のほかに，わざわざ安全配慮義務違反（債務不履行）の構成を認める理由はない。

　民法の改正を経た今，安全配慮義務の理論は，かつての消滅時効の規律を前提とした過渡期の理論としてその使命を終えることになるのか，それとも，なお固有の意味を持つ理論として生き続けるのか，今後の判例・学説の展開が注目されるところである。

2——契約成立前における関係

　契約に基づく債務は，契約が成立してはじめて発生する。したがって，契約成立前には，契約に基づく債務は発生しておらず，その不履行も考えられない。

　しかし，契約の成立前でも，当事者が契約に向けた交渉に入った場合には，そうした交渉当事者間において一定の義務が認められることがある。そして，そのような義務の違反によって相手方に損害が生じた場合には，義務に違反した当事者はその損害を賠償する責任を負うとされている。もっとも，その場合

□ WINDOW 2-2   ◀◀

債務不履行責任と不法行為責任

　債務者が，債務不履行によって，債権者の生命・身体・財産などの完全性利益を侵害した場合には，①債務不履行による損害賠償責任（415条1項）のほか，②不法行為による損害賠償責任（709条）も成立する可能性がある。たとえば，医師が，手術ミスによって患者を死亡させた場合には，①診療契約上の債務不履行による損害賠償責任と，②不法行為による損害賠償責任の双方が問題となる。

　これらの責任の要件をいずれも満たす場合，判例・通説によれば，①債務不履行による損害賠償請求権と，②不法行為による損害賠償請求権とがともに成立し，被害者は，これらを自由に選択して行使することができるとされている（請求権競合説と呼ばれる）。

　もっとも，これら2つの損害賠償責任の規律には，いくつかの相違点がある。たとえば，①損害賠償請求権の消滅時効（債務不履行の場合は166条1項，不法行為の場合は724条による），②履行遅滞の時期（債務不履行の場合は債権者による請求を受けた日の翌日，不法行為の場合は損害発生時から遅滞となる），③生命侵害における遺族固有の慰謝料請求権の有無（債務不履行の場合は認められないが，不法行為の場合には711条により認められる）などである。そのため，損害賠償請求をする被害者側としては，いずれの構成によるのが有利かを考えて，その選択を行うことになる。

の責任の性質を，債務不履行責任と不法行為責任のいずれと考えるべきかについては，争いがある（両責任の相違については，→WINDOW 2-2）。

　以下では，そのような責任が問題とされる事例として，①契約交渉の不当破棄の事例と，②契約締結前の情報提供義務違反の事例をみていくことにしよう。

① 契約交渉の不当破棄

　契約の締結へ向けて当事者間で交渉が行われていたものの，当事者の一方がその交渉を破棄したという事例では，交渉を破棄した当事者が，相手方に対して損害賠償責任を負うことがあるとされている。

　(1) **代表的な判例**　まず，これに関する代表的な判例（最判昭59・9・18判時1137号51頁）をみてみることにしよう。

　この判例で問題となったのは，次のような事例である。建築中の分譲マンションの販売業者Xが，歯科医Yからの買受け希望を受けて交渉を開始した。その交渉において，Yは，Xに対してレイアウト図を交付するなど設計に関する注文を出していた。そうしたなか，Yは，Xに対して，歯科医院を営むために大量の電気が必要となることから，マンションの電気容量について問い合わせをした。これを受けたXは，必要な電気容量が不足していると考え，Yの意

向を確かめないまま電気容量を増やすための工事等を行ったうえで，これに伴う出費分を上乗せすることをYに告げた。しかし，これに対しては，Yはとくに異議を述べなかった。その後，Yは，購入資金借入のためにXに見積書の作成を依頼したものの，購入資金の支払額が多額であることがわかり，結局，そのことなどを理由にマンションの買取りを断った。

　このような事例において，前掲最判昭59・9・18は，Yの契約準備段階における信義則上の注意義務違反を理由として，Xが電気容量の変更のために費やした費用等の賠償責任を認めた（なお，この事例では，Xにも5割の過失が認められ，過失相殺がされている）。

　(2)　責任の根拠　　こうした契約交渉の不当破棄による責任は，どのような根拠から認められるのだろうか。

　契約が成立する前の交渉段階においては，当事者は，自由に交渉することができ，契約を締結するかしないかを自らの意思で決定する自由（契約締結の自由）を有している（521条1項）。これによれば，契約交渉の結果として契約の締結に至らなかったとしても，当事者は責任を負わないのが原則のはずである。

　もっとも，その一方で，交渉の当事者は，契約の締結を強制されないとしても，交渉における自らの言動によって，いったん契約が成立するという信頼を相手方に生じさせておきながら，それを裏切って相手方に損害を与えることは，信義則に反するものとして許されない。このため，交渉の当事者は，信義則上，契約の交渉にあたって，相手方がそうした無用の損害を被ることがないように注意する義務を負うとされる。そして，そのような義務に違反して交渉を破棄した当事者は，契約が成立すると信頼したことによって相手方が被った損害（支出して無駄になった契約費用等）の賠償責任を負うとされる。これに対して，ここでは，あくまで契約は成立していない以上，その契約が（成立し）履行されれば得られるはずであった利益（履行利益）の賠償責任は認められない。

　(3)　責任の法的性質　　こうした損害賠償責任を認める場合でも，その責任の法的性質については，争いがある。

　(a)　不法行為責任説　　一方で，交渉段階での当事者間には，いまだ契約関係は存在しないことから，この場合の責任を不法行為責任と考える見解がある。

　(b)　債務不履行責任説　　他方で，交渉当事者間には，何ら接触のない者ど

うしの関係とは異なり，契約関係に類似する密接な関係が認められることから，この場合の責任を契約責任に類する債務不履行責任と考える見解もある。

② 契約締結前の情報提供義務違反

契約の締結前に，契約の締結をするか否かの判断に影響を及ぼす事項について適切な情報提供がされなかったために，本来であれば望まなかったような契約が締結されたという事例では，適切な情報提供をしなかった当事者が，相手方に対して損害賠償責任を負うことがあるとされている。

(1) **代表的な事例**　裁判例でしばしば問題となるのは，金融商品の販売を行う事業者が，販売の勧誘をする際に，顧客に対して金融商品のリスク等（たとえば，元本割れのリスク等）の事情について十分に適切な情報提供をしなかったために，顧客が，本来であれば望んでいなかったような契約を締結するに至り，その結果，顧客が（後にそのリスクが現実化するに至って）損害を被ったという事例である。そのような場合に，事業者に信義則上の説明義務・情報提供義務違反を理由とする損害賠償責任が認められている（たとえば，変額保険の勧誘に際して生命保険会社の説明義務違反に基づく損害賠償責任を認める最判平8・10・28金法1469号51頁など）。

(2) **責任の根拠**　契約を締結しようとする当事者は，その契約を締結するかどうかを判断するための情報を自ら収集し，検討したうえで，契約を締結するかどうかを判断しなければならないのが原則である。

もっとも，情報において格差がある当事者間（事業者と消費者との間など）においては，契約の締結に先立って，情報を有する当事者（事業者など）が，その相手方（消費者など）に対して，相手方が契約の締結をするか否かの判断に影響を及ぼす事項について，必要な情報を提供すべき信義則上の義務を負うことがあるとされる。

こうした信義則上の情報提供義務がどのような根拠から認められるかについては，学説上さまざまな議論がある。そこでは，たとえば，①情報に格差のある当事者間において契約自由を実質的に保障するという観点から，情報において劣る当事者が必要な情報を勘案して契約を締結するかどうかの意思決定をすることができるような環境をととのえるために，他方の当事者に情報提供義務を課すことが要請されるといった考え方や，②専門家の社会的責任という観点

から，専門家は，自らの情報の提供に対する社会的信頼が存在することによって自らの取引活動が可能となっているため，そのような社会的信頼に対応して，取引の相手方に必要な情報を提供する義務を負うとする考え方などが主張されている。

　いずれにしても，そのような信義則上の情報提供義務に違反した当事者は，相手方に対して，相手方が本来望まなかったはずの契約を締結したことによって被った損害（契約のために支出した費用やその取引を通じて被った損失などの損害）を賠償する責任を負うとされる。

　(3)　**責任の法的性質**　こうした損害賠償責任を認める場合でも，その責任の法的性質については，争いがある。

　(a)　不法行為責任説　判例には，「契約の一方当事者が，当該契約の締結に先立ち，信義則上の説明義務に違反して，当該契約を締結するか否かに関する判断に影響を及ぼすべき情報を相手方に提供しなかった場合には，上記一方当事者は，相手方が当該契約を締結したことにより被った損害につき，不法行為による賠償責任を負うことがあるのは格別，当該契約上の債務の不履行による賠償責任を負うことはないというべきである」として，このような場合の責任を，債務不履行責任ではなく，不法行為責任としたものがある（最判平23・4・22民集65巻3号1405頁）。

　(b)　債務不履行責任説　これに対して，学説では，交渉当事者の関係が契約関係に類似する密接な関係であることから，この場合の責任を契約責任類似の債務不履行責任と考える見解もなお有力である。この見解は，上記の判例がいうように，この場合の責任を，情報提供義務違反の後に締結された契約に基づく債務の不履行による責任とするものではない。むしろ，交渉当事者間に認められる特殊な法律関係それ自体に基づいて，交渉当事者間に情報提供義務という債務の発生を認めようとするものである。

3 ──契約終了後の関係

　契約が終了した場合でも，当事者間に一定の権利・義務が残ることがある。たとえば，委任契約においては，委任が終了した場合であっても，急迫の事情があるときには，委任者が委任事務を処理することができるようになるまで，

受任者が必要な処分をする義務を負うものとされている (654条)。また，企業の従業員は，企業で習得したノウハウや秘密等を利用してその企業に損害を与えることがないように，企業を退職した後 (雇用契約の終了後) においても，一定の範囲で競業避止義務や秘密保持義務を負うことがある。

このように，契約が終了すれば当事者間の権利義務関係がすべて消滅するというわけではなく，場合によっては，契約終了後においても義務が存続し，その違反によって債務不履行が生じることもある。

第5節 債権者の受領遅滞

債務の履行をするために，債権者の受領その他の協力が必要な場合も少なくない。そのような場合には，債務者側が債務の履行をしようとしても，債権者側の協力が得られないために，債務の履行が完了しないことがある。

たとえば，売買契約において，売主が，買主に目的物を引き渡そうとしても，買主がそれを受領しなければ，売主の引渡債務の履行は完了しない。その場合，売主は，なお引渡債務を負ったままとなり，それによって，場合によっては，債務不履行責任を負う可能性もある。

こうした場合を想定して，民法は，次の2つの制度を定めている。

第1に，民法は，債務の履行 (弁済) がないことを理由に債務者が債務不履行 (履行遅滞) 責任を負わないようにするための制度として，**弁済の提供**の制度を定めている (492条)。

第2に，民法は，それに加えて，債務の履行について協力 (受領) をしなかった債権者に一定の不利益ないし負担を負わせるための制度として，**受領遅滞**の制度を定めている (413条・413条の2第2項・567条2項)。

弁済の提供と受領遅滞は，履行 (弁済) の提供とその不受領という債務の履行過程において同時ないし連続して現れる現象を規律するものであり，相互に関連している。このうち，弁済の提供については，第10章の説明にゆだね，ここでは，受領遅滞について取り上げることにしよう。

1 受領遅滞の要件

　受領遅滞が認められるためには，①債務者による履行（弁済）の提供があること，②債権者が債務の履行を受けることを拒んだこと（受領拒絶）又は債務の履行を受けることができないこと（受領不能）が必要である（413条1項参照）。①の履行の提供については，履行（弁済）の提供が認められるための要件を満たす必要がある（履行の提供の要件については，→223頁以下を参照）。

2 受領遅滞の効果

　以上のような受領遅滞の要件を満たす場合には，次のような効果が認められる。

　(1)　**特定物債務における保存義務の軽減**　　特定物債務（特定物の引渡しを目的とする債務）について受領遅滞があった場合には，債務者は，履行の提供をした時からその引渡しをするまで，「善良な管理者の注意」（400条参照）ではなく，「自己の財産に対するのと同一の注意」をもって，その物を保存すれば足りることになる（413条1項）。

　(2)　**増加費用の債権者負担**　　受領遅滞があったために，履行の費用が増加した場合には，その増加費用は債権者が負担することになる（413条2項）。これにより，債務者は，債権者に対して，支出した増加費用の償還を請求することができる。

　(3)　**債権者への危険の移転**　　受領遅滞があった場合には，履行の提供の時点から，債務の履行不能ないし目的物の滅失または損傷に関する危険が債権者に移転する。

　具体的には，債権者の受領遅滞があった場合において，履行の提供があった時以後に，当事者双方の責めに帰することができない事由によって債務の履行が不能となったときは，その履行不能は，「債権者の責めに帰すべき事由」によるものとみなされる（413条の2第2項）。その結果，この場合に，債権者は，①契約の解除ができなくなるとともに（543条），②双務契約において反対給付の履行拒絶をすることもできなくなる（536条2項）。

　また，売買契約における特則として，売主が契約の内容に適合する目的物をもって，目的物引渡債務の履行の提供をしたにもかかわらず，買主が受領を拒み，または受領することができなかった場合（買主の受領遅滞があった場合）にお

いて，その履行の提供があった時以後に，当事者双方の責めに帰することができない事由によって目的物が滅失または損傷したときは，買主は，①その滅失または損傷を理由とする権利の主張（追完請求，代金減額請求，損害賠償請求，契約の解除）をすることができず，②代金の支払いを拒むこともできないとされている（567条2項）。

③ 受領遅滞と債務不履行との関係

　民法は，受領遅滞に関する規定を，「債務不履行の責任等」と題する款に配置している。しかし，受領遅滞は，それ自体としては，債権者による受領義務の違反（債務不履行）を意味するわけではない。以上でみたとおり，受領遅滞は，債務不履行責任とは要件も効果も異にする別個の制度である。

　もっとも，債権者が債務の履行を受領しない場合に，そのことが，受領遅滞をもたらすと同時に，債権者の受領義務の違反（債務不履行）にもなるということはある。たしかに，債権者は，あらゆる債務について一般的に受領義務を負うわけではない。しかし，契約ないし信義則に基づいて，債権者が受領義務を負うとされる場合はある。そうした場合には，債権者が債務の履行を受領しないことが債務不履行となり，債権者は，受領遅滞の効果とは別に，債務不履行に基づく責任を負う——それぞれの要件のもとで，債務不履行による損害賠償（415条）や契約の解除（541条・542条）が認められる——ことになる（最判昭46・12・16民集25巻9号1472頁参照）。

第 **3** 章

債務不履行責任の内容

●**本章で学ぶこと**

　債務不履行があった場合に，債務者は，一定の要件のもとで，債務不履行の責任を負う。これは，債権者の側からみれば，債務不履行に対する救済手段が認められることを意味している。

　本章では，債務不履行があった場合に，債権者に，どのような要件のもとで，いかなる救済手段が認められるかをみていく。債務不履行に対する債権者の救済手段としては，履行請求権，損害賠償請求権などのほか，とくに契約に基づく債務の不履行に対する救済手段として，契約解除権などをあげることができる。もっとも，契約に基づく債務の不履行に対する救済手段については，新プリメール民法4の説明にゆだねることとし，本章では，一般の債務不履行に対する救済手段である履行請求権・損害賠償請求権・代償請求権について，詳しくみていくことにする。

第1節 債務不履行責任の概要

債務不履行があった場合，債務者は，一定の要件のもとで，債務不履行の責任を負う。これは，債権者の側からみれば，債務不履行に対する各種の救済手段が認められることを意味している。そうした債務不履行に対する救済手段として，債権者には，次のような権利が認められる。

① 履行請求権

まず，債権者は，債務者に対して，債務の履行を請求することができる。この権利を，**履行請求権**という。債権者は，これによって，本来の債務内容の実現を求めることができる。

② 損害賠償請求権

また，債権者は，債務者に対して，一定の要件のもとで，債務の不履行によって生じた損害の賠償を請求することができる（415条）。この権利を，**損害賠償請求権**という。債権者は，これによって，本来の債務内容が実現されないことによって被った損害の賠償を求めることができる。

③ 代償請求権

債務不履行の態様が履行不能である場合には，債権者は，債務者に対して，履行不能をもたらしたのと同一の原因によって債務者が取得した債務の目的物の代償（権利または利益）を，債権者が受けた損害の額の限度で，債権者に移転するよう請求することができる（422条の2）。この権利を，**代償請求権**という。

④ 契約解除権

契約に基づく債務の不履行の場合には，債権者は，一定の要件のもとで，債務者との契約を解除する（契約関係を解消する）ことができる（541条・542条）。この権利を，**契約解除権**という。債権者は，これによって，自らが相手方に対して負う反対債務を消滅させることができ，また，相手方による債務の履行を受領する必要もなくなる。

⑤ その他の救済手段

以上のほか，各種の契約類型において，債務不履行の態様に応じた特別の救済手段が認められることがある。たとえば，売買契約において，引き渡された

目的物が契約の内容に適合しないものであるときには，買主に，追完請求権（562条）や代金減額請求権（563条）が認められる。

　これらの救済手段のうち，以下では，①履行請求権，②損害賠償請求権，③代償請求権を取り上げる。④契約解除権や⑤その他の救済手段については，新プリメール民法4で取り扱う。

 ## 第2節　履行請求権

1──履行請求権

1 履行請求権とは

　履行請求権は，債務者に対して，債務の履行を請求することができる権利である。たとえば，売買契約において売主が目的物を引き渡さない場合，買主は，売主に対して，目的物の引渡しを請求することができる。このような買主の権利が，履行請求権である。

　履行請求権は，一般に，債権に内在する権利として，債権の発生により（債務不履行を待つまでもなく）当然に認められると考えられている。こうした履行請求権が，債務不履行の場面では，債権者の救済手段の1つとして機能することになる。

2 根拠規定

　民法には，債権者に履行請求権が認められる旨を定める明文の規定は存在していない。もっとも，412条の2第1項は，「債務の履行が……不能であるときは，債権者は，その債務の履行を請求することができない。」と定めている。この規定においては，債権者には原則として──債務の履行が不能でないときには──履行請求権が認められることが，いわば当然の前提として定められているとみることができる。

3 履行請求権の要件

　履行請求権は，債権に内在する権利であることから，債権の成立がその要件となる。たとえば，売買契約において買主が売主に対して目的物の引渡しを請

求するためには，売買契約が成立して，買主に目的物引渡債権が成立していることが必要である。

　もっとも，債権が成立していたとしても，その履行期が到来していない場合には，債権者は，履行請求権を行使することができない。たとえば，上記の売買契約の例で，当事者が目的物の引渡しについて期日を定めた場合には，その期日が到来するまで，買主は目的物の引渡しを請求することができない。

4 履行請求権の限界

　債権者は，「債務の履行が契約その他の債務の発生原因及び取引上の社会通念に照らして不能であるとき」には，その債務の履行を請求することができない（412条の2第1項）。すなわち，履行不能の場合には，履行請求は認められない。

　履行不能かどうかは，「契約その他の債務の発生原因及び取引上の社会通念に照らして」判断される。ある債務が履行不能とされるかどうかは，その債務の発生原因（とくに契約の内容）に応じて異なってくる。そのため，履行不能の有無は，「債務の発生原因」と切り離して抽象的に判断すべきものではなく，これと関連づけて判断すべきこととされている。この判断に際しては，「取引上の社会通念」もまた考慮に入れられる。

　たとえば，指輪の売買契約において，目的物である指輪が湖の底に落ちてしまったという場合には，社会通念に照らして，指輪の引渡債務は履行不能とされる（→48頁）。しかし，同様の状況でも，湖に落ちた指輪のサルベージを行う契約においては，指輪を湖の底から引き揚げて，依頼者に引き渡す債務が，直ちに履行不能とされるわけではない。

2——履行の強制

1 履行の強制とは

　債権者が，履行請求権を行使して，債務者に債務の履行を請求しても，債務者がそれに応じて債務を任意に履行しないのであれば，債権者は，債務の内容を実現することができない。そこで，そのような場合に，債権者は，国家機関を通じて債務内容の強制的な実現を図ることができるものとされている。これを，**履行の強制**という（414条1項）。

　債務者が債務を履行しない場合に，もし債権者に自らの実力行使による権利の実現（たとえば，債務者から無理やり目的物を奪い取ることなど）を許すと，平和的な社会秩序が維持できないおそれがある。そのため，このような債権者の実力行使による権利の実現は，原則として禁止されている（**自力救済の禁止**）。履行の強制の制度は，債権者に対して，自力救済を禁止する反面として，国家機関を通じて債務の内容を強制的に実現する権能を認めるものである。

② 債務内容を実現するための手続

　債務者が債務の履行をしない場合，債権者としては，まず，裁判外で債務者に履行を請求することが考えられる。しかし，それにもかかわらず，債務者が債務の履行をしない場合には，債権者は，裁判所を通じて，債務内容の実現を求めることになる。

　裁判所を通じて債務内容を実現するためには，通常，判決手続と強制執行手続という二段階の手続を経ることが必要とされる。

　(1)　判決手続　　まず，判決手続においては，裁判所によって，強制執行により実現されるべき債権（履行請求権）の存否が判断されることになる。判決手続は，概ね次のような手順で行われる。

　①　債権者が，債務者を被告として，裁判所に対し，債務内容である給付（金銭の支払いや物の引渡しなど）を求める訴え（給付訴訟）を提起する。

　②　裁判所は，民事訴訟法の定める手続に従って，原告（債権者）の請求を正当と認めれば，被告（債務者）に対して債務内容である給付を命じる判決（たとえば，「被告は，原告に対し，100万円を支払え」といった判決）を下す。

　③　この判決に従って債務者が任意に債務の履行をすれば，それによって債権の内容が実現される。しかし，それでも債務者が債務の履行をしない場合には，次の強制執行手続に移行することになる。

　(2)　強制執行手続　　強制執行手続においては，裁判所等の執行機関によって，先の判決手続で確定された債権の内容が強制的に実現されることになる。414条が定める「履行の強制」は，この強制執行手続を通じた債権の強制的実現を意味している。強制執行手続は，概ね次のような手順で行われる。

　①　債権者が，給付を命じる裁判所の確定判決（これは，「債務名義」と呼ばれる。民執22条1号参照）に基づいて，執行機関に対し，強制執行の申立てをする。

② 申立てを受けた執行機関は，民事執行法の定める手続に従って，強制執行を行う。たとえば，金銭債権の強制執行の場合には，債務者の財産の差押え・換価を行って債権者にその売却代金を配当するという方法がとられる。また，動産の引渡債権の強制執行の場合には，債務者から目的物を取り上げて債権者に引き渡すという方法がとられる。これによって債権の内容が強制的に実現されることになる。

③ 履行の強制の方法

414条1項は，債務者が任意に債務の履行をしない場合に，債権者が，原則として，「履行の強制」を求めることができる旨を抽象的・一般的に定めている。

もっとも，そのうえで，414条1項は，そうした「履行の強制」にあたって，具体的にどのような場合に，どのような執行方法が認められるかについては，「民事執行法その他強制執行の手続に関する法令の規定」にゆだねることとしている（414条1項は，執行方法の例を示す趣旨で，「直接強制，代替執行，間接強制その他の方法」と定めるにとどめている）。

これを受けて，民事執行法は，強制執行手続において債権者が用いることができる方法として，次のような方法を定めている。

(1) **直接強制** 執行機関（裁判所等）により債務の内容を直接実現させる方法である（民執43条以下）。この方法は，①金銭債務，②不動産引渡債務，③動産引渡債務の場合に認められている。たとえば，金銭債務についての強制執行の場合には，債務者の財産から適当な財産を差し押さえて，これを強制競売により換価し，その金銭を債権者に配当するという方法がとられる。

(2) **代替執行** 債務者以外の第三者を通じて債務の内容を実現させ，その費用を債務者から取り立てる方法である（民執171条）。具体的には，裁判所が，債務者以外の者（執行官であることが多い）に対し，債務者の費用で債務者の代わりに債務内容を実現する権限を与える旨の決定（授権決定）を行い，この授権決定に基づいて，授権を受けた者が債務内容を実現することになる。この方法は，主として，代替的作為債務の場合に認められる。代替的作為債務とは，債務者本人でなくとも債務内容を実現できる作為債務のことである。たとえば，土地上の建物の取壊しを債務内容とする場合がこれにあたる。これに対して，

有名人が講演をする債務など、債務者本人の作為によるのでなければその趣旨に適った債務の履行とならないような債務（不代替的作為債務）の場合には、代替執行の方法を用いることはできない。

　(3)　**間接強制**　　裁判所が、債務者に対して、債務の履行がされるまで一定の額の金銭（間接強制金）を債権者に支払うべき旨を命じ、これによって債務者へ心理的圧迫を加えることを通じて、債務者自身により債務の内容を実現させる方法である（民執172条・173条）。この方法は、①代替的・不代替的作為債務、②不作為債務、③不動産引渡債務、④動産引渡債務、⑤扶養義務等にかかる金銭債務の場合に認められている。

　(4)　**判決代用**　　以上のほか、不代替的作為債務の1つである意思表示をすべき債務については、特別の規律が定められている。それによれば、意思表示をすべきことを債務者に命じる判決があれば、その判決の確定時に、債務者が意思表示をしたものとみなされる（民執177条）。これを、判決代用という。この債務においては、債務者が現に意思表示をすることよりも、むしろ意思表示の法的効果が発生することが重要であるため、このような方法が採用されている。たとえば、AとBとの間で、Aによる売買契約の申込みに対してBが承諾の意思表示をする債務を負うことを内容とする売買契約の予約がされた場合を考えよう。ここで、Aの申込みに対してBが承諾の意思表示をしなかったときには、Aは、Bを被告として、裁判所に対し、承諾の意思表示を求める訴えを提起することになる。この場合、裁判所により、Bに対して承諾の意思表示をすることを命じる判決が下され、その判決が確定すると、Bによる承諾の意思表示が擬制され、その結果として、A・B間に売買契約が成立することになる。

4 履行の強制が許されない場合

　どのような方法によるのであれ、およそ強制的な内容の実現になじまないような債務も存在する。たとえば、画家の絵を描く債務や作家の執筆債務などは、不代替的作為債務として間接強制によるとしても、債務者に心理的圧迫を加えて強制したのでは、その趣旨に適った適切な履行を期待することができない。このように、債務の性質上、履行の強制を認めるのがおよそ適切ではない債務については、履行の強制は許されないこととされている（414条1項ただし書）。

□ WINDOW 3-1　◀◀

債権の効力と不完全債務

　債権者は，通常，債権の実現を図るために，①裁判外で債務者に対して債務の履行を請求することができるほか，②債務者を被告とする訴えによって債務の履行を請求することもできる。さらに，それでも債務者が履行しない場合には，③強制執行により債務内容の強制的実現を求めることができる。また，債権者は，④債務者が債務の履行として行った給付を，適法なものとして保持することができる（不当利得とならない）。これらは，債権の効力という観点から，それぞれ，①請求力，②訴求力，③執行力，④給付保持力と呼ばれる。通常の債権は，これら4つの効力をすべて有している。しかし，例外的に，訴求力や執行力を欠く債権・債務も存在する。それらは，合わせて**不完全債務**と呼ばれる。

　たとえば，当事者間で不訴求の合意（訴えを提起しないという合意）がされた場合には，債権者は，訴えを提起して債務の履行を請求することはできない。もっとも，この場合にも，なお給付保持力はあり，債務者が債務の履行として任意に給付をすれば，債権者はそれを適法に保持することができる。こうした訴求力を欠く債務は，**自然債務**（obligatio naturalis）と呼ばれる。

　この自然債務を認めた例とされるのが，カフェー丸玉女給事件（大判昭10・4・25新聞3835号5頁）である。この事件は，大阪の道頓堀にあった「カフェー」丸玉の客Yが，女給（ホステス）Xに独立資金として400円を与えると約束したものの，Yが履行しなかったため，Xがその履行を求めて訴えを提起したというものである。大審院は，Yが比較的短期間Xと遊興したという関係があったにすぎないことから，Yが一時の興に乗じてXの歓心を買うために多額の金員を与える約束をしたとしても，それをもってXに裁判上の請求権を与える趣旨と速断するのは相当ではないとし，むしろ，このような約束は，Yが進んで履行をするときは債務の弁済となるが，Xにおいてその履行を強要することのできない特殊の債務関係を生じさせるものと解するのが事実に即するとした。

　以上に対して，当事者間で不執行の合意（強制執行しないという合意）がされた場合には，債権者は，訴えを提起して債務の履行を請求することはできる（裁判所の給付判決を得ることはできる）ものの，強制執行をすることはできない。債務の性質から，履行の強制が認められないとされる場合（414条1項ただし書）も，これと同様である。これらは，**執行力を欠く債務**ということになる。

⑤ 履行の強制と損害賠償

　履行の強制により債権の内容が実現されたとしても，なお損害がある場合に，債権者が損害賠償の請求をすることは妨げられない（414条2項）。ここでいう損害賠償は，債務不履行による損害賠償のことであり，これが認められるためには，415条1項の定める要件を満たす必要がある。

損害賠償請求権

1——債務不履行による損害賠償請求権

1 損害賠償請求権とは

　債務不履行による損害賠償請求権は，債務者に対して，債務の不履行によって生じた損害の賠償を請求することができる権利である。たとえば，自動車の売買契約において，売主が自動車を引渡期日になっても引き渡さず，そのために，しばらくの間，買主がレンタカーを借りざるを得なかったとしよう。この場合，一定の要件のもとで，買主は，売主に対して，レンタカーを借りるための費用について賠償を請求することができる。このような買主の権利が，債務不履行による損害賠償請求権である。

2 根拠規定

　債務不履行による損害賠償請求権は，415条1項の規定を根拠として認められる。この規定は，あらゆる債務不履行の場合について，損害賠償請求権を根拠づける一般的・包括的な規定とされている。

2——債務不履行による損害賠償請求権の一般的要件

1 一般的要件の概観

　債務不履行による損害賠償請求権が認められるための一般的要件は，①債務不履行，②損害の発生，③債務不履行と損害との因果関係である（415条1項本文）。もっとも，これらの要件を満たす場合でも，④債務不履行が「債務者の責めに帰することができない事由」による場合には，損害賠償請求権は認められない（415条1項ただし書）。①〜③は，債務不履行による損害賠償請求権の成立要件であるのに対して，④は，その阻却要件と位置づけられる。以下では，これらを順にみていくことにしよう。

2 債務不履行

　債務不履行による損害賠償の要件としては，まず，**債務不履行の存在**が必要である。債務不履行があると認められるためには，その前提として，契約など

の債務の発生原因から債務が発生していることが必要であり，そのうえで，その債務が内容どおりに履行されていないことが必要となる（債務不履行の判断方法やその具体例については，→第2章を参照）。

　こうした債務不履行の要件について，415条1項本文は，①「債務者がその債務の本旨に従った履行をしないとき」，または，②「債務の履行が不能であるとき」と定めている。これは，あらゆる債務不履行の場合を一般的・包括的に定めたものとされる。この規定は，①本旨不履行の場合と，②履行不能の場合とを分けて規定している。しかし，それは，①の「履行をしない」という文言に，②の「履行が不能である」場合が含まれないという疑義が生じるのを回避しようとしたことによるものにすぎない。実際，同項ただし書では，これら2つの場合を統一的に示すものとして「その債務の不履行」という文言が用いられている。したがって，上記①と②の場合を合わせて，あらゆる債務不履行の場合が一般的・包括的に規定されていると理解すれば足りる。

　債務不履行には，履行遅滞，履行不能などさまざまな態様が存在するが，415条1項は，損害賠償請求権の成否について不履行の態様による区別を行っていない。しかし，民法のなかには，それぞれの不履行の態様を考慮した特別の規律が用意されていることもある。その種の特別の規律については，それぞれ関係する部分で取り上げる。

③ 損害の発生

　債務不履行があったことのほかに，**債権者に損害が発生したこと**が必要である。債務不履行があったとしても損害が発生していなければ，債務不履行による損害賠償請求権は認められない。

④ 債務不履行と損害との因果関係

　さらに，債務不履行に「よって」損害が生じたこと，すなわち，**債務不履行と損害との間の因果関係**が存在することが必要である。一般には，債務不履行と損害との間に，債務不履行がなければ損害が発生しなかったであろうという関係（「あれなければこれなし」の関係）が認められることが必要であるとされる。

　もっとも，そうした債務不履行と因果関係がある損害のうち，どこまでの損害が賠償されるべきかについては，別途問題となる。これについては，後に詳しく取り上げる（→77頁以下）。

[5] 免責事由

　以上の要件を満たす場合でも，例外的に，債務不履行が「契約その他の債務の発生原因及び取引上の社会通念に照らして債務者の責めに帰することができない事由によるもの」と認められる場合には，損害賠償請求権は認められない（415条1項ただし書）。

　(1)　**免責事由の判断枠組み**　　これは，債務不履行があったとしても，その不履行を生じさせた原因が，債務者の負担すべきリスクに属するものではなかったと評価される場合には，債務者の免責が認められるとするものである。

　債務不履行は，さまざまな原因で生じる可能性がある。債務者の不適切な行為によって生じることもあれば，第三者の行為によって生じることも，天災などの不可抗力によって生じることも，さらには，債権者の行為を原因として生じることもある。しかし，債務者は，これらすべての原因について，そのリスクを全面的に負担するわけではなく，債務者が負担すべき不履行原因のリスクは，一定の範囲に限定されるのが通常である。

　そこで，415条1項ただし書は，債務不履行が，債務者が負担すべきリスクに属さない原因（＝「債務者の責めに帰することができない事由」）によって生じたといえる場合に，債務者の免責を認めることとしている。

　これによれば，「債務不履行の原因につき債務者がそのリスクを負担すべきだったと評価できるか否か」を基準として債務者の免責の可否が判断されることになる（→WINDOW 3-2）。

　(2)　**債務発生原因と関連づけた具体的判断**　　415条1項ただし書によると，債務者の免責の判断は，「契約その他の債務の発生原因及び取引上の社会通念に照らして」行うべきものとされている。

　債務者の負担すべき不履行原因リスクの範囲は，不履行の対象となった債務の発生原因に応じて異なってくる。そのため，債務者の免責の可否は，「債務の発生原因」と切り離して抽象的に判断すべきものではなく，これと関連づけて判断すべきこととされている。この判断に際しては，「取引上の社会通念」もまた考慮に入れられる。

　このように，債務者の免責が認められるかどうかは，以上の枠組みに従った事例（類型）ごとの具体的判断にゆだねられる。とはいえ，債務不履行が，①

□ WINDOW 3-2 ◀◀

債務者の免責事由と債務者の無過失

　本文で述べたように，415条1項ただし書が定める「債務者の責めに帰することができない事由」というのは，債務者の負担すべきリスクに属さない原因のことを意味する。これは，債務者の無過失と同じものではない。

　かつては，債務不履行による損害賠償責任は，不法行為による損害賠償責任（709条）と同様に，債務者の故意・過失に基づく責任であるとされ，債務者は，無過失の場合には，免責されると考えられていた。そうすると，ここでは，「債務者の免責事由＝無過失」という図式が成り立つことになる。これは，いずれの損害賠償責任においても，過失なければ責任なしとする「過失責任の原則」がその基礎にあると考えられていたことによる。

　しかし，今日では，不法行為の場合はともかく，債務不履行の場合には，「過失責任の原則」は妥当しないという考え方が一般的である。これによると，「過失責任の原則」は人々の行動の自由の保障を目的とするものであるが，債務不履行の場面では，債務者は契約などの債務発生原因に基づいて自ら債務を負担しており，その限りで，債務者の行動の自由はすでに制約されている。そうすると，この場面で，債務者の行動の自由を前提とする「過失責任の原則」を持ち出すことは適切ではない。そのため，債務不履行による損害賠償が問題となる場面では，債務者の免責の可否は，債務者に過失があったか否かによって決まるのではなく，むしろ，端的に，契約などの債権債務関係それ自体から導き出されるべきものとされる。これによると，ここでの債務者の免責の可否は，当事者間で不履行のリスクがどのように配分されているかという観点から，契約などの債権債務関係の性質・内容に照らして，債務不履行を生じさせた原因が債務者の負担すべきリスクに属さないと評価できるか否かによって判断すべきものとされる。

　こうした考え方によれば，債務不履行による損害賠償の場面では，「債務者の免責事由＝無過失」という図式は成り立たない。債務者は，自らの行為（過失）と無関係な不履行の原因についてもリスクを負担することがありうるため，債務者が無過失であっても，債務者の免責が認められないという場合もありうることになる。

天災等の不可抗力によって生じた場合，②債務者が予見する必要のない債権者や第三者の行為によって生じた場合などには，債務者の免責が認められるのが通常であろう。

　(3)　**金銭債務の特則と免責事由**　　金銭債務の不履行（履行遅滞）については，法定利率または約定利率によって損害賠償の額が定められる（419条1項）。この損害賠償については，免責事由に関する特則が定められている。それによると，金銭債務の不履行が不可抗力によるものであったとしても，債務者の免責は認められないものとされている（419条3項）。

　(4)　**履行遅滞中の履行不能と免責事由**　　たとえば，絵画甲の売買契約にお

いて，売主が，買主から代金の支払いを受けたにもかかわらず，引渡期日になっても買主に甲を引き渡さなかったとしよう。その場合，売主は，甲の引渡債務について履行遅滞の責任を負うことになる。その後，さらに，その売主が履行遅滞の責任を負っている間に，当事者双方の責めに帰することができない事由（たとえば，第三者による放火）によって，甲が滅失し，甲の引渡債務が履行不能となったとする。このとき，売主は，債務不履行による損害賠償責任を負うだろうか（この場合の売主には，415条1項ただし書による免責が認められるだろうか）。

この事例において，甲の引渡債務の履行不能は，それ自体としては，債務者（売主）の「責めに帰することができない事由」によるものである。そうすると，一見したところ，415条1項ただし書によって売主の免責が認められそうである。しかし，413条の2第1項は，債務者が履行遅滞の責任を負っている間に，当事者双方の責めに帰することができない事由によって債務が履行不能となったときは，その履行不能は，債務者の責めに帰すべき事由によるものとみなしている。これは，債務者が責任を負うべき履行遅滞を原因として履行不能が生じた以上，そのリスクは履行遅滞を生じさせた債務者が負担すべきであると考えられるからである。この規定によれば，上記の事例において，甲の引渡債務の履行不能は，売主の責めに帰すべき事由によるものとみなされ，その結果として，415条1項ただし書による免責は認められないことになる。

もっとも，たとえば，上記の例において，売主が履行遅滞の責任を負っている間に，大規模な災害によって絵画甲が滅失し，買主が損害を被ったものの，売主が仮に引渡期日に甲を引き渡していたとしても，結局，同じ災害によって買主のもとで甲が滅失し，買主が同様に損害を被っていたであろうとみられるときはどうであろうか。このように，履行遅滞がなかったとしても損害が生じていたといえる場合には，債務不履行（履行遅滞中の履行不能）と損害との因果関係が欠けることになる。そのため，この場合には，買主による損害賠償請求は認められないものと考えられる。

6 履行補助者と損害賠償責任

(1) **履行補助者とは**　今日では，債務者が，自らの債務を履行するために他人を使用することが少なくない。たとえば，インターネットで本を購入する場合には，購入した本は買主の自宅まで送られてくる。このとき，買主の自宅

まで本を送り届けているのは，売主自身ではなく，売主から依頼を受けた運送業者であるのが通常である。ここでは，売主は，自らが負っている本の引渡債務を履行するために，他人である運送業者を用いていることになる。このように，債務者が債務を履行するために使用する者のことを**履行補助者**という。

　それでは，こうした履行補助者の行為を原因として債務不履行が生じた場合に，債務者の責任はどのように判断されることになるのだろうか。たとえば，先の例で，売主から依頼を受けた運送業者が買主の自宅まで本を運送している間に，運送業者が事故を起こして目的物である本が滅失してしまった場合，売主は，買主に対して，債務不履行の責任を負うのだろうか。

(2)　履行補助者責任の判断構造　こうした履行補助者の行為を原因として債務不履行が生じた場合においても，債務者が債務不履行による損害賠償責任を負う可能性が認められている（判例として，大判昭4・3・30民集8巻363頁など）。その際，債務者の損害賠償責任は，先にみた債務不履行による損害賠償の一般的な判断枠組みに従って，次のように判断されるべきである。

　①　まず，債務の履行のために他人を使用することがそもそも禁止されている場合には，履行補助者を使用すること自体が，債務不履行となる。この場合，履行補助者を使用したことによって生じた結果については，すべて債務者が責任を負うことになる。

　②　これに対して，債務の履行のために他人を使用することが禁止されていない場合には，履行補助者の使用自体が債務不履行とされるわけではない。しかし，この場合には，債務者が自ら債務の履行のために履行補助者を用いた以上，債務の履行過程における履行補助者の行為は，まさに債務者自身による履行行為の一部として評価されるべきものである。したがって，履行補助者の行為を原因として債務不履行が生じた場合にも，債務者の損害賠償責任に関する判断は，債務者自身による債務不履行の場合と同様であると考えられる。すなわち，①債務不履行の有無については，債務者が負担した債務が，（履行補助者を通じて）その内容どおりに履行されているかどうかという観点から判断され，②債務者の免責事由の有無についても，債務不履行を生じさせた原因が，債務者の負担すべきリスクに属するかどうかという観点から判断されることになる。

3──債務の履行に代わる損害賠償に関する付加的要件

1 損害賠償の 2 分類

　債務不履行による損害賠償は，債権者が求める損害賠償の内容に従って，それが本来の債務の履行を受けることと両立するものか（債権者が本来の債務の履行と自らが求めた内容の損害賠償の双方を受けることができるか）どうかという観点から，①債務の履行に代わる損害賠償と，②債務の履行とともにする損害賠償の 2 つに分類することができる。

　①債務の履行に代わる損害賠償とは，債務が履行されたのに等しい経済的地位の回復を目的とする損害賠償である。これは，塡補賠償とも呼ばれる。たとえば，目的物の引渡債務の不履行の場合に，目的物の価格相当額の賠償を求める場合がこれにあたる。この損害賠償は，本来の債務の履行によって得られるべき経済的地位を金銭で実現することを目的とするものであるため，本来の債務の履行を受けることと両立しない。債権者が本来の債務の履行（目的物の引渡し）と債務の履行に代わる損害賠償（目的物の価格相当額の賠償）の双方を受けることができるとすると，同様の経済的地位の実現を目的とする給付の二重取りが生じてしまうからである。

　これに対して，**②債務の履行とともにする損害賠償**とは，債務の履行がされたとしてもなお残る損害の回復を目的とする損害賠償である。たとえば，目的物の引渡しが遅れたことによる損害の賠償（遅延賠償）や，目的物の引渡しの際に買主の完全性利益を侵害したこと（たとえば，家具の引渡しの際に買主の家屋の床を傷つけたこと）による損害の賠償などが，これにあたる。この損害賠償は，本来の債務の履行を受けることと両立し，債権者は，本来の債務の履行請求に加えて，債務の履行とともにする損害賠償を請求することができる。

2 塡補賠償請求権と履行請求権の関係

　さて，以上でみた 2 つの種類の損害賠償のうち，債務の履行に代わる損害賠償（塡補賠償）については，これと内容的に両立しない履行請求権との関係をどのように調整するかという問題が生じる。たとえば，売買契約において，買主が代金を支払ったにもかかわらず，約束の期日になっても，買主に目的物が引き渡されなかったとしよう。このとき，買主は，売主に対して，履行請求権を

行使して，目的物の引渡しを請求することが考えられる。これに対し，この場合に，買主が，売主に対して，本来の債務の履行（目的物の引渡し）を請求するのではなく，直ちに，債務の履行に代わる損害賠償（目的物の価格相当額の賠償）を請求しようとしたとき，そのような買主の請求は認められるのだろうか。

このように，債務不履行があった場合において，債権者は，債務不履行に基づく損害賠償の一般的要件（415条1項）を満たせば，①履行請求権によることなく，直ちに，債務の履行に代わる損害賠償を請求することができるのか，それとも，②債務の履行に代わる損害賠償の請求については，（履行請求権が存在することとの関係で）一定の制約が課されることになるのかが問題となる。

これについて，民法は，債務不履行に対する救済としては，可能な限り，損害賠償よりも，本来の債務の履行（履行請求権）による救済のほうが望ましいという観点から，次のような規律の方針を採用している。

(1) **原 則**　債権者は，可能な限り，本来の債務の履行（履行請求権）による救済を受けるべきこととし，原則として，債務の履行に代わる損害賠償の請求を認めない（**履行の優先**）。

(2) **例 外**　もっとも，①債権者にそもそも履行請求権が認められない場合（履行不能の場合および契約が解除された場合）や，②債権者に履行請求権が認められる場合であっても，債権者に本来の債務の履行（履行請求権による救済）を待つことをもはや期待することができないと考えられる場合には，債務の履行に代わる損害賠償の請求を認める。

これによると，②の場合，債権者には，履行請求権と債務の履行に代わる損害賠償請求権の双方が認められることになる。その場合，債権者はこれらの救済手段をともに有し，そのいずれを行使するかは債権者の選択にゆだねられることになる（もっとも，すでに述べたように，債権者は，これらの請求権を重ねて行使して，本来の債務の履行と債務の履行に代わる損害賠償の双方を受けることはできない）。

3 債務の履行に代わる損害賠償に関する付加的要件

以上のような方針を具体化するものとして，415条2項は，債権者が，債務の履行に代わる損害賠償を請求するには，同条1項に定める一般的要件に加えて，次のいずれかの**付加的要件**を満たすことが必要であると定めている（債務の履行に代わる損害賠償の請求が認められるためには，以下でみる付加的要件のほか，

その前提として，先にみた債務不履行による損害賠償の一般的要件〔415条1項〕を満たす必要があることに注意しよう）。

　(1)　**履行不能**　　まず，履行不能の場合には，債権者は，債務の履行に代わる損害賠償を請求することができる（415条2項1号）。この場合には，そもそも履行請求権が認められず（412条の2第1項参照），したがって，履行請求権との関係を問題にする必要はないからである。

　(2)　**債務者の明確な履行拒絶**　　債務者がその債務の履行を拒絶する意思を明確に表示した場合にも，債権者は，債務の履行に代わる損害賠償を請求することができる（415条2項2号）。この場合には，債務者が任意に履行する可能性は低く，債権者に本来の債務の履行を待つことをもはや期待できないと考えられるからである。

　債務者の履行拒絶は，履行期前のものであっても履行期後のものであってもよい。その際，履行期前の履行拒絶は，それ自体が，415条1項の定める一般的要件としての債務不履行と評価されることになる（したがって，履行期前の履行拒絶の場合も，債務不履行による損害賠償の一般的要件を満たす）。

　これによると，債務者の明確な履行拒絶の場合には，債権者は，履行請求権と債務の履行に代わる損害賠償請求権の双方を有することになる。そのときには，債権者は，それぞれの要件を満たす限り，いずれを選択して行使してもよい（ただし，両者を重ねて行使して，本来の債務の履行と債務の履行に代わる損害賠償の双方を受けることはできない）。

　(3)　**契約の解除又は債務不履行による契約解除権の発生**　　債務が契約によって生じたものである場合において，①その契約が解除されたとき，または，②債務の不履行による契約の解除権が発生したときにも，債権者は，債務の履行に代わる損害賠償を請求することができる（415条2項3号）。

　まず，①**契約が解除された場合**には，債務の履行に代わる損害賠償の請求が認められる。この場合には，契約解除の効果として，履行請求権はもはや存在しない（したがって，履行請求権との関係を問題にする必要はない）からである。もっとも，債権者が債務不履行を理由として契約を解除した場合については，その前段階として債務不履行による契約解除権が発生していることから，次の②でカバーされる。したがって，①にあたるものとして想定されているのは，②で

カバーされない場合，すなわち，(i)債権者と債務者との間で契約が合意解除された場合や，(ii)双務契約において双方の当事者がともに債務不履行をしている場合において，債権者ではなく債務者が契約を解除したときなどである。

　次に，②**債務不履行による契約の解除権が発生した場合**にも，債務の履行に代わる損害賠償の請求が認められる。これは，債権者に債務不履行による契約解除権が発生した段階で，契約の解除をしなくとも，債務の履行に代わる損害賠償が認められるということを意味している。ここで，債務不履行による契約解除権が発生する場合というのは，総じていえば，債権者に本来の債務の履行を待つことをもはや期待できないと考えられる事態が生じており，それゆえに，債権者に契約の拘束力からの解放を認めることが正当化される場合であるといえる。そのため，この場合にも，債務の履行に代わる損害賠償の請求が認められるものとされている。

　具体的にどのような場合に債務不履行による契約解除権が発生するかについては，541条以下で規定されている（→新プリメール民法4第3章）。それによると，たとえば，債務者が債務を履行しない場合に，債権者が，債務者に対して，相当の期間を定めて履行の催告をし，その期間内に履行がないときは，原則として，契約解除権が発生することになる（541条）。また，一定の場合においては，催告によらずに契約解除権が発生することもある（542条）。

　債務不履行による契約解除権が発生したものの，いまだ契約の解除がされていない場合には，債権者は，履行請求権と債務の履行に代わる損害賠償請求権の双方を有することがある。そのときには，債権者は，それぞれの要件を満たす限り，いずれを選択して行使してもよい（ただし，両者を重ねて行使して，本来の債務の履行と債務の履行に代わる損害賠償の双方を受けることはできない）。

4 ── 債務不履行による損害賠償の効果

1 損害賠償の方法

　以上で述べた要件を満たす場合には，債権者は，債務者に対して，債務不履行による損害賠償を請求することができる。

　その際，どのような方法で損害賠償を行うかについては，理論的には，①原状回復と，②金銭賠償という2つの方法が考えられる。①**原状回復**とは，債務

不履行がなければあったであろう事実状態を現実にもたらすという方法である。②**金銭賠償**とは，債務不履行による損害を金銭で評価してその額を支払うという方法である。たとえば，自動車の賃貸借契約において，借主が，債務不履行によってその自動車を損傷してしまったとしよう。この場合に，その損害賠償として，①その自動車を現実に修理するのが原状回復であり，②修理費用を金銭で支払うのが金銭賠償である。

　これらの方法のうち，民法は，原則として，金銭賠償の方法によることとしている（417条）。これにより，債権者は，損害賠償の請求として，一定額の金銭の支払いを請求するというのが原則ということになる。

　裁判実務では，こうした金銭による損害賠償額の算定にあたって，①代替品調達費用，修理費，調査費，治療費，転売利益，営業利益，休業損害，慰謝料などといった個々の損害項目を列挙したうえで，②それらの損害項目ごとに損害賠償額を算定し，③それらの額を合算するという方法を採用している。こうした損害賠償額の算定方式は，**個別損害項目積上げ方式**と呼ばれている。

2 財産的損害と非財産的損害

　債務不履行によって生じる損害には，上であげた損害項目からもわかるように，さまざまなものがある。そうした損害は，その内容に即して，財産的損害と非財産的損害に分類されるのが通常である。

　(1)　**財産的損害**　　**財産的損害**は，債務不履行によって債権者に生じた財産上の不利益のことである。財産的損害は，さらに，積極的損害と消極的損害に分類される。

　積極的損害とは，債権者が現に受けることになる損失（既存の利益の減少）のことである。たとえば，自動車の売買契約において，売主が期日どおりに自動車を引き渡さなかったために，買主がレンタカーを借りなければならなかったとしよう。その場合，買主がレンタカーを借りるために費用を支出したことは，積極的損害にあたる。こうした積極的損害は，債権者に現に生じた損失（たとえば，レンタカー代として3万円を支出したことなど）として把握ができることが多いので，その算定は比較的容易である。

　消極的損害とは，債権者が得られたはずの利益の喪失（逸失利益・得べかりし利益）のことである。たとえば，工場の機械の売買契約において，売主が期日

どおりに目的物を引き渡さなかったために，しばらくの間，買主が工場での製品の製造を停止せざるを得なかったとしよう。その場合，その間に買主が工場で製造を行っていれば得られたはずの営業利益を得られなかったことは，消極的損害にあたる。こうした消極的損害は，債務不履行がなかったと仮定した場合に，債権者が一定の活動を行うことで得られたと考えられる利益として把握される。この際には，債務不履行がなかったというフィクションの世界を想定し，そのなかで債権者が一定の活動を行えばそれだけの利益を取得したであろうという蓋然性の判断を行わなければならない。そのため，一般的には，消極的損害は，積極的損害に比べると，その把握・算定が難しく，より慎重に行われる必要があるとされている。

(2) **非財的損害**　　**非財産的損害**は，債務不履行によって債権者に生じた財産上のものではない不利益のことである。このような非財産的損害も，慰謝料として金銭で評価され，賠償の対象となりうるものとされている。非財産的損害の賠償については，不法行為による損害賠償の場合に問題となることが多く，これを認める明文規定も存在する（710条）。債務不履行による損害賠償の場合については，これを認める明文規定はないが，たとえば，債務不履行によって，債権者の生命・身体等の人格的利益が侵害された場合などにはその賠償が認められている。

③ 損害賠償の範囲

債務不履行を原因として債権者にどのような損害が生じる可能性があるかを具体的に考えてみよう。たとえば，製品の原材料の売買契約において，売主が期日どおりに目的物を引き渡さず，その結果，買主が，原材料がないために予定どおりに製品の製造を行うことができなくなったとする。この場合，債務不履行によって買主に生じる損害としては，①しばらくの間，製品の製造ができなかったために，それによって得られるはずであった営業利益が得られなかったこと，②製造の遅れをできるだけ回避するために，別の取引先から代替品を調達し，そのための費用を支出したこと，③製品の製造が遅れたために，商品の納入先に損害賠償を支払わなければならなくなったこと，④製品納入の遅れにより取引先の信用をなくし，その後の多くの取引機会（したがって，莫大な営業利益）を失ってしまったことなどが考えられる。

　それでは，債務者は，こうした債務不履行と因果関係のあるすべての損害を賠償しなければならないのだろうか。

　(1)　**416条の規律内容**　　これについて，416条の規定は，債務不履行によって生じた損害のうち，債務者によって賠償されるべき損害を一定の範囲に制限することとしている。それによると，賠償されるべき損害は，次のような枠組みによって画定される。

　①　債務不履行によって「通常生ずべき損害」(**通常損害**) は，当然に，賠償されるべき損害にあたる (416条 1 項)。

　②　「特別の事情によって生じた損害」(**特別損害**) は，原則として，賠償されるべき損害にはあたらない。しかし，「当事者がその事情を予見すべきであったとき」，すなわち，特別の事情について当事者の予見可能性が認められる場合には，賠償されるべき損害の範囲に入る (416条 2 項)。

　(2)　**通常損害と特別損害**　　このように，416条の規定によると，ある損害が，通常損害と特別損害のいずれに分類されるかによって，その損害が賠償の対象とされるための要件が異なることになる。すなわち，ある損害が，①通常損害に分類されれば，直ちに賠償の対象とされるのに対して，②特別損害に分類されれば，特別事情についての予見可能性がとくに認められる (立証される) 場合にはじめて賠償の対象とされることになる。

　それでは，通常損害と特別損害は，どのような基準で区別されるのだろうか。たとえば，売買契約において，売主が目的物を引き渡さなかったために，買主がその物について第三者と締結していた転売契約を履行することができず，その転売利益を取得することができなかったとしよう。その場合，買主の転売利益の喪失は，通常損害だろうか，特別損害だろうか。

　一般に，①通常損害は，その種の債務の不履行から定型的に生じる (したがって，定型的に予見可能である) 損害であるのに対して，②特別損害 (特別の事情によって生じた損害) は，その種の債務の不履行から定型的に生じるものとはいえない (したがって，定型的に予見可能であるとはいえない) 損害であるとされる。

　もっとも，ある損害が通常損害と特別損害のいずれに分類されるかは，一般的・抽象的に決まるものではなく，債務の発生原因である契約の類型的性質 (当事者の属性，目的物の性質，契約の目的など) に応じて異なるものとされてい

る。上記の転売利益の喪失の例についていえば，たとえば，①買主が商人であり，自らの営業としてその物の売買契約をする場合には，転売はその種の契約において定型的に予定される事態であることから，転売利益の喪失は通常損害とされる。これに対して，②買主が消費者であり，自ら使用する目的でその物の売買契約をするのが通常である場合には，転売はその種の契約において定型的に予定される事態ではないから，転売利益の喪失は特別損害とされる。したがって，②の場合に，買主の転売利益の喪失が賠償の対象となるのは，個別の事例において，目的物の転売がされるという事態の予見可能性がとくに認められるときに限られることになる。

(3) **予見可能性** 特別損害に分類された損害が賠償の対象とされるには，特別の事情について当事者の**予見可能性**が認められる必要がある。ここにいう予見可能性は，事実として予見できたことではなく，416条2項が定めるように「予見すべきであった」という規範的な予見可能性を意味している。したがって，予見可能性の判断においては，当該事情を事実として予見できたかどうかというよりも，その事情を予見すべきであったかどうかという規範的判断が決定的に重要になる。

また，この予見可能性については，①「誰にとって」の予見可能性なのか（予見可能性の主体），②「どの時点」での予見可能性なのか（予見可能性の時期）が問題となる。まず，①**予見可能性の主体**については，規定上は「当事者」とされているが，判例・通説は，これを，両当事者（債権者および債務者）ではなく，債務者（債務不履行をした当事者）にとっての予見可能性を意味するものとしている。また，②**予見可能性の時期**については，規定上は明らかではないものの，判例・通説は，これを，債務不履行時の予見可能性と理解している。

以上から，判例・通説によれば，特別損害に分類される損害が賠償の対象とされるには，「その損害を生じさせた特別の事情を，債務者が，債務不履行時に，予見すべきであった」と認められることが必要とされることになる。

④ 物の引渡債務の不履行と賠償額の算定方法

債務不履行による損害賠償の具体例として，売買契約に基づく売主の目的物引渡債務が履行不能となった場合に，買主（債権者）が，売主（債務者）に対し，債務の履行に代わる損害賠償（塡補賠償）として，目的物の価格相当額の賠償を

請求したという場合を考えよう。この場合の賠償額（目的物の価格相当額）は，目的物の時価（市場価格）を基礎として算定されるのが一般である。ところが，そうした目的物の時価が，時の経過によって変動する場合もある。たとえば，目的物の時価が，①契約締結時には10万円，②履行不能時には12万円，③損害賠償請求の訴えの提起時には13万円，④この訴えの事実審の口頭弁論終結時には14万円と変動したとする。このような場合には，どの時点の目的物の時価を基礎として賠償額を算定すべきだろうか。

(1) **判例の判断枠組み**　判例は，売主の目的物引渡債務が履行不能となった事例における賠償額の算定について，これまで，次のような判断枠組みを採用してきている（最判昭37・11・16民集16巻11号2280頁など）。

①　目的物引渡債務が履行不能となった場合において，債権者が，債務の履行に代わる損害賠償として，目的物の価格相当額の賠償を請求するとき，その賠償額は，原則として，「履行不能時」の目的物の時価である。

②　しかし，目的物の価格がその後も騰貴を続けている場合には，履行不能の時点で，目的物の価格が騰貴しつつあるという特別の事情があり，債務者が，その特別の事情を予見可能であったときには，債権者は，騰貴した現在の価格による損害賠償を請求することができる。

③　なお，目的物の価格がいったん騰貴した後に下落した場合において，その騰貴した価格（中間最高価格）により損害賠償を求めるためには，上記②の価格騰貴に関する特別の事情の予見可能性に加えて，債権者がその騰貴した時に転売その他の方法により騰貴価格による利益を確実に取得したのであろうと予想されたこと（利益取得の確実性）が必要である。

以上によると，判例は，この問題を，基本的には，416条の規定の適用を通じて解決しようとしているとみることができる。

(2) **学説の傾向**　これに対して，学説では，この問題を，416条の適用によって解決すべきではないとする見解が有力である。

この見解によれば，損害賠償額の算定に至るまでの判断過程には，①損害賠償の範囲の画定と，②賠償範囲に含まれる損害の金銭的評価という2つのプロセスが含まれるところ，416条が規律しているのは，そのうちの①のプロセスだけであるとされる。これに対し，ここでの問題（目的物の価格相当額の算定基

準時) は，①のプロセスを経て，債権者が目的物を取得できなかったという損害が，損害賠償の範囲に含まれるとされた場合に，その損害をどのように金銭的に評価するかという，②のプロセスに属する問題である。そうすると，ここでの問題は，損害賠償の範囲の画定に関する416条の規定の適用によるのではなく，これとは別の損害の金銭的評価に関する規律によって解決されるべきものとなる。

　もっとも，そうした損害の金銭的評価に関する規律については，民法に明示的な規定がなく，その内容についても争いがある。学説においては，その規律の内容として，「全額評価の原則」(債権者にできるだけ債務不履行がなかった場合と同様の経済的地位を回復させるように損害の金銭的評価を行うべきであるとする実体法上の原則) があげられることが多いが，それ以上の具体的な規律については争いがあり，なお決着はついていない。

⑤ 債権者の損害軽減措置の可能性と416条

　判例においては，416条1項の「通常生ずべき損害」の解釈において，債権者が損害を回避・軽減する措置をとることができた場合に，そのことを考慮して，債務者が負う賠償責任を一定の範囲で制限する可能性が認められている (最判平21・1・19民集63巻1号97頁)。

　判例で問題となったのは，次のような事例である。店舗用建物の賃貸借契約において，事業者である賃借人Xが，賃借した建物をカラオケ店の店舗として使用していたところ，建物の排水用ポンプの不具合で汚水が噴出し，Xの使用していた店舗部分が浸水した。このため，それ以降，Xは，その店舗でカラオケ店の営業を継続することができなくなってしまった。Xは，賃貸人Yに対して，建物の修繕を求めたが，Yがこれに応じなかったので，修繕義務の不履行に基づいて，その後の長期間にわたる営業利益の喪失につき損害賠償を請求した。しかし，その一方で，Xも，その後，他の場所でカラオケ店の営業を再開することができたにもかかわらず，そうすることはなかった。

　このような事例において，前掲最判平21・1・19は，「遅くとも，本件本訴が提起された時点においては，Xがカラオケ店の営業を別の場所で再開する等の損害を回避又は減少させる措置を何ら執ることなく，本件店舗部分における営業利益相当の損害が発生するにまかせて，その損害のすべてについての賠償を

Yに請求することは，条理上認められないというべきであり，民法416条1項にいう通常生ずべき損害の解釈上，本件において，Xが上記措置を執ることができたと解される時期以降における上記営業利益相当の損害のすべてについてその賠償をYに請求することはできないというべきである。」とした。

5──賠償額の減額・調整

損害賠償額の算定にあたっては，以下でみるような操作によって，賠償額の減額・調整が行われることがある。

1 損益相殺

債務不履行によって，債権者が，損害を被ると同時に利益も受けるということがある。そうした場合に，損害賠償額の算定にあたって，債権者が受けた利益に相当する分を損害賠償額から控除することを，**損益相殺**という。

たとえば，旅客運送契約において，債務者（運送人）が債務不履行によって事故を起こし，債権者（旅客）を死亡させてしまったとしよう。このとき，債務者は，死亡した債権者の逸失利益（債権者が生存していれば将来取得したはずの収入）について賠償責任を負うことになる（ここでは，債権者の相続人が，死亡した債権者の損害賠償請求権を相続して，債務者に請求することになる）。

このとき，死亡した債権者においては，債務不履行によって，将来の収入が得られないという損害を受ける一方で，それと同時に，その間に生存していれば必要であった生活費の支出を免れることになる。そのため，こうした逸失利益について損害賠償額を算定する際には，対応する期間の生活費が，損益相殺として，その賠償額から控除されることになる。

こうした損益相殺は，明文の規定は存在しないものの，損害賠償の結果として債権者が不当に多くの利益を受けるという不公平が生じるのを防止するという観点から，解釈上認められている（536条2項後段の規定においてもこれに類する考え方がみられる）。

2 中間利息の控除

もう一度，先にみた運送契約の事例に立ち戻ろう。この事例においては，死亡した債権者の逸失利益の賠償が問題となっていた。この逸失利益は，本来であれば，債権者が，将来の時点（それぞれの収入を得られる時点）ではじめて取得

することになるはずのものである。しかし，債権者（の相続人）は，こうした将来取得すべき利益についても，その賠償を現時点で一括して請求することができるものとされている。

　もっとも，このとき，債権者としては，本来であれば将来の時点で受け取るべき利益を，それよりも早期の現時点で一括して受け取ることになる。そうすると，債権者は，将来受けるべき利益を損害賠償として本来の時期よりも早期に受け取ることによる利益（＝本来受け取るべき時点までの利息に相当する利益）を取得することになる。そこで，裁判実務においては，逸失利益の損害賠償額の算定にあたって，上記の利息に相当する額（中間利息）を控除して賠償額を算定するということが行われている。これを，**中間利息の控除**という。

　417条の2第1項は，こうした将来取得すべき利益の賠償（消極的損害の賠償）について，中間利息の控除を行う場合には，その控除すべき中間利息の利率として法定利率を用いるべきこととし，その際の法定利率の基準時を損害賠償請求権の発生時と定めている。

　そして，同条2項は，将来負担すべき費用の賠償（積極的損害の賠償）についても，これと同様の規律を定めている。たとえば，上記の運送契約の事例において，債権者が，死亡はしなかったものの，重度の身体障害を負い，将来にわたって継続的に介護を受けることが必要になったとしよう。この場合，債権者は，債務不履行による損害賠償として，将来負担すべき介護費用についての賠償を，現時点で一括して請求することができる。こうした将来負担すべき費用の賠償についても，中間利息の控除を行う場合には，損害賠償請求権の発生時における法定利率によるべきこととされている。

③ 過失相殺

　債務不履行またはそれによる損害の発生・拡大に関して，債権者に過失があった場合には，そのことが損害賠償責任の有無および賠償額を定めるにあたって考慮される（418条）。これを，**過失相殺**という。

　過失相殺は，債権者が自ら責任を負うべき結果についてまで，損害賠償を通じて債務者に転嫁することは許されないという観点から，公平の原則ないし信義則の現れとして，認められるものとされる。不法行為による損害賠償についても，類似の規定が設けられている（722条2項）。

418条が定めているように，過失相殺が問題となるのは，①債務不履行それ自体に関して債権者に過失がある場合，②損害の発生について債権者に過失がある場合，③損害の拡大について債権者に過失がある場合という3つの場合である。

これらの場合について債権者の過失が認められるときには，裁判所は，それを考慮して，債務者の損害賠償責任を否定したり，損害賠償額を減額したりすることになる。

ここでは，過失相殺によって債務者の損害賠償責任それ自体が否定される余地も認められている。これは，もっぱら債権者の過失によって債務不履行が生じたという場合に，過失相殺による債務者の免責の余地を認めたものとみられる。しかし，そのような場合には，過失相殺によるまでもなく，債務不履行が「債務者の責めに帰することができない事由」(415条1項ただし書)によることを理由として，債務者の免責が認められるのが通常であろう。

また，過失相殺によって損害賠償額の減額が行われる場合には，債権者の過失割合を認定し，その過失割合に応じて賠償額を割合的に減額するという方法がとられるのが通例である。たとえば，過失相殺に先立って算定された賠償額が100万円で，債権者の過失割合が2割と認定された場合には，その100万円の賠償額を2割分だけ減額した80万円が賠償額とされることになる。

6 ── 金銭債務に関する特則

① 利率による賠償額の算定

金銭債務の不履行(履行遅滞)による損害賠償においては，法定利率(約定利率が法定利率を超えるときは約定利率)によって，損害賠償額が算定される(419条1項)。この場合に用いられる法定利率の基準時は，「債務者が遅滞の責任を負った最初の時点」である。また，このとき，債権者は損害を証明する必要がない(419条2項)。

こうした規律が設けられている理由は，①金銭の用途は多様であるため，金銭債務の不履行によって債権者がいかなる用途を妨げられたために損害を被ったのかを判断するのは困難であること，②金銭は相当の利息を支払えば取得でき，金銭を受け取った者は相当の利息を得て他に貸与することが容易であるか

ら，金銭債務の不履行による損害の多くは，利息相当額であるとみることができると考えられたことによるものとされている。

② 不可抗力免責の不存在

　上記の利率によって算定される損害賠償について，債務者は，不可抗力によっても免責されないとされている（419条3項）。これは，金銭は相当の利息を支払えば容易に取得できることから，それをしなかった債務者は，やはり上述した利息相当額についての賠償責任を免れるべきではないと考えられたことによるものとされている。この規律は，すでに述べたように，債務者の免責事由に関する規律（415条1項ただし書）の特則にあたる。

7 ── 損害賠償額の予定

① 損害賠償額の予定とは

　債務不履行による損害賠償をめぐっては，当事者間で，損害の有無や損害額などについて争いが生じることが少なくない。そのような争いを避けるために，予め当事者間で債務不履行があった場合に支払うべき損害賠償額を合意しておくことがある。たとえば，当事者間で予め「債務不履行があった場合には30万円を支払う」といった合意をすることなどである。これを，**損害賠償額の予定**という。

② 損害賠償額の予定の効果

　損害賠償額の予定をしておけば，債務不履行が生じた場合に，債権者は，債務不履行の事実と損害賠償額の予定の合意を証明すれば，損害の発生やその額を証明することなく，債務者に対して，予定賠償額の支払いを請求することができる。

　このとき，債務不履行が「債務者の責めに帰することができない事由」によるとして，債務者に免責の余地が認められるかどうかは，損害賠償額の予定の合意の解釈による。債務不履行をめぐる一切の紛争を避けるために債務者の免責の余地をも認めない趣旨の合意がされる場合も考えられるが，多くの場合には，債務者の免責の余地を認める趣旨と解されるだろう。

　また，判例は，当事者が損害賠償額を予定した場合においても，債務不履行について債権者に過失があるときには，特段の事情のない限り，過失相殺が認

められるとしている（最判平6・4・21集民172号379頁）。

　なお，損害賠償額の予定の合意がされた場合でも，債権者は，履行請求や契約の解除を妨げられることはない（420条2項）。

③ 損害賠償額の予定の制限

　損害賠償額の予定は，原則として有効である（420条1項）。これは，契約自由の原則（521条）からの当然の帰結である。

　しかし，その内容が不当なものである場合には，①公序良俗違反（90条）によって無効となる可能性や，②他の法令の規定（たとえば，消費契約9条など）によってその効力が制限される可能性がある（判例としては，たとえば，学納金返還請求に関する最判平18・11・27民集60巻9号3437頁など）。

④ 違 約 金

　当事者が，「債務不履行があった場合には『違約金』として30万円を支払う」と合意した場合，この「違約金」の合意はどのように解釈されるだろうか。

　「**違約金**」の合意には，①損害賠償額の予定の場合と，②違約罰の場合があるとされている。①**損害賠償額の予定**の場合には，違約金は，損害賠償に代わるものであることから，債権者は，違約金とは別に損害賠償を請求することはできない。これに対して，②**違約罰**の場合には，違約金は，債務不履行に対する制裁であり，債権者は，違約金とは別に損害賠償を請求することができる。

　こうした「違約金」の解釈について，420条3項は，「違約金」を，損害賠償額の予定であると推定している。これによると，「違約金」の合意が違約罰の趣旨であること（したがって，違約金に加えて損害賠償を請求することができること）を主張する債権者は，その旨を証明する必要があることになる。

8 ── 損害賠償による代位

① 損害賠償による代位とは

　たとえば，Aが，自己の所有する絵画甲をBに寄託したところ，Bの管理がまずかったために，甲が盗難にあったとしよう。このとき，Aは，Bに対して，甲の返還債務の不履行（履行不能）による損害賠償（塡補賠償）として，甲の価格相当額の賠償を請求することができる。

　しかし，ここで，AがBからその損害賠償の支払いを受けた場合に，Aがな

お甲の所有権を有するのだとすれば，Ａは，甲の所有権を有しながら，Ｂから甲の価格相当額の塡補賠償の支払いを受けることができるという二重の利得を得ることになってしまう。

　そこで，債権者が損害賠償としてその債権の目的である物または権利の価額の全部の支払いを受けたときは，債務者は，その物または権利について当然に債権者に代位することとしている（422条）。これを，**損害賠償による代位**という（**賠償者代位**ともいう）。これによって，目的物の価格相当額について損害賠償をした債務者は，債権者に「代位」することで，債権者が有する権利（上記の例では甲の所有権）を当然に取得することになる。

② 損害賠償による代位の制度趣旨

　損害賠償による代位の制度趣旨は，債権者の二重の利得を防止して，賠償をした債務者の利益を保護することにあるとされる。そのため，債務者が損害を賠償した後（損害賠償による代位が生じた後）に債権の目的物を現実に入手した場合（たとえば，盗まれた甲が見つかり，Ｂがその返還を受けた場合）には，債権者は，債務者に対して，損害賠償として受領した価額を返還して，目的物の返還を請求することができるとされている。この制度は，あくまで債権者の二重利得の防止を目的とするにとどまるのであって，上記のように目的物の返還が可能な場合にまで，本来の所有者である債権者から所有権を奪うことを目的とするものではないからである。

第4節　代償請求権

① 代償請求権とは

　たとえば，Ａが，Ｂに対し，自己の所有する自動車甲を売却する旨の契約を締結し，その際，ＡとＢの間で，代金を完済するまで甲の所有権はＡに留保する旨の合意がされていたという事例を考えよう。その事例において，ＡがＢに甲を引き渡すまでの間に，甲が第三者Ｃの過失によって破壊されてしまったとする。この場合，甲の滅失によって，ＡのＢに対する甲の引渡義務は履行不能となるため，Ｂは，Ａに対して，甲の引渡しを請求することはできない（412条

の2）。しかし，その一方で，Aは，甲を破壊したCに対して，甲の所有権の侵害を理由として，不法行為による損害賠償請求権を取得することになる（709条）。このとき，Aが取得する損害賠償（請求権）は，滅失した甲の代償（価値代替物）と考えられるものである。そこで，この場合に，債権者Bは，債務者Aに対して，Bの受けた損害の額の限度で，AがCから取得した損害賠償の償還（またはAがCに対して有する損害賠償請求権の移転）を請求することができることとされている（422条の2）。

　このように，債務が履行不能となった場合において，債務者が履行不能をもたらしたのと同一の原因によって債務の目的物の代償である権利または利益を取得したときには，債権者は，債務者に対して，自らの受けた損害の額の限度で，目的物の代償である権利の移転または利益の償還を請求することができる。このような債権者の権利のことを，**代償請求権**という。

2 代償請求権の要件

　(1)　**債務の履行不能**　　代償請求権が認められるためには，まず，債務が発生し，それが履行不能となったことが必要である。代償請求権は，債務不履行の態様が履行不能である場合に，とくに認められる救済手段である。

　(2)　**履行不能と同一原因による債務者の代償取得**　　次に，債務者が，履行不能を生じさせたのと同一の原因により，債務の目的物の代償となる権利または利益を取得したことが必要である。ここにいう代償である権利または利益の典型例は，上記の例でみたように，目的物の滅失に際して債務者が第三者に対して取得する不法行為による損害賠償請求権（または第三者から受け取った損害賠償）である。そのほか，目的物の滅失によって債務者が取得する保険金請求権（または受け取った保険金）も，ここでいう「代償」にあたるとされる（最判昭41・12・23民集20巻10号2211頁）。

　(3)　**損害の発生**　　後述するように，代償請求権は，債権者が受けた損害の額の限度においてのみ認められるものとされている。したがって，代償請求権が認められるためには，少なくとも，債務の履行不能によって債権者に損害が発生したことが必要である。

　(4)　**債務者の免責事由の要否**　　以上に加えて，代償請求権の要件として，履行不能が「債務者の責めに帰することができない事由による」（415条1項ただ

し書参照)ものであることが必要か，すなわち，債務者が債務不履行による損害賠償責任を免責される場合であることが必要かについては争いがある。

　代償請求権を，債権者が損害賠償請求権を有しない場合（債務者が免責される場合）に，はじめて認められる補充的な救済手段であると考えるのであれば，規定上は明示されていないものの，代償請求権の要件として，履行不能が「債務者の責めに帰することができない事由による」ことが必要とされることになるだろう（免責事由必要説）。

　これに対し，代償請求権を，損害賠償請求権の有無（債務者の免責の有無）とは独立して，履行不能の場合に債権者に認められる救済手段の1つであると考えるのであれば，代償請求権の要件として，履行不能が「債務者の責めに帰することができない事由による」ことは必要ではないことになる（免責事由不要説）。

　このように，代償請求権の要件として債務者の免責事由の存在が必要かどうかについては争いがあるが，その背後には，代償請求権がいかなる趣旨で認められる権利であるかに関する理解の相違が存在している。

③ 代償請求権の効果

　代償請求権が認められる場合には，債権者は，自らが受けた損害の額の限度で，債務者に対して，代償である権利の移転または利益の償還を請求することができる。

　(1)　**請求の内容**　　代償請求権によって求めることができるのは，①代償である権利の移転，または，②代償である利益の償還である。このうち，②の場合には，債権者は，債務者に対して，代償である利益（たとえば，第三者からすでに受け取った損害賠償）を債権者に引き渡すように請求することになる。これに対して，①の場合には，債権者は，債務者に対して，代償である権利（たとえば，第三者に対して取得した不法行為による損害賠償請求権）を債権者に移転するように請求することになる。この場合には，その後に，債権者が，債務者から移転を受けた権利を行使する（たとえば，第三者に対して損害賠償請求をする）ことが予定されている。

　(2)　**上限としての損害額**　　これらの請求は，履行不能によって債権者が受けた損害の額を限度として，認められる。代償である権利または利益の価額が，債権者が受けた損害の額を超える場合には，その移転または償還の請求

は，債権者が受けた損害の額を上限とすることになる。

　422条の2が定める代償請求権は，履行不能によって本来の目的物を取得できなかった債権者の損害の塡補を目的とするものとして構想されており，債権者にそれ以上の利益を与えることを目的としていないからである。

　(3)　**損害賠償請求権との関係**　　代償請求権を，損害賠償請求権が認められない場合（債務者が免責される場合）に限って認められる権利であると考える見解（上記の免責事由必要説）によれば，代償請求権が認められる場合には，損害賠償請求権は認められないことになる（したがって，それ以上に両者の関係を問題とする必要はない）。

　これに対し，代償請求権を，損害賠償請求権の有無とは無関係に認められる権利であると考える見解（上記の免責事由不要説）によると，債権者が損害賠償請求権と代償請求権とをともに有することがありうる（損害賠償について債務者の免責が認められない場合にはそのようになる）。もっとも，これらの権利は，いずれも債権者が受けた損害の塡補を目的とするものであり，債権者がこれらの権利を行使することで，自ら受けた損害を超える利益を取得することは許されない。そのため，債権者が，代償請求権を行使して代償である権利または利益を取得した場合には，その価額分だけ損害賠償請求権が縮減することになると解される。

第**4**章

債権者代位権・詐害行為取消権

●本章で学ぶこと

　ある権利を有する者がそれを行使するかしないかは，その者の自由にゆだねられるのが原則である。たとえば，絵画の買主は，売主に絵画の引渡しを求める債権を有するが，それを行使するかしないかは，本人の自由である。また，絵画の所有者には，その絵画がいかに高価なものであっても，それを他人に無償または廉価で譲渡する自由がある。

　ところが，買主や所有者に債権者がいる場合には，その自由を制限されることがある。なぜなら，引渡債権の不行使や絵画の譲渡により債権者が絵画に強制執行をかけられず，債権を回収できなくなるおそれがあるからである。

　本章で学ぶ債権者代位権と詐害行為取消権は，債権者が債務者の代わりに引渡債権を行使したり，債務者の行った譲渡を取り消したりする制度である。もっとも，これらの制度の利用が広範囲に認められると，債務者の財産関係に対する過度の干渉を招くことになる。さらには，債務者と取引を行った相手方の地位にも配慮すべきであろう。

　債務者の財産は，そのすべての債権者（総債権者）の債権を実現するための共同担保でもある。このため，民法は，総債権者の利益をも考慮に入れて制度設計を行っている。本章では，こうした多数の関係者の利害に着目しながら，制度の内容を学んでいく。

第1節 制度の概要

1 債権の実現

AがBに100万円を貸し付けたところ，約束の日がきてもBが100万円を返してくれないとしよう。このようなとき，もしもBに財産があれば，Aは，**強制執行**の手続を利用してBから100万円を回収することもできる。土地や建物のほか，絵画や宝石等の動産，金銭債権など，経済的価値のあるさまざまな財産が強制執行の対象となり，**債権の引当て**（弁済を確保するもの）となる。Aは，これらの財産を差し押さえ，競売による換価を経るなどして配当を受ける（このような履行の強制については，→第3章参照）。

逆にいえば，Aの債権が実現できるかどうかは，強制執行の対象にできるBの財産がどれだけあるかにかかっている。このように，担保権のない債権者（**一般債権者**）の債権の引当てになる財産の総体を**責任財産**という。

2 債権者平等の原則

Bの責任財産は，Aを含めたBのすべての債権者（総債権者）の**共同担保**である。その共同担保である責任財産が，総債権者のすべての債権が満足を得るのに不足する場合には，各債権者は，債権発生の時期や弁済期の先後を問わず，債権額の割合に応じて平等に債権の回収を図ることになる。これを**債権者平等の原則**という。たとえば，Bに対し，Aが600万円，Cが400万円，Dが200万円の債権を有しており，Bの責任財産の価値が900万円しかないとしよう。この場合，Aは450万円，Cは300万円，Dは150万円を，Bの責任財産から回収しうる。

3 債権者代位権

責任財産は，債務者の経済活動によって増えたり減ったりする。そして，債務者の資力が十分であるときは，いかに債権者でも，その活動には口出しできないのが原則である。

しかし，債務者の資力が十分でないときは別である。たとえば，Bに債権を有するAは，BがCから購入した絵画の引渡しを受けていなければ，それを差し押さえることはできない（民執123条1項。例外として民執124条。なお，Aがすで

に債務名義を有する場合の規定として民執163条も参照）。ところが，絵画以外に目ぼしい財産のないBは，Cにその引渡しを求めてくれない可能性がある。引渡しを受けても，結局，Aに差し押さえられてしまうからである。民法は，このように膠着した状況を打開するための手段として，債権者が債務者の権利を代わりに行使できる制度を用意している。これを**債権者代位権**という。上記の例では，Aが，Bに代わって，Cに絵画の引渡しを求めることになる。

④ 詐害行為取消権

　債務者が責任財産を減少させる行為をしたときのためには，また別の制度が用意されている。たとえば，Bが，Aから100万円を借り受けた後に自己の絵画をCに贈与したような場合である。Bに絵画以外の財産があれば，Aはそれに強制執行をかければよい。しかし，そうでないときのために，民法は，債権者が債務者のした行為（上記の例では絵画の贈与）を取り消して，債務者の責任財産から逸出した財産を取り戻す制度を用意している。これを**詐害行為取消権**（または**債権者取消権**）という。

　債権者代位権は，典型的には，債務者の消極的な行為（権利の不行使）により，責任財産の増加が妨げられているときに利用する制度である。これに対し，詐害行為取消権は，債務者の積極的な行為により，責任財産の減少がもたらされた場合に利用する制度である。

　債権者代位権

1──代位権行使の要件

　Bに100万円の債権を有するAが，債権者代位権を用いて，BのCに対する絵画の引渡債権を行使するためには，どのような要件が必要となるか。代位権を行使するための積極的要件（債権者に立証責任がある）は，Aを債権者，Bを債務者，Cを第三債務者とすると，①債権者の債務者に対する債権（**被保全債権**）が存在すること（423条1項本文），②債権者の債権を保全する必要があること（1項本文）であり，代位権の行使を阻む消極的要件（第三債務者に立証責任がある）

は，③被保全債権の期限が到来していないこと（2項本文），④被保全債権が強制執行により実現できないものであること（3項），⑤債務者が代位の対象となる権利（**被代位権利**）をすでに行使していること（判例），⑥被代位権利が債務者の一身に専属する権利（**一身専属権**）であり，または差押えを禁じられた権利（**差押禁止権利**）であること（1項ただし書）である。

1 被保全債権の存在

　代位権を行使するためには，当然のことながら，被保全債権が存在していなければならない（423条1項）。もっとも，その債権は，被代位権利より前に成立したものである必要はない（最判昭33・7・15裁判集民32号805頁）。被保全債権が詐害行為の前に存在したことを必要とする取消権とは異なる点である。なお，被保全債権は，抵当権や質権等により担保された債権でも構わない。

　これに対し，内容や額の確定していない債権を被保全債権とすることはできない。たとえば，**離婚に伴う財産分与請求権**（768条1項）について，判例は，「協議あるいは審判等によつて具体的内容が形成されるまでは，その範囲及び内容が不確定・不明確である」から，これを被保全債権にすることはできないと解している（最判昭55・7・11民集34巻4号628頁）。これに対し，**条件付債権**を被保全債権とすることは可能である。実際，農地法が定める知事の許可を停止条件とした所有権移転登記請求権を保全するための代位権の行使を認めた裁判例がある（名古屋地判昭58・3・7判タ506号136頁）。

2 登記・登録の請求権

　登記・登録の請求権を被保全債権とすることも可能である（423条の7）。たとえば，土地がC→B→Aと売却されたが登記名義がCのままであるといった場合に問題となる。Aに登記を移すためには，まずCからBに登記を移さなければならない。しかし，そのためには，登記権利者（B）と登記義務者（C）による共同申請が必要であるから（不登60条），Bの協力がない限り，Bに登記を移転することはできない。代位権は，このような場合にも有用である。Aは，Bに対する登記請求権を被保全債権とし，Cに対するBの登記請求権を代位行使して，Bへの所有権移転登記をCに求めることができる。

　423条の7は，一見わかりにくい条文である。同条の「登記又は登録をしなければ権利の得喪及び変更を第三者に対抗することができない財産」とは土

□ WINDOW 4-1　　　　　　　　　　　　　　　　　　　　　　　　　　◀◀

債権者代位権の転用？

　債権者代位権は，伝統的には，金銭債権の満足を図るために，債務者の総債権者の共同担保である責任財産を維持し，強制執行に備えるための制度であると考えられてきた。その一方で，判例は，古くから登記請求権や不動産賃借権等の非金銭債権（特定債権）を実現するための代位権行使を認めてきた（大判明43・7・6民録16輯537頁，大判昭4・12・16民集8巻944頁など）。しかし，特定債権を被保全債権とする代位権の行使は，制度本来の趣旨から外れたものであるとの理解から，「債権者代位権の転用」と表現されるのが一般的であった。

　しかし，2017（平成29）年の民法改正により，民法に「登記又は登録の請求権を保全するための債権者代位権」の規定（423条の7）が新設された。これにより，少なくとも登記・登録請求権を被保全債権とする代位権の行使には，条文の後ろ盾ができたことになる。法制審議会の審議の過程では，特定債権を実現する代位権に関する一般規定の新設も検討されたが，とりわけ要件について意見の一致をみることができず，見送られた。したがって，不動産賃借権などの特定債権については，今後も債権者代位権の一般規定（423条以下）が適用される。このような立法の経緯を踏まえるなら，特定債権を被保全債権とした代位権の行使を「転用」という形で例外的に扱う必要はなくなったものと思われる。

　特定債権の実現につき問題となるのは，いわゆる「補充性の要件」である。たとえば，抵当権者は，所有者から占有権原の設定を受けて抵当物件を占有する者に対し，抵当権自体に基づいて妨害排除請求ができるが（最判平17・3・10民集59巻2号356頁），にもかかわらず，債権者代位権に基づく請求権を認めるべきであろうか。補充性以外の問題もある。たとえば，使用貸借の貸主は，借主に対し，不法占有者の妨害を排除する義務を負っていないが，このような場合でも，借主が，貸主の妨害排除請求権を代位行使することができるだろうか。解釈にゆだねられた課題は，依然として少なくない。

地，建物，自動車，船舶等を指す。また，その財産を「譲り受けた者」とは，上記の例ではA，その「譲渡人」とはB，「第三者」とはCのことをいう。

③ 特定債権の保全

　代位権は，登記・登録の請求権以外の非金銭債権（**特定債権**）を保全するためにも有用である（→WINDOW 4-1）。たとえば，Bから賃借した土地をCが不法に占有している場合，Aは，自己の賃借権を保全するために，Cに対するBの明渡請求権（所有権に基づく妨害排除請求権）を代位行使することができる（大判昭4・12・16民集8巻944頁，最判昭29・9・24民集8巻9号1658頁）。

　また，抵当権者Aが抵当不動産の所有者Bに対して有する請求権（抵当不動産を適切に管理し，抵当不動産の担保価値を維持・保存するよう求める請求権）を保全

するために，Bが不法占有者Cに対して持つ妨害排除請求権を代位行使することもできる（最大判平11・11・24民集53巻8号1899頁）。

④ 債権保全の必要性

　民法は，債権者が「自己の債権を保全するため必要があるとき」に限り，代位権の行使を認めている（423条1項）。この保全の必要性は，被保全債権が金銭債権であるときは，債務者が**無資力**である場合，すなわち，債務者の資力が十分でなく，もし代位権を行使しなければ（債務者の）総債権者の共同担保である責任財産に不足を生ずるおそれのある場合に認められる（→WINDOW 4-2）。たとえば，Bが，Cから購入した絵画の引渡債権を行使していなくても，他に，総債権者の債権を賄うのに十分な財産があれば，債権者のAは，それらの財産に強制執行をかけて債権を回収すればよい。にもかかわらず，絵画の引渡債権を代位行使すれば，それは，Bの財産関係に対する不当な干渉となる。代位権の行使が認められるのは，絵画の引渡債権以外にめぼしい財産がないか，財産があっても総債権者の債権全額を満足させるには不足する場合である。

　他方，被保全債権が賃借権等の特定債権であるときは，その特定債権の実現と債務者の資力とは関係がない。したがって，代位権の行使が「債権の保全に適切にして且必要なる限り」（原文は旧カナ），債務者の資力を問うことなく，423条の適用が認められてよい（大判明43・7・6民録16輯537頁）。

⑤ 期限の到来

　債権者は，原則として，被保全債権の期限（弁済期）が到来しない間は，代位権を行使することができない（423条2項）。代位権の行使は，債務者の自由にゆだねられるはずの財産関係に干渉するものであるから，せめて被保全債権の期限が到来するまでは待つべきである。しかし，それでは間に合わないこともある。たとえば，被代位権利が消滅時効の完成間近であるときなどである。このため，時効の完成猶予事由に該当する行為（147条1項）や未登記建物の登記申請といった**保存行為**を行う場合には，被保全債権の期限が到来していなくても，代位権を行使することができる（423条2項ただし書）。

⑥ 強制執行による実現可能性

　Bに100万を貸し付けているAが，BのCに対する絵画の引渡債権を行使しても，この絵画に強制執行をかけられないことがある。たとえば，A・B間で

□ WINDOW 4-2

債務者の無資力はつねに要求されるべきか？

　債務者の無資力は，被保全債権が金銭債権である場合にはつねに必要なのだろうか。ここでは，結論の異なる2つの判例を紹介する。

　Aは，自己所有の土地をB・Cに売却したが，代金の一部を受領しただけで登記をB・Cに移転する手続を行うことなく死亡し，XらとYがAの地位を相続した。B・Cが登記に必要な書類の送付をXらとYに催告したところ，Xらはこれに応じたが，Yは応じなかった。このためB・Cは登記の移転ができず，それを理由に，Xらに残代金の支払いをしない。そこで，Xらは，B・Cを代位して，Yに対し登記の移転を請求した。最高裁は，Xらは，買主の「同時履行の抗弁権を失わせて買主に対する自己の代金債権を保全するため，債権者たる買主の資力の有無を問わず，民法423条1項本文により，買主に代位して，登記に応じない相続人に対する買主の所有権移転登記手続請求権を行使することができる」と判示した（最判昭50・3・6民集29巻3号203頁）。不動産の売主の地位を複数の相続人が相続した場合，相続人が買主に負う登記義務は，全員で履行する必要のある不可分債務であると解されている。このため，1人でも登記に協力しない相続人がいると，他の共同相続人は登記義務を履行することができず，買主から同時履行の抗弁を主張されることになる。本件の被保全債権は代金債権であるが，買主の同時履行の抗弁権を喪失させるために代位権が行使されたという特殊な事案において，いわゆる転用事例に関する判例理論が踏襲されたものと解されている。

　他方，交通事故で死亡した被害者の遺族（Aら）が，加害車両の運行供用者であるBとの間で（任意）責任保険契約を締結していたCに対し，保険金請求権を代位行使した事案では，「交通事故による損害賠償債権も金銭債権にほかならないから」，代位権の行使には，Bの「資力が債権を弁済するについて十分でないときであることを要する」と判示した（最判昭49・11・29民集28巻8号1670頁）。しかしながら，このケースのように，被保全債権と被代位権利とが密接な関係にあるときは，代位権行使の目的は，被保全債権の迅速な実現にあり，総債権者の共同担保の確保にあるわけではないから，債務者の無資力を要求すべきではない。

強制執行を排除する特約（不執行特約）が結ばれているような場合である。債権者代位権の行使により強制執行の対象となる財産を確保しても，肝心の強制執行ができないのでは意味がない。このため，被保全債権が「強制執行により実現することのできないもの」であるときは，代位権を行使することができない（423条3項）。

⑺ 債務者の権利不行使

　債権者が行使するのは債務者の権利であるから，債務者がすでに自らの権利を行使しているときは，その方法や結果のいかんを問わず，債権者が重ねて代

位権を行使することはできない（最判昭28・12・14民集 7 巻12号1386頁）。債務者の訴訟追行に満足のいかない債権者は，補助参加（民訴42条）や独立当事者参加（同47条）といった形で訴訟に関与すればよい。

8 被代位権利

　代位権の対象になるのは，債務者に属するあらゆる権利（後述の一身専属権・差押禁止権利を除く）である。不動産・動産の引渡債権や金銭債権はもとより，登記請求権，物権的請求権，取消権・解除権等の形成権，第三者のためにする契約における第三者の受益の意思表示，確認の訴えや第三者異議の訴えなどの訴訟上の行為も，代位権の対象となる。債権者代位権の代位行使が認められた例もある（最判昭39・4・17民集18巻 4 号529頁。土地がC→B→Aと譲渡されている場合に，無効な登記の名義人であるDに対するCの抹消登記請求権を目的としたBの債権者代位権を，Aがさらに代位行使した事案）。

9 一身専属権

　子が血縁上の父親に対して認知請求権を有する場合（787条）に，子の債権者は，その認知請求権を代位行使することができるか。認知により法律上の親子関係が成立すると，子に父親の遺産を相続する権利が生じるため，債権者にとっては，認知請求権を代位行使する利益がないわけではない。しかし，認知請求権のような権利は，行使するかどうかをもっぱら権利者の自由意思にゆだねるべきである。そこで，民法は，「債務者の一身に専属する権利」（**一身専属権**）を代位権の対象とすることはできないと定めている（423条 1 項ただし書）。

　ただ厄介なことに，ある権利が一身専属権にあたるかどうかは，最終的には個別的な判断によらざるをえない。あえて基準の大枠を示すなら，①代位権の行使によって責任財産の保全を図る債権者の利益と，②自己の権利を行使するかしないかの自由を尊重される債務者の利益とを比較衡量して判断することになるだろう。

　いずれにせよ，**身分そのものの得喪・変更を目的とする権利**が一身専属権であることには異論がない。たとえば，婚姻・養子縁組の取消権（743条・803条），夫婦間の契約取消権（754条），離婚・離縁の請求権（770条・814条），嫡出否認権（775条），認知請求権（787条），親権（820条以下。なお，子の親権の代行に関する833条に注意），相続人廃除権（892条）などが，これにあたる。一般的な感覚からし

ても，債権を実現するためとはいえ，債務者に身分関係の変動を強いるのは行き過ぎであろう。

　家族法上の権利のなかには，財産権的な側面を有するものであっても一身専属権とされるものがある。たとえば，遺産に対する最低限度の取り分を確保する**遺留分侵害額請求権**（1046条1項）が，それである。判例は，2018年改正により現在の制度に変わる前の旧制度（遺留分減殺請求権）に関するものではあるが，「遺留分権利者が，これを第三者に譲渡するなど，権利行使の確定的意思を有することを外部に表明したと認められる特段の事情がある場合を除き，債権者代位の目的とすることができない」としている（最判平13・11・22民集55巻6号1033頁。遺言により父親から不動産を譲り受けた五男に対し三男の債権者が遺留分減殺請求権を代位行使した事案）。遺留分侵害額請求権も，それを行使するか否かがもっぱら遺留分権利者の自律的決定にゆだねられているという点では旧制度と違いはないため，これと同じように一身専属権と判断されることになると思われる。もっとも，学説のなかには，上記の判例に批判的な見方もある。相続財産から債権を回収することに合理的な期待を持つ債権者を犠牲にしてまで，無資力に陥った債務者の意思を尊重する必要はないというのが，その理由である。

　離婚に伴う財産分与請求権（768条1項）も，財産権的な側面を有している。しかし，前述したように，「協議あるいは審判等によって具体的内容が形成されるまでは，その範囲及び内容が不確定・不明確」であり（前掲最判昭55・7・11），債権者がそれらを定めることもできない。内容が具体化される前の財産分与請求権は，被代位権利にもならないと解すべきであろう。

　他方，財産法上の権利のなかにも，名誉毀損の被害者が行使しうる**慰謝料請求権**のように一身専属権とされるものがある。判例は，「被害者が右請求権を行使する意思を表示しただけでいまだその具体的な金額が当事者間において客観的に確定しない間は，被害者がなおその請求意思を貫くかどうかをその自律的判断に委ねるのが相当である」と述べている（最判昭58・10・6民集37巻8号1041頁。ただし，代位権が行使された事案ではない）。

　なお，一身専属権には，権利者以外の者による行使が否定されるもの（**行使上の一身専属権**）と，譲渡や相続が否定されるもの（**帰属上の一身専属権**。896条ただし書参照）の2種類がある。両者は大部分が重なるが，財産分与請求権や慰

謝料請求権のように，行使上の一身専属権ではあるが帰属上の一身専属権ではないと解されるものもある（最大判昭42・11・1民集21巻9号2249頁，名古屋高決昭27・7・3高民集5巻6号265頁参照）。

意思表示の瑕疵を理由とする取消権も，一身専属権にあたるかどうかが問題となる。たとえば，著名な画家の真作と信じてBがCから購入した油絵の偽作を，同じく真作と信じてBから買い受けたAが，B・C間の売買契約を（Bの錯誤を理由に）取り消すことはできるだろうか（この取消しにより，AはA・B間の売買も取り消したうえで，Bに対する既払代金の返還請求権を保全するため，BのCに対する既払代金の返還請求権を代位行使することが可能となる）。判例には，Aが（債権者代位権ではなく）第三者の地位でした錯誤無効（改正前95条）の主張を認めた例がある（最判昭45・3・26民集24巻3号151頁）。しかし，錯誤の効果が取消しとなった現行法のもとでは，表意者以外の者による取消権の行使は認められないから，B・C間の契約をAが取り消すには，代位権に頼るしか方法はない。もっとも，裁判例には，強迫を理由とする取消権の代位行使を否定したものもある（大阪地判昭50・7・11判時804号75頁。不動産の二重譲渡における第1買主が，自己の登記請求権を保全するために第2売買〔既登記〕を取り消したという事案）。

消滅時効の援用権も，一般には代位権の対象になると解されている。判例には，物上保証人が有する時効援用権の代位行使を認めたものがある（最判昭43・9・26民集22巻9号2002頁）。ただ，この判決には，「消滅時効の援用は専ら援用権者の意思に繋らしめられているからには，債権者が債務者の有する消滅時効援用権を代位行使するがごときは許されない」とする反対意見が付されている。

⑩ 差押禁止権利

給与債権の4分の3や恩給受給権は，法律により差押えが禁止されている（民執152条1項2号，恩給11条3項）。給与や恩給は，権利者の生活を支えるものであり，現実に支払われることが必要だからである。これと同じ理由から，**差押えを禁止された権利**は，代位権の対象にすることも許されない（423条1項ただし書）。

2──代位権行使の方法

1 行使の方法

　債権者は，自己の名において代位権を行使する。債務者の代理人ではないため，代理の要件（顕名，代理権の存在）を備えている必要はない。また，訴えを提起する必要もない（詐害行為取消権の場合は，訴えの提起が必要である）。

2 行使の範囲

　BがCに対して150万円の債権を有するときに，Bに100万円の債権を有するAが150万円全額を代位行使することはできるだろうか。民法は，被代位権利の目的が可分であるときは，債権者は，自己の債権の額の限度でしか，これを行使することができないとする（423条の2）。したがって，AがCに請求できるのは，100万円である。この点，代位権の行使はBの総債権者のためでもあると考えるなら，150万円全額の行使を認める余地もある。ただ，それを認めると，Aは，自己の債権額を超える分（50万円）をBに返還すべきことになるところ，Aが無資力となり，その返還ができなくなってしまうおそれがある。代位権行使の範囲が限定されているのは，このような理由からである。

3 債権者への支払い・引渡し

　CのAに対する100万円の支払いは，Bに対する債務の（一部）弁済であるが，Aは，その100万円を（Bではなく）自己に直接支払うようCに請求できるか。民法は，被代位権利の目的が金銭の支払いまたは動産の引渡しであるときは，債権者は，支払いまたは引渡しを自己に対して行うよう求めることができるとする（423条の3前段）。

　立法論としては，「Bに100万円を支払え」との請求にとどめることも考えられる。共同担保の維持という制度趣旨を重視するなら，このほうが適当であるともいえる。しかし，Bが100万円の受取りを拒んだり費消したりするリスクが心配されるため，このようなルールとなっている。

　ところで，この100万円は，AがBの代わりに受け取っているにすぎないから，本来なら，AはこれをBに返還すべきである。ただ，現実に，AがBに100万円を交付することは，まずないといってよい。なぜなら，Bの自己に対する100万円の請求権（不当利得請求権）を，自己のBに対する100万円の債権（被

保全債権)と相殺するからである。この「債権者代位権＋相殺」という組合せ
は，Aにとっては**簡易な債権回収手段**となるが，その一方で，Bの他の債権者
から（100万円を対象とする）強制執行の機会を奪うことにもなる。債権者代位権
には**事実上の優先弁済効**があるといわれるのは，このためである。

　被代位権利の目的が動産であるときも，Aは，それをそのまま自分のものに
することはできない。Aが債権の満足を得るためには，改めて強制執行の手続
（差押え・競売による換価・配当）を経る必要がある。Bの他の債権者もこの手続
に参加して配当に与ることができる（民執140条参照）。

　特定債権の保全を目的とした代位権の場合は，どうであろうか。判例は，建
物の賃借人が，その賃借権を保全するため賃貸人たる建物所有者に代位して建
物の不法占拠者に対しその明渡しを請求する場合には，直接自己に対して明け
渡すよう請求することができるとする（前掲最判昭29・9・24）。

　他方，被代位権利が登記・登録の請求権である場合は，AはCに対し「登記・
登録の名義をBに移転せよ」としか請求できない。C→Aの登記が許されない
のは，不動産の登記や自動車等の登録には，所有権の移転した経路を忠実に反
映させる必要があるためである（そうでないと，登記・登録簿の記載事項を信頼し
て取引に入った者が思わぬ損害を被るおそれがある）。

4 相手方の抗弁

　Bから絵画を100万円で購入したCが，Bの債権者であるAから100万円の支
払いを請求された場合，Cは，Aに対し同時履行の抗弁（533条）を主張するこ
とができるか。民法は，債権者が被代位権利を行使したときは，相手方は，債
務者に対して主張できる抗弁をもって対抗できると定めている（423条の4）。
代位権の行使により相手方の地位を不利にしないための配慮である。Cは，B
から絵画の引渡しを受けていなければ，Aに対し同時履行の抗弁を主張して，
100万円の支払いを拒むことができる。第三債務者が保証債務の履行を請求さ
れたときは，催告の抗弁（452条）や検索の抗弁（453条）を主張することもできる。

5 訴訟告知

　AがCに代位訴訟を提起する場合には，訴訟の提起後，遅滞なく，Bに**訴訟
告知**（訴訟係属の通知）をしなければならない（423条の6）。Aに訴訟告知が義務
づけられているのは，Aが代位訴訟を提起すると，その判決の効力がBにも及

ぶことになるところ（法定訴訟担当。民訴115条1項2号参照），当のBに訴訟に参加する機会を保障するためである。また，代位訴訟に勝訴したAが，Bの知らないうちに，Cから受け取った金銭や動産でもって債権を回収してしまう事態を避ける趣旨もある。

　では，Aが訴訟告知をしなかった場合は，どうなるのだろうか。Bに対する手続保障がなされないまま，Aが勝訴判決を得るのは適当ではない。したがって，訴訟告知を欠いた代位訴訟は，不適法な訴えとして却下されることになろう（民訴140条）。

3——代位権行使の効果

1 債務者への帰属

　Bの債権者であるAがCに対して行使する権利は，あくまでもBの権利である。このため，Aが行使した代位権の効果は，債務者Bに帰属する。たとえば，Aが，時効の完成猶予事由（147条1項）に該当する行為をBに代わってしたときは，B自身がその行為をしたのと同様の効果を生ずる。B・C間の契約の取消しや解除を行った場合も，同様である。

2 被代位権利の消滅

　CがAに100万円を支払ったり絵画を引き渡したりした場合，その後の法律関係はどうなるのであろうか。この段階では，B自身が100万円や絵画を受け取っているわけではないが，だからといってCに対するBの権利を残したままでは，Cが二重弁済を強いられるおそれがある。このため，第三債務者が債権者に対して金銭の支払いや動産の引渡しをしたときは，それによって被代位権利は消滅することになる（423条の3後段）。その代わり，Bは，Aに対する100万円や絵画の不当利得返還請求権（703条）を取得する。

3 債務者の処分権限

　AがCに100万円の支払いを請求した後に，Bが重ねてCに100万円の支払いを請求することはできるだろうか。逆に，CのほうからBに100万円を支払うのは，どうか。

　かつて判例は，債権者が代位権を行使して訴訟を提起した場合に，債務者にその事実を通知するか，債務者がそれを知ったときは，自ら訴えを提起するこ

とができなくなると解していた（大判昭14・5・16民集18巻557頁，最判昭37・2・15裁判集民58号645頁）。

　しかし，処分権限の剥奪という差押えと同じ効力を（差押えには必要な）債務名義を持たない債権者に与えることには根強い批判があった。また，代位権の要件が満たされているかどうかの判断を強いられる第三債務者の不利益に配慮する必要もある。そこで，2017年民法改正により，従来の判例の立場とは異なり，債権者が代位権を行使しても，債務者は，取立てその他の処分（譲渡や免除など）をすることを妨げられず（423条の5前段），第三債務者もまた，債務者に対して履行することを妨げられない（同条後段）と定められた。

　この決まりは，債権者が代位権の行使を債務者に通知したり，訴訟告知（423条の6）が行われたりした場合でも変わらない。代位訴訟の勝訴判決が確定した場合でも，同様である。債務者の他の債権者もまた，被代位権利を差し押さえたり代位行使したりすることができる（ただし，同一の権利を目的とした代位訴訟の提起は，重複起訴の禁止〔民訴142条〕に抵触する）。

 ## 第3節　詐害行為取消権

1──取消権行使の要件

　Bに100万円の債権を持つAが，Bから絵画の贈与を受けたCに対し，B・C間の贈与の取消しと絵画の引渡請求（**詐害行為取消請求**）を行うとしたら，どのような要件が必要となるか。詐害行為取消権の要件は，424条に定められている。すなわち，Aを債権者，Bを債務者，Cを受益者とすると，取消権を行使するための積極的要件（債権者に立証責任がある）は，①詐害行為前の原因に基づいて生じた**被保全債権**が存在すること（1項本文・3項），②債務者が債権者を害する行為（**詐害行為**）をしたこと（1項本文），③債務者が債権者を害する意思（**詐害意思**）を持っていたこと（1項本文）であり，取消権の行使を阻む消極的要件（受益者に立証責任がある）は，④被保全債権が強制執行により実現することのできないものであること（4項），⑤債務者の行為が財産権を目的としない行為であ

ること (2項)，⑥受益者が悪意でなかったこと (1項ただし書) の6つである。な
お，Aが，Cから絵画の譲渡を受けたD (転得者) に対して詐害行為取消請求を
する場合には，転得者の悪意 (積極的要件) も必要である (424条の5)。

① 被保全債権の存在

　Aが，B・C間の贈与を取り消すためには，Bに対する債権 (**被保全債権**) が存
在している必要がある (期限の到来は不要)。この被保全債権は，詐害行為 (この
場合は贈与) より前の原因に基づいて生じたものでなければならない (424条3
項)。債権者には，被保全債権を取得した時点における債務者の責任財産の状
態を保障すれば十分だからである。したがって，Bに対するAの債権の取得が
B・C間の絵画の贈与より後であれば，Aが贈与を取り消すことはできない。

　被保全債権の取得が贈与より遅いときは，たとえ贈与を原因とする登記より
早くても，債権者が取消権を行使することはできない。登記は「物権の移転を
第三者に対抗しうる効果を生ぜしめるにすぎず」，登記の時に「物権移転行為
がされたこととなつたり，物権移転の効果が生じたりするわけのものではな
い」し，「物権移転行為自体が詐害行為を構成しない以上，これについてされ
た登記のみを切り離して詐害行為として取扱〔う〕」のも適当ではないからであ
る (最判昭55・1・24民集34巻1号110頁)。同様の理由から，被保全債権の取得前に
なされた債権譲渡は，確定日付ある証書による通知 (467条2項) が被保全債権
の取得後であっても，詐害行為とはならない (最判平10・6・12民集52巻4号1121
頁)。この問題は，対抗要件を具備する行為が詐害行為となりうるかという形
で議論されることもあるが，対抗要件が具備されていないことにより譲渡の事
実を認識できない債権者を保護すべきであるとの理由から，判例とは逆に，詐
害性を肯定する見解も有力である。

　これに対し，被保全債権の発生原因 (多くは契約) が詐害行為前であればよい
から，詐害行為後に発生した遅延損害金 (元本の取得が詐害行為前)，詐害行為後
に譲り受けた債権 (債権の発生が詐害行為前)，詐害行為後に生じた事後求償権 (保
証委託契約または保証契約が詐害行為前) は，いずれも被保全債権となりうる。ま
た，詐害行為前に成立した債権を詐害行為後に準消費貸借 (588条) の目的とし
た場合に取消権の行使が肯定された例もある (最判昭50・7・17民集29巻6号1119頁)。

② 特定物債権の保全

BがAに売却した土地（甲）をCにも売却し，Cが登記を備えた場合，Aは，Bに対する登記請求権を被保全債権として，CにB・C間の売買の取消しと移転登記の抹消を請求することができるだろうか。ここでの問題は，登記請求権のような特定物債権が被保全債権となりうるかどうかである。というのも，詐害行為取消権は，強制執行の準備に用いられる制度であり，金銭債権を被保全債権とするのが通常であると一般には解されているためである。

判例は，肯定説を採用する（最大判昭36・7・19民集15巻7号1875頁）。もっとも，最高裁は，「〔特定物〕債権も，窮極において損害賠償債権に変じうるのであるから，債務者の一般財産により担保されなければならないことは，金銭債権と同様」であると判示しており，特定物債権そのものの実現ではなく，それが変じた損害賠償債権（金銭債権）の保全を目的とした取消権の行使を認めているにすぎない（ただし，詐害行為前に損害賠償債権に変じていたわけではない）。その証拠に，債務者の無資力が要件とされている。

むしろ問題は，その先にある。取消権の行使により甲の登記はBに戻ることになるが（最判昭53・10・5民集32巻7号1332頁は，C→Aの移転登記を否定），ここで改めてAがBに登記の移転を求めることはできるだろうか。もしこれを認めれば，Aが，先に登記を備えたCに所有権を対抗できる結果となり，177条の趣旨を没却しかねない。しかし，取消権の行使を認める以上，Aの登記を防ぐ手立てはないように思われる（登記を防ぐには立法が必要であろう）。

③ 債務者の無資力

取消権の対象となるのは，「債務者が債権者を害することを知ってした行為」である。この要件は，詐害行為と詐害意思の2つに分けられるが，この2要件を満たすための大前提として，債務者が**無資力**であること，すなわち，詐害行為により総債権者の共同担保である責任財産が不足し，債権者が債権の満足を得られなくなるおそれのあることが必要である。Aに100万円の債務を負うBが自分の財産をどうしようと，資力が十分であれば何の問題もないからである。この無資力には，詐害行為前から無資力であった場合のほか，詐害行為によって無資力になった場合も含まれる。

なお，詐害行為のときに無資力であっても，取消権を行使するとき（事実審

の口頭弁論終結時）に資力を回復していた場合には，取消権の行使は認められない（大判大15・11・13民集5巻798頁，大判昭12・2・18民集16巻120頁）。

4 客観的要件＝詐害行為

詐害行為とは，抽象的には，無資力の債務者が積極財産を減少させたり消極財産を増加させたりして，結果的に債権者の債権の満足を危うくすることをいう。424条1項の「行為」には，厳密な意味での法律行為（契約，単独行為，合同行為）のほか，弁済等の準法律行為も含まれる。

さまざまな詐害行為のうち，最も詐害性が強いのは，責任財産の正味価値を単純に減少させる行為（**財産減少行為**）である。具体的には，贈与，廉価売買，債務の免除，債務の引受け，保証債務・連帯債務の負担などがある。

以上とは異なり，時価2000万円の土地を2000万円前後で売却する行為は，詐害行為となりうるか。このような相当の対価を得てした財産の処分行為（**相当価格処分行為**）は，責任財産の正味価値を変化させるものではない。したがって，原則，詐害行為とはならない。しかし，不動産等の財産が消費・隠匿のしやすい金銭に変わると，責任財産の担保価値は低下を免れない。そこで，例外的に取消しの認められる場合が特則で定められている（**5**参照）。

では，AとCがBの債権者であるときに，BがCだけに抵当権を設定したり弁済したりする行為（**偏頗行為**）は，どうか。特定の債権者に対する担保の供与や債務の消滅に関する行為も，責任財産の正味価値に変化をもたらさないから，詐害行為とはならないのが原則である。しかし，Cを優遇する分だけAの債権回収を妨げ，債権者平等を損なうため，やはり例外的に取消しの認められる場合が特則で定められている（**6**参照）。

5 相当価格処分行為

相当の対価を得てした財産の処分行為は，既述のように，原則，詐害行為とはならない。しかし，その行為が，①財産の種類の変更により，隠匿等の処分をするおそれを現に生じさせるものであり，②債務者が隠匿等の処分をする意思を行為時に有していて，③それを受益者も知っていたときは，例外的に詐害行為取消請求の対象となる（424条の2）。この規定は，否認に関する破産法161条1項と，ほぼ同じ内容である。

①**財産の種類の変更**とは，たとえば不動産を現金や株式に変えることなどを

意味する。また、**隠匿等の処分**は、実際に隠匿等がなされる必要はなく「おそれ」で足りるが、そのおそれは、処分前後の事情などからみて「現に」生じているといえなければならない。②**隠匿等の処分をする意思**（隠匿等処分意思）は、その行為が責任財産を減少させる効果を持つことの認識に加え、隠匿等により債権者の債権回収を妨げる意図のあることが必要である。なお、民法にはこの意思の推定規定はないが、受益者が債務者のいわゆる内部者（取締役、親会社、親族、同居者）である場合には、破産法161条2項の類推適用や事実上の推定で対応することも考えられる。③**受益者の悪意**は債権者の側に立証責任がある。一般規定（424条1項）の場合には、受益者の側に立証責任があるが、それが債権者に転換されている。

　なお、新たな借入行為とそのための担保の供与（**同時交換的行為**）にも、424条の2が適用される。担保の設定された不動産等の財産が責任財産から出ていく代わりに借入金が入ってくるという状況が、相当価格処分行為と類似しているからである。

⑥ 担保供与・債務消滅行為（偏頗行為）

　既存の債務についてした担保の（義務的な）供与や弁済その他の債務の消滅に関する行為（**偏頗行為**）も、原則、詐害行為ではない。しかし、①債務者が支払不能の時に、②債務者と受益者とが通謀して他の債権者を害する意図をもって行われたときは、例外的に、詐害行為取消請求の対象となる（424条の3第1項）。また、これらの偏頗行為やその時期が債務者の義務に属するものでない場合は、③債務者が支払不能になる前30日以内に、④債務者と受益者とが通謀して他の債権者を害する意図をもって行われたときに、取消請求の対象となる（同条2項）。

　上記①③の**支払不能**とは、「債務者が、支払能力を欠くために、その債務のうち弁済期にあるものにつき、一般的かつ継続的に弁済することができない状態」をいう。もともとは破産法上の概念（破産2条11項参照）である。一般的かつ継続的な弁済能力の欠如であるから、財産、信用、労務による収入等を考慮して判断される。このため、財産があっても換価が困難であれば支払不能となりうるし、財産がなくても信用や収入に基づく弁済能力があれば支払不能とはならない場合もある。

図表4-1 詐害行為の類型

詐害行為の類型	根拠条文	客観的要件（詐害行為）	主観的要件（詐害意思）
一般規定	424条	債権者を害する行為 ＋債務者の無資力	悪意＝単なる認識（原則）
相当価格処分行為・ 同時交換的行為	424条の2	財産の種類の変更＋隠匿等処分のおそれ ＋債務者の無資力	隠匿等処分意思
義務的偏頗行為	424条の3 第1項	担保の供与または債務消滅行為（義務的） ＋債務者の支払不能	通謀的害意
非義務的偏頗行為	424条の3 第2項	担保の供与または債務消滅行為（非義務的） ＋債務者が支払不能になる前30日以内	通謀的害意

③と④は，義務ではない担保供与や期限前の弁済といった，いわゆる**非義務的偏頗行為**に適用される要件である。通常の偏頗行為より詐害性が大きいため，支払不能になる前（30日以内）の行為であっても詐害行為となる。

7 過大な代物弁済等

Bが900万円の貸金債務を弁済する代わりに1500万円の価値のある土地（甲）をCに譲渡した場合，Bに債権を有するAは，Bのした譲渡の全部を取り消すことができるか。結論からいえば，譲渡の全部を取り消せるとは限らない。というのも，Bの債務額である900万円までの部分と，それを超える部分（**過大な代物弁済**）とでは，適用されるルールが異なるからである。すなわち，前者には，偏頗行為に関するルール（424条の3第1項）が適用され，詐害性の強い後者には，より要件の緩やかな一般規定（424条）が適用される（424条の4）。つまり，424条の3第1項の要件（支払不能＋通謀的害意）を満たさなければ譲渡の全部を取り消すことはできないが，424条の要件を満たすのであれば，過大な部分に限って取り消すことができる。後者の場合には，土地の価値（1500万円）と貸金債務の額（900万円）との差額600万円について，価額の償還が認められることになろう（最大判昭36・7・19民集15巻7号1875頁参照）。

なお，424条の4は，Bが甲（1500万円相当）をCに900万円で売却し，その代金債権をCに対する900万円の貸金債務と相殺したような場合にも適用される（同条の見出しが「過大な代物弁済"等"」となっている所以である）。

8 主観的要件＝詐害意思

無資力のBが絵画をCに贈与したとしても，Bの債権者のAがこの贈与を取り消すには，Bに**詐害の意思**がなければならない。424条1項には「債権者を

害することを知って」とあるが，この要件が，債権者を害することの単なる認識（悪意）でよいのか，それとも債権者を害する意図ないし意欲（害意）まで必要なのかについては学説の対立があった。

判例は，「債務者がその債権者を害することを知つて法律行為をしたことを要するが，必ずしも害することを意図しもしくは欲してこれをしたことを要しない」とする一方で（最判昭35・4・26民集14巻6号1046頁），弁済などの取消しには「債務者が一債権者と通謀し，他の債権者を害する意思をもつて弁済した」ことが必要であるとする（最判昭33・9・26民集12巻13号3022頁など）。このため，判例の立場は，原則としては単なる認識でよいものの，行為の詐害性が小さい場合には例外的に害意が要求されると整理されていた。

現行法は，424条の2以下に，詐害行為の類型に応じた3つの特則を置いている。それらは害意を要求しているため，一般規定（424条1項）の「知って」は，単なる認識をいうと解することも可能ではある。しかし，例外的に害意を要求すべき行為のすべてが特則に包摂されているとは限らないため，改正前民法の判例の立場は，現行法下でも妥当すると解したい。

なお，詐害意思の立証責任は，債権者の側にある。ただし，無資力の債務者が責任財産を減少させる行為をしたときは，詐害意思が事実上推定される。

⑨ 強制執行による実現可能性

詐害行為取消権は，被保全債権を回収するために強制執行の対象となる財産を確保する制度である。このため，債権者代位権の場合と同様，被保全債権が，強制執行により実現することのできないものであるときは，詐害行為取消請求をすることはできない（424条4項）。

⑩ 財産権を目的としない行為

民法は，**財産権を目的としない行為**は，詐害行為取消請求の対象とはならないとする（424条2項）。典型的には，婚姻や養子縁組などの身分行為が，これにあたる。浪費家との婚姻や年少者との縁組は責任財産の減少を招く可能性もあるが，これらの身分行為は，本人の意思が最大限に尊重されるべきであり，他人の干渉を認めるべきではない。

では，多額の負債を抱えたBが**離婚に伴う財産分与**（768条）として不動産をCに譲渡した場合，Bの債権者であるAは，これを取り消すことができるか。

判例は，財産分与が「民法768条3項の規定の趣旨に反して不相当に過大であり，財産分与に仮託してされた財産処分であると認めるに足りるような特段の事情のない限り」，取消しの対象にはならないとする（最判昭58・12・19民集37巻10号1532頁）。また，たとえ特段の事情があっても，取消しが認められるのは「不相当に過大な部分」だけである（最判平12・3・9民集54巻3号1013頁）。学説には，無資力の当事者には分与すべき財産がないはずであるとの理由から，取消しに積極的な立場もある。しかし，財産分与は，資力のほかにも「一切の事情」（768条3項）を考慮して行うものであり，法律上の義務の履行でもあるから，判例の見解が妥当である。

　判例は，**相続放棄**（915条・938条）も取消しの対象にはならないとする（最判昭49・9・20民集28巻6号1202頁）。①相続放棄は，財産を積極的に減少させる行為というより，むしろ消極的に増加を妨げる行為にすぎず，②取消しを認めれば，相続の承認を強制する結果になる，との理由による。

　他方，**遺産分割協議**は，判例も，取消しの対象になると解している（最判平11・6・11民集53巻5号898頁）。判決は，その理由を，遺産分割協議は「相続の開始によって共同相続人の共有となった相続財産について，その全部又は一部を，各相続人の単独所有とし，又は新たな共有関係に移行させることによって，相続財産の帰属を確定させるものであり，その性質上，財産権を目的とする法律行為である」とする。

⑪ 受益者の悪意

　Bの絵画がCに贈与された後に，この贈与が詐害行為を理由に取り消されると，Cが思わぬ損害を被り，引いては取引の安全を損なうおそれがある。このため，受益者が詐害行為の時に「債権者を害すること」を知らなかったときは取消権を行使することはできない（424条1項ただし書）。逆にいえば，取消権の行使には**受益者の悪意**が必要である。過失があるだけでは取消権の行使は認められないとするのが，一般的な理解である。

　受益者の善意・悪意の立証責任は，受益者の側にある。したがって，受益者は，自らが善意であることを立証しない限り，取消権の行使を免れない。

⑫ 転得者に対する請求

　無資力のBがCに譲渡した絵画がC→D（→E）と転々譲渡されたときは，B

の債権者であるＡは，Ｃが（詐害行為時に）悪意であり，かつ次の要件を満たす場合に限り，Ｄ（またはＥ）に対しても取消請求ができる（424条の5）。その要件とは，①Ｄに取消請求する場合には，Ｄが，絵画を転得した当時，Ｂのした行為がＡを害することを知っていたこと（同条1号），②Ｅに取消請求する場合には，ＥおよびＤが，それぞれ絵画を転得した当時，Ｂのした行為がＡを害することを知っていたこと（同条2号）である。

　上記の規定は，受益者の悪意に加え，転得者が1人の場合にはその**転得者の**（転得時の）**悪意**，2人以上の場合には**すべての転得者の**（それぞれの転得時の）**悪意**を要求するものである。転得者の悪意は，「債権者を害すること」を知っていることであり，受益者が悪意であることについての悪意までは必要でない（いわゆる「二重の悪意」要件の否定）。なお，債権者が，それらの悪意の立証責任を負う（受益者を相手とする場合には受益者の側に立証責任があるのとは異なることに注意）。

2——取消権行使の方法

１ 訴訟の提起

　詐害行為の取消しは，裁判所に請求しなければならない（424条1項）。すなわち，詐害行為取消権の行使には，訴訟の提起が必要である。債権者代位権が裁判外で行使できるのとは対照的であるが，詐害行為取消権は，債務者がした契約などの行為を取り消すものであり，単に債務者の権利を本人の代わりに債権者が行使するだけの代位権より関係者に与える影響がはるかに大きいから，要件の充足を裁判所に確認させ，訴訟の結果を公示するために配慮されている。

２ 取消し＋取戻し（現物返還の原則）

　無資力のＢがＣに絵画を贈与した場合，ＡはＣに何を求めることができるのか。受益者を相手とする詐害行為取消請求の目的は，詐害行為の取消しと逸出財産の取戻しである（424条の6第1項前段）。したがって，Ａは，Ｂ・Ｃ間の贈与の取消しと絵画の返還をＣに請求することができる。もっとも，逸出財産の取戻しは不要であることもある。たとえば，ＢがＣの債権者である場合に，ＢがＣに対して行った債務免除をＡが取り消すような場合である。

　逸出財産の取戻しは，**現物返還**（引き渡された物の返還または交付された金銭の引渡し）が原則である。しかし，それが困難なときには，**価額の償還**も認めら

れる（同項後段）。したがって，絵画がCから他者に譲渡されているような場合には，Aは，Cに価額の償還を請求することもできる。

　Cから絵画を転得したDがいるときは，Aは，Dを相手に，B・C間の贈与の取消しと絵画の返還（それが困難であれば価額の償還）を請求することもできる（同条2項）。このときの取消しの対象は，債務者と受益者の間の行為（B・C間の契約）であり，受益者と転得者の間の行為（C・D間の契約）ではない。

③ 価額算定の基準時

　価額の償還が行われる場合，その価額は，いつを基準に算定されるのか。判例は，取消訴訟の事実審口頭弁論終結時を基準時とする（最判昭50・12・1民集29巻11号1847頁）。そのように解することが「詐害行為取消制度の趣旨に合致し，また，債権者と受益者の利害の公平を期しえられるから」だという。ただ，「受益者が事実審口頭弁論終結時までに当該不動産の全部又は一部を他に処分した場合において，その処分後に予期しえない価格の高騰があり，詐害行為がなくても債権者としては右高騰による弁済の利益を受けえなかつたものと認められる等特別の事情」がある場合を除く。このような場合には，受益者処分時を基準にすることになるだろう。

④ 取消訴訟の被告・訴訟告知

　取消訴訟の被告は，**受益者または転得者**である（424条の7第1項）。取消訴訟には，逸出財産の取戻しを求める給付訴訟の側面だけでなく，詐害行為の取消しを求める形成訴訟の側面もあるから，債務者も被告になりそうであるが，債務者には被告適格がない。

　その代わり，取消訴訟を提起したときは，債権者は，遅滞なく，債務者に**訴訟告知**（訴訟係属の通知）を行う義務を負う（同条2項）。取消訴訟の認容判決が下ると，債務者は，自らの行為が取り消され，その判決の効力を受ける（425条）。訴訟告知が必要とされている趣旨は，このような事態が債務者の知らない間に生じることを防ぎ，債務者に訴訟に参加する機会を保障する点にある。したがって，訴訟告知がない場合には，訴えは不適法を理由に却下されるべきであろう（民訴140条）。

⑤ 取消しの範囲

　Bに100万円の債権を有するAが，BのCに対する150万円の弁済を取り消す

場合，150万円全額の弁済を取り消すことができるか。民法は，債務者がした行為の目的が可分であるときは，債権者は，自己の債権の額の限度においてのみ，取消しを請求できるとする（424条の8第1項）。したがって，Aは，Cに100万円の支払いしか求めることができない。受益者や転得者に価額の償還を求める場合も，同様である（同条2項）。この点，総債権者の共同担保の維持という趣旨からは，全額の取消しも，立法論としては考えられる。しかし，受益者から余分に受け取った金銭を債務者に返還する義務を負う債権者が無資力になるリスク等が懸念されるため，このようなルールが採用されている。

　他方，絵画の贈与など行為の目的が可分でないときは，行為の全部を取り消すことができる（最判昭30・10・11民集9巻11号1626頁）。

⑥ 債権者への支払い・引渡し

　ところで，上記のAは，100万円を誰に支払うようCに請求できるのか。民法は，債権者が受益者や転得者に対し金銭の支払いや動産の引渡しを求めるときは，その支払いや引渡しを，自己に対して行うよう請求することができると定めている（424条の9第1項前段。転得者に金銭の返還を請求するときは，2項が適用される）。

　Cが100万円をAに支払うと，Aは，それをBに返還する義務（不当利得返還義務）を負う。ただ，AがBに100万円を現実に返還することは，まずない。なぜなら，Bに対する100万円の債権（被保全債権）と相殺するからである。この相殺により，Aが（Bの他の債権者と比べて）**事実上の優先弁済**を受けられることになる。債権者代位権の場合と同様の効果である。

　Cから受け取ったものが動産であるときも，Aは，それをそのまま自己の債権に充当することはできない。Aが債権の満足を得るためには，改めて強制執行の手続を経る必要がある。Bの他の債権者は，この手続に参加して配当に与ることができる（民執140条参照）。

　受益者や転得者が債権者に金銭の支払いや動産の引渡しを行うと，債務者に対する義務から解放される（424条の9第1項後段）。受益者や転得者が債権者に価額の償還をした場合も，同様である（同条2項）。

　他方，債権者が受益者や転得者に不動産の返還を求めるときは，自己に対する移転登記を請求することはできない（前掲最判昭53・10・5）。判例は，その理

由を，債権者が「目的物自体を自己の債権の弁済に充てることはできない」ためだと説明する。この結果，AがB・C間で行われた不動産の譲渡を取り消す場合には，BからCへの移転登記の抹消を請求することになる。なお，この抹消登記に代えて，CからBへの移転登記を請求することもできる（最判昭40・9・17訟月11巻10号1457頁）。

⑦ 分配請求権（分配義務）

　Bの債権者にA（債権額600万円），C（債権額300万円），D（債権額100万円）の3人がいるとしよう。BがCに300万円を弁済したため，Aがこの弁済を取り消してCから300万円を受け取った場合に，改めてCが，Aに対し，自己の受け取るべき分配金90万（300万×{300万÷（600万＋300万＋100万）}）円を支払えと請求することができるか（Aは自分が受領した金銭を他の債権者に分配する義務を負うか）。

　債権者平等の原則からすれば，Cの請求は認められてよいとも思われる。しかし，判例は，これを否定する（最判昭37・10・9民集16巻10号2070頁）。判決は，その理由を，「債権者が債務者の一般財産から平等の割合で弁済を受け得るというのは，そのための法律上の手続がとられた場合においてであるというにすぎ」ず，分配をなすべき「義務あるものと解することは，分配の時期，手続等を解釈上明確ならしめる規定を全く欠く法のもとでは，否定するのほかない」とする。

⑧ 按分の抗弁

　上記の例で，Aから300万円の支払いを請求されたCが，300万円のうち100万（300万×{300万÷（600万＋300万）}）円は自己の債権額に対応する按分額であると主張して，その支払いを拒絶することはできるか（Cは両者の債権額に占める自己の債権額の割合の分だけ支払いを拒絶できるか）。判例は，これも否定する（最判昭46・11・19民集25巻8号1321頁）。「按分額の支払を拒むことができるとするときは，いちはやく自己の債権につき弁済を受けた受益者を保護し，総債権者の利益を無視するに帰する」というのが，その理由である（ただ，判決は「立法上考慮の余地はある」としている）。

3 ── 取消権行使の効果

① 取消しの遡及効

詐害行為取消しの効果は，詐害行為の時にさかのぼる。したがって，たとえばBのCに対する弁済をBの債権者であるAが取り消した場合，これによって生じるCのAに対する回復義務（金銭の支払義務）は，BがCに弁済した時（Cの弁済受領時）に発生したことになる。この回復義務は，期限の定めのない債務であり，履行の請求を受けた時から遅滞の責任を負うから（412条3項），その遅延損害金の起算日は，取消訴訟の訴状がCに送達された日の翌日となる（最判平30・12・14民集72巻6号1101頁）。

② 認容判決の効力

取消請求を認容する確定判決の効力は，「債務者及びその全ての債権者」に対しても及ぶ（425条）。債務者やその債権者たちは，民事訴訟法115条（確定判決等の効力が及ぶ者の範囲）が定める「当事者」（1項1号）にはあたらないものの，民法の規定により判決の効力が拡張されている（2017年民法改正により，取消しの効果を相対的無効と解する従来の判例とは異なるルールが採用された）。

なお，絵画がB→C→Dと転々譲渡された場合に，Bの債権者であるAがDを相手に取消訴訟を起こした場合，その確定判決の効力は，B（債務者）とD（転得者）には及ぶが，被告でないC（受益者）には及ばない。また，AがDからの転得者であるEを相手に取消訴訟を起こした場合には，BとEには判決の効力が及ぶが，CとDには及ばない。

③ 反対給付に対する受益者の権利

BのCに対する絵画（評価額200万円）の売却（代金150万円）をBの債権者であるAが取り消したとしよう。このとき，CがBに支払った代金150万円は，どうなるのだろうか。民法は，債務者がした財産の処分に関する行為（債務の消滅に関する行為を除く）が取り消されたときは，受益者は，債務者に対し，その財産を取得するためにした**反対給付の返還**を請求することができるとする（425条の2前段）。したがって，Cは，Bに対し150万円の償還を請求することができる。

また，債務者が，反対給付の返還をすることが困難であるときは，受益者は，その**価額の償還**を請求することができる（425条の2後段）。たとえば，Bの絵画

（評価額200万円）とCのピアノ（評価額150万円）の交換契約をAが取り消した場合，CはBにピアノの返還を求めることになろうが，このピアノがBのもとで滅失していた場合には，Cは，ピアノの価額150万円の償還を請求することになる。

　ところで，425条の2本文は，財産処分行為が「取り消されたとき」に受益者が反対給付の返還を請求できると定めている。これによれば，上記のCは絵画をAに引き渡す前にBに150万円の償還を請求できることになりそうである。しかし，絵画の引渡しを先履行と解すべきであろう。もっとも，Aが絵画に対する強制執行により弁済を受け，BのAに対する債務が消滅したことまでは必要でない。

　なお，CのBに対する150万円の償還請求権は，Bに他の一般債権者がいるときは，その債権者の債権と平等の扱いを受ける。また，この償還請求権は，取消権を行使するために訴訟費用などを負担したAの費用償還請求権（一般の先取特権がある）に劣後する（306条1号）。

④ 受益者の債権の回復

　BのCに対する弁済（100万円）がAに取り消され，CがAに100万円を支払った場合，弁済によって消滅したCの債権（Bの債務）は，どうなるか。民法は，債務者がした**債務の消滅に関する行為**（弁済や代物弁済など）が取り消された場合において，受益者が債務者から受けた給付の返還（またはその価額の償還）をしたときは，受益者の債務者に対する債権が原状に復すると定めている（425条の3）。したがって，弁済によって消滅したCの債権（Bの債務）は，復活することになる。なお，受益者の給付返還義務（または価額償還義務）と受益者の債権とは，同時履行の関係にはない。Cは，復活した債権の弁済をBから受けていなくても，Aに100万円を償還しなければならない。

⑤ 転得者の権利

　債権者が転得者を相手に債務者の行為を取り消した場合，転得者は，受益者から得た財産（またはその価額）を債権者ないし債務者に返還することになる。しかし，その判決の効力が転得者の前主には及ばないため，転得者が前主にした反対給付の返還請求や前主に有していた債権は回復しない。このため，民法には，転得者を保護するための規定が置かれている（425条の4）。

　たとえば，B所有の絵画が，BからCに150万円で売却され，次いでCからD
に140万円で売却された後，Bの債権者であるAによりB・C間の売買がDを相
手に取り消され，DがAに絵画を引き渡したとしよう。このときDは，B・C
間の売買がCを相手に取り消されたとすれば生じたはずのCのBに対する反対
給付の返還請求権（または価額の償還請求権）を行使することができる。ただし，
DがCから絵画を取得するためにした反対給付140万円を限度とする（同条1
号）。この結果，Dは，140万円の償還をBに請求することになる。

　B所有の絵画が，BのCに対する貸金債務（150万円）を弁済する代わりに譲渡
され，この絵画がCからDに140万円で売却された後，Bの債権者であるAに
よりBのCに対する代物弁済がDを相手に取り消され，DがAに絵画を引き渡
した場合は，どうか。このときDは，Bの代物弁済がCを相手に取り消された
とすれば回復したはずのCのBに対する債権を，DのCに対する反対給付140
万円を限度として，行使することができる（同条2号）。この結果，Dは，140
万円の償還をBに請求することになる。

⑥ 期間の制限

　取消請求にかかる訴えは，債務者が（債権者を害することを知って）行為をした
ことを債権者が知った時から2年を経過すると提起することができなくなる
（426条前段）。行為の時から10年を経過したときも同様である（同条後段）。

　2年と10年は，いずれも**出訴期間**（改正前民法の除斥期間）である。2年の期間
は，改正前民法では消滅時効であったが，120条以下の取消権のような実体法
上の形成権ではないとの理由で，出訴期間に改められた。なお，起算点は，「債
務者が債権者を害することを知って当該法律行為をした事実」を債権者が知っ
た時である（最判昭47・4・13判時669号63頁参照）。

　10年の期間は，改正前民法では20年であったが，20年もの長期にわたって放
置した債権者に取消権を行使させる必要性は乏しいとして，10年に短縮された。

第 **5** 章
第三者による 債権侵害

●**本章で学ぶこと**

　土地の所有者は，土地を不法に占有する者がいれば，所有権に基づいて土地の明渡しを請求することができる。また，自転車の所有者は，自転車を他人に壊されれば，この他人に損害賠償（自転車の修理代か代替物の購入代金など）を請求することもできる。このように，所有権の侵害には，一定の法的な保護（侵害の除去や損害賠償）が与えられている。

　では，債権が侵害された場合は，どうか。債権は，相対権（債務者に対して一定の行為を請求する権利）であるにすぎず，かつ，排他性（同じ内容の債権を成立させないという性質）もない。このため，所有権などの物権（絶対権・排他的権利）と同じ保護を与えてよいかどうかが問題となる。

　また，一口に債権侵害といっても，侵害される債権の内容も侵害の方法も実にさまざまである。たとえば，通帳と印鑑が盗まれて預金が払い戻される場合もあれば，土地を購入する契約を結んだのに，他人が同じ土地を購入して登記を備えてしまう場合もある。このように多様な債権侵害のすべてに同一の要件で同一の保護を与えてよいかどうかも，考えるべき問題である。

　本章では，債権侵害にかかわる種々の問題を，損害賠償請求と妨害排除請求とに分けて検討していく。

第1節 債権侵害とは

　次のようなケースを考えてみよう。Aは，自己所有の立木を20万円以上で売却する旨をBに委任した。受任者のBは，Cが立木を27万円で買い受ける意思を有していることを知り，不当な利益を得る悪事を企てた。つまり，Aには21万円で売却したと報告し，差額6万円を着服しようというのである。Cの代理人であるDが，このBの悪事に加担することとなり，6万円をBに交付した（大判大4・3・10刑録21輯279頁の事案をベースとした）。

　このケースでは，AのBに対する損害賠償請求（415条）は，問題なく認められる。では，Dに対する損害賠償請求（709条）は，どうか。Aは，受任者のBに対し，善良な管理者の注意をもって委任事務を処理してもらう債権を有するが（644条），この債権をDが侵害したとの理由で，不法行為に基づく損害賠償を請求できるだろうか。

　Dに侵害されたAの権利は，Bに対する債権である。そして，債権は，債務者に特定の行為を請求しうるにとどまり，債務者以外の第三者には何の効力も及ぼさないとも考えられる。実際，大正4年判決の原審は，債権の相対性を理由に，Dの行為は不法行為にはあたらないと判断した。しかし，大審院は，「凡そ権利なるものは，親権夫権の如き親族権たると物権債権の如き財産権たるとを問はず，……何れも其権利を侵害せしめざるの対世的効力を有し，何人たりとも之を侵害することを得ざるの消極的義務を負担するものにして，而して此対世的権利不可侵の効力は実に権利の通有性にして，独り債権に於てのみ之が除外例を為すものにあらざるなり」（原文は旧カナ，読点なし）と説き，Dの不法行為責任を認め，原判決を破棄した。

　債権にも**権利としての不可侵性**があり，他人から侵害されれば，法的保護の対象になりうるとする一般論は，債権の重要性が高まった現在の感覚からすれば，それほど違和感を覚えるものではない。もっとも，生命・身体や所有権と同等の保護がつねに与えられるわけでもない。

　以下では，債権侵害を理由とする損害賠償と債権に基づく妨害排除請求をめぐる問題につき，具体例に即して検討する。

債権侵害を理由とする損害賠償請求

　債権侵害の違法性を判断する際には，所有権等の侵害とは異なり，故意・過失以外の要素も考慮しなければならない場合がある。ただ，一口に債権侵害といっても，その態様はさまざまであり，考慮すべき要素も一様ではない。このため，学説は，伝統的に，①債権の帰属自体を侵害する場合（**帰属侵害型**），②債務者の給付行為を妨害する場合（**給付妨害型**），③債務者の責任財産を減少させる場合（**責任財産減少型**）の 3 つに分けて，違法性の問題を論じてきた。この分類に対しては雑にすぎるとの批判もないわけではない。しかし，批判の中心は，一言でいうなら，②類型の細分化と主観的要件の見直しが必要であると説くことにあり，3 分類を根本的に否定するものではない。そこで，以下では，この伝統的な分類に依拠して考察を進めていく。

1 帰属侵害型

　債権の帰属を侵害する行為は，所有権侵害の場合と同様，過失だけで違法となる（大判昭 8・3・14 新聞 3531 号 12 頁〔傍論〕）。たとえば，通帳と印鑑を盗んで預金の払戻しを受け，他人の預金債権を消滅させるような行為（478 条）が，これにあたる。侵害の対象が所有権か債権かで，とくに異なる扱いをすべき合理的な理由はないからである。

2 給付妨害型

　(1)　**給付行為の妨害**　　コンサートの主催者と出演契約を結んでいた指揮者が，第三者に監禁されて，コンサートに出演できなかったとする。ここでは，指揮者の給付行為（コンサートへの出演）が第三者に妨害されたことにより，主催者の債権が侵害されている。

　給付行為の妨害には，法律行為による場合（不動産の二重譲渡，従業員等の引抜きなど）と事実行為（売買の目的物の滅失・毀損など）による場合とがある。このうち，とくに困難な問題が生じるのは，前者である。

　(2)　**不動産の二重譲渡**　　建物（甲）が A から B へと売却された後，まだ登記が B に移転されない間に，B への売却につき悪意の C が，A から甲を買い受けて登記もした場合，C の行為は不法行為となるか。

二重売買における第2買主は，先に対抗要件を具備すれば，先行する売買につき悪意でも，目的物の所有権を取得することができる。物権変動の対抗要件に関する規定が，保護を受ける「第三者」に善意を要求していないからである（177条・178条）。この点，学説には，悪意の第2買主を「第三者」から除外すべきとする見解もある。しかし，契約の成立と交渉との境は時としてあいまいであるから，悪意の第三者が177条等の保護を受けられないとすると，まだ交渉段階にある物件の取引が回避される委縮効果を招く。自由競争の確保という観点からは，「第三者」に善意を要求すべきではない。また，そのほうが，登記という画一的な基準を設けた条文の趣旨にもかなっている。

これと同じ理由から，単なる悪意の第2買主（設例のC）は，第1買主（B）に対する不法行為責任も負わなくてよい。Bは，早く登記を備えればよいし，仮に所有権を取得できなければ，その損害を，売主（A）に請求することもできるからである。判例の立場も，これと同じである（最判昭30・5・31民集9巻6号774頁）。

もっとも，第2買主が，いわゆる背信的悪意者である場合には，177条で保護される「第三者」から除外される。不当な利益の獲得や復讐を目的とした行為は，自由競争の範囲を逸脱したものだからである。

(3) **従業員等の引抜き**　労働者，スポーツ選手，芸能人等を各人が所属する会社等から引抜くという行為は，雇主が持つ契約上の債権を侵害することになるだろうか。裁判例は，結論が分かれている。

引抜き行為の違法性を判断する際には，自由競争の確保だけでなく，引き抜かれた従業員等の移籍の自由にも配慮しなければならない。このため，従業員の移籍が自発的なものであったのかどうか，逆にいえば，行為者が，従業員等にどのように働きかけたのかも，重要な判断要素となる。したがって，不法行為の成立には，単なる故意（債権侵害の認識と認容）では足りず，債権者に対する積極的な害意も要求すべきである。

なお，引抜きをした者が，債権者に対し，いわゆる競業避止義務を負っていた場合は，行為者自身の債務不履行責任が問題となる（第三者による債権侵害の問題ではない）。

(4) **間接損害・企業損害**　交通事故等の不法行為が，その直接の被害者だけでなく，被害者の債権者にも損害を与えることがある。たとえば，社長が交

通事故で負傷して業務に支障が生じ，会社に営業上の損失（**企業損害**）が生じた場合に問題となる。交通事故の加害者は，このような損害（**間接損害**）についてまで責任を負うべきであろうか。

　判例には，間接損害の賠償責任を認めたものもあるが，個人会社（薬局）の社長が負傷したケースであり，会社と社長の間に経済的な一体性があった（最判昭43・11・15民集22巻12号2614頁）。このため，学説には，この判決の射程が及ぶ範囲を限定的に捉えるものが多い。

　不法行為の成立には，709条が定める要件（とくに過失と因果関係）の充足が必要であるが，間接損害の被害者に対する責任の成否も，直接損害の場合と同様，同条の要件に即して判断すればよいと思われる。したがって，債権侵害についての予見可能性（過失）と間接損害の発生についての予見可能性（因果関係）があるときに限り，間接損害の賠償責任が認められる。

　(5)　**売買の目的物の滅失・毀損**　債権侵害は，物に対する加害行為（滅失・毀損）からも生じうる。たとえば，Aが建物（甲）をBから購入する契約を結び，まだ引渡しを受ける前に，Cが，故意または過失で甲を滅失させたとする。AはBに対する代金債務を免れるが（536条1項），甲の引渡しを受けられないために何らかの損害（転売利益など）を被る可能性もある。そのような場合，AがCに損害賠償を請求することはできるか。

　甲の所有権は，判例・通説によれば，契約の成立と同時に買主に移転するから，Aは，通常ならば，所有権侵害を理由としてCに損害賠償を請求すればよい。しかし，特約により滅失時にはまだAに所有権が移転していなかったとすると，Bに対する引渡債権の侵害を理由としてCに損害の賠償を請求するしかない。この場合にも，債権侵害の予見可能性（過失）と損害の予見可能性（因果関係）があるときに限り，Cの責任を認めるべきであろう。

3 責任財産減少型

　Aに貸金債務を負っているBが，唯一の目ぼしい財産である絵画をCに贈与したとしよう。この贈与によりAの債権が害されることにつきBとCが悪意であれば，Aは，B・C間の贈与を，詐害行為を理由に取り消すことができる（424条）。では，CがBの絵画を滅失させた場合は，どうか。Aは，Bに対する債権を侵害されたとして，Cに損害賠償を請求できるだろうか。

　担保権等を有しない通常の債権者は，債務者の責任財産について直接の権利を有するわけではない。このため，責任財産を減少させる行為が不法行為を構成するのは，第三者が債権者を積極的に害する意図で，責任財産の隠匿，損壊，仮装譲受け等を行った場合に限られる（広島高判昭38・12・4判時360号31頁参照）。

第3節　債権侵害を理由とする妨害排除請求

① 排他性のない権利

　Aが指揮者のBとコンサートの出演契約を結んでいたとする。BがCとの間でも同一日時の出演契約を結んでいた場合，Aが，Bをコンサートに出演させないよう，Cに求めることはできるか。Bに出演を求めるAの権利は，債権である。債権には排他性がなく，権利の実現を妨げる法律行為を排除することができないため，Aの請求は認められない。せいぜいのところ，CにAを害する積極的な害意があるときに限り，損害賠償を求めることができるだけである。もっとも，同じ債権でも不動産賃借権の場合は，別である。

② 不動産賃借権

　AがBから賃借した土地をCが不法に占有する場合，Aは自己の賃借権に基づいてCに妨害の排除（建物の収去や土地の明渡し）を求めることができるか。賃借権も債権である以上，Cの請求は認められないのが原則である。しかし，不動産の賃借人は，自己の賃借権が対抗要件を備えたものであるときは，不動産の占有を妨害する第三者（または不動産を占有する第三者）に対し，妨害の停止（または返還）を請求することができる（605条の4）。したがって，Aは，賃借権の登記があるか（605条），または，この土地の上に登記された建物を所有するときは（借地借家10条），Cに建物の収去や土地の明渡しを求めることができる。

　他方，対抗要件を備えていない賃借権の場合には，妨害排除請求権の行使が認められないから，賃借人は，債権者代位権によって賃借権の実現を図るしかない（→第4章）。なお，登記された賃借権ではあっても，それが他人物賃貸を原因とするときは，かかる賃借権に対抗力を認めるべきではなく，妨害排除請求権の行使も許されないと思われる。

第**6**章

分割債権債務・不可分債権債務

●本章で学ぶこと

　本章では，分割債権，分割債務，不可分債権，不可分債務という4つの法律関係について学習する。これらはいずれも1個の給付について複数の債権者または債務者が存在する「多数当事者の債権債務関係」の一部である。債権者または債務者が複数存在すると，これまでみてきたような1対1の法律関係においては問題とならなかったことが色々と問題になる。

　たとえば，債権者が3人いる場合に3人が全員で履行の請求をしなければならないのか，債権者の1人が債務者に対して債務を免除した場合に他の債権者の債権はどうなるのか，受領した物を複数の債権者の間でどのように分配するのかといった問題である。順に確認することにしよう。

　なお，連帯債権・連帯債務については第7章で，保証債務については第8章で学習する。

第1節　総　説

1──多数当事者の債権債務とは

① 意　義

多数当事者の債権債務関係とは，1個の給付について債権者または債務者が複数存在する場合の債権債務関係のことをいう。A・B・Cの3人がXから絵画甲を購入したというケースを考えてみよう。このとき，A・B・CはXに対して引渡債権を持つことになるが，この引渡債権の債権者はA・B・Cの3人であり，甲の引渡しという1個の給付について債権者が複数存在しているわけであるから，この引渡債権をめぐる法律関係は多数当事者の債権債務関係の1つということになる。

　A・B・Cの債務も同様である。A・B・Cは，Xに対して甲の代金を支払うという債務を負っているが，債務者はA・B・Cの3人であり，甲の代金の支払いという1個の給付について債務者が複数存在するわけであるから，この代金債務をめぐる法律関係も多数当事者の債権債務関係の1つということになる。

② 民法の規定

　民法は427条以下に「多数当事者の債権及び債務」という節を設けている。そこで登場するのは，分割債権，分割債務，不可分債権，不可分債務，連帯債権，連帯債務，保証債務の7類型であり，債権者が複数存在するものとして分割債権，不可分債権，連帯債権があり，債務者が複数存在するものとして分割債務，不可分債務，連帯債務，保証債務がある。

　○○債権というのは債権者が複数存在する場合を指し，○○債務というのは債務者が複数存在する場合を指す。当事者が2人の場合は，債権（たとえば，売買契約上の代金債権）を債務者の側からみると債務（代金債務）になるが，多数当事者の場合は，たとえば，分割債権を債務者の側からみても分割債務になるわけではない。なお，保証も債務者が複数存在することには違いないが，保証債務の債権者が常に複数存在するわけではないのでやや特殊である。

2 ── 3 つの問題

　債権者あるいは債務者が複数登場すると，債権者と債務者が1対1の場合には問題とならなかったことが問題となる。大きく3つの場面に分類することができる。

1 対外的効力

　まず，債権者が複数いる場合，債権者の1人は単独で債務者に履行を請求することができるのか，それとも複数の債権者が共同で請求しなければならないのかという問題がある。債権者が複数であるためにこのような問題が登場するわけである。債務者が複数いる場合も同様の問題が存在する。債務者の1人が債権者から履行の請求を受けたときに全部の履行をしなければならないのか，それとも自分の分だけ履行すればよいのかという問題がそれである。これがいわゆる**対外的効力**と呼ばれる問題である。

2 影響関係

　次に，複数の債権者あるいは複数の債務者の1人について生じた事由が他の債権者・債務者にどのような影響を及ぼすのかという問題がある。たとえば，債権者が債務者の1人に対して債務を免除したという場合に他の債務者の債務はどうなるのか，債権者の1人が債務者に対して債務を免除した場合に他の債権者の債権はどうなるのかという問題である。**影響関係**と呼ばれる問題であり，債権者の1人あるいは債務者の1人に生じた事由が他の債権者や債務者に影響することを「絶対的効力がある」と表現し，影響しないことを「相対的効力しかない」と表現する。

3 内部関係

　最後に，債権者の1人が債務者から弁済を受けた場合に，他の債権者に対して分配しなければならないのか，分配しなければならないとしてどのように分配するのかという問題がある。債務者が複数の場合も同様であり，債務者の1人が債務を全額弁済した場合に，他の債務者に対して負担を求めることができるのか，できるとしてどの程度求めることができるのかという問題がある。このように，複数の債権者・債務者の内部でどのように利益・負担を分配・分担すべきかという問題を**内部関係**という。

□ WINDOW 6-1　◀◀

債権・債務の共同的帰属

　物の共同所有形態には共有，合有，総有の3種類があるが，これに対応して，債権債務についても共有的帰属，合有的帰属，総有的帰属の3種類を観念することができる。これらを総称して債権債務の共同的帰属という場合があるが，1個の給付について1個の債権債務が存在し，その1個の債権債務が複数の者に帰属している点で，多数当事者の債権債務関係とは異なる。

　このうち，債権の共有的帰属については，準共有の規定（264条本文）によって共有の規定が準用されるようにも思える。しかし，債権の共有的帰属をめぐる法律関係は，実質的には多数当事者の債権関係と同じである。そこで，通説は，債権の共有的帰属については，分割債権や不可分債権の規定が264条ただし書の「特別の定め」にあたり，第一義的にはそれらの規定によって規律されるとしている。債務の共同的帰属については，分割債務，不可分債務，連帯債務，保証債務の規定の適用で充分であり，共有の規定を準用する必要はないという。

　これに対して，債権債務の合有的帰属の場合は異なった処理が妥当する。たとえば，民法上の組合の財産は総組合員の共有に属するが（668条），ここでの共有というのはいわゆる合有のことであり，組合財産中に債権債務が含まれていると，債権債務の合有的帰属という状態が生じる。そして，総組合員に合有的に帰属している債権債務は共同目的による拘束を伴い，債権の取立てや処分は全員が共同してのみ行うことができ（「債権」の合有的帰属の場合。676条2項），債権者は債務者全員に対して履行請求しなければならない（「債務」の合有的帰属の場合）という扱いがなされることになる。

　総有的帰属の場合は一体的処理の要請がさらに強まることになる。たとえば，権利能力なき社団の財産は構成員の総有に属し（最判昭32・11・14民集11巻12号1943頁），債権債務も構成員全員に総有的に帰属する（最判昭48・10・9民集27巻9号1129頁参照（取引上の債務））。そして，できるだけ法人と同様に扱うべきとの考慮のもと，債権については団体が取立て等を行うとともに，債務については団体がその総有財産で弁済する責任を負うことになる。

第**2**節　**分割債権**

1——分割債権とは何か

1 意　　義

　分割債権とは，1個の可分給付について債権者が複数いる場合における当該複数債権者の債権であって，一定割合で分割された給付について各債権者が独

立に権利を行使することができるものをいう。A・B・Cが，共有する絵画甲を600万円でXに売却したというケースを考えてみよう。売主A・B・Cは買主Xに対して代金債権を取得するが，金銭債権は可分であるからこの代金債権は分割債権ということになる（427条）。

民法は，債権者が複数いる場合においては，分割債権を原則としている。給付が性質上不可分である場合は後述の不可分債権になり，可分であっても法令の規定や連帯の意思表示があれば連帯債権になる。

② 具 体 例

分割債権の典型は共有物を売却したときの代金債権であるが，それ以外にもさまざまな分割債権が存在する。①共有物が損傷した場合における不法行為による損害賠償債権（最判昭41・3・3判時443号32頁），②相続開始から遺産分割までの間に遺産である不動産を賃貸した場合の賃料債権（最判平17・9・8民集59巻7号1931頁），③共同相続された金銭債権その他の可分債権（最判昭29・4・8民集8巻4号819頁）などである。

2──対外的効力

分割債権関係における各債権は独立している。したがって，各債権者は単独で自らの債権を行使することができる。先の例では，別段の意思表示がなければ，A・B・CはそれぞれXに対して200万円を請求することができる。もっとも，買主であるXには同時履行の抗弁権（533条）があるため，Xは甲の引渡しを受けるまでは自己の債務の履行を拒むことができる。分割債権とはいえ，実際上は，A・B・C（の誰か）が甲を引き渡さない限り，Aは200万円を請求することができないことになる。

解除については特則がある。Xが代金を支払わず履行遅滞に陥っているという場合，Aは541条本文に基づいて催告をしたうえで単独で契約を解除することができるようにも思えるが，解除権は全員で行使しなければならないため（544条1項），A・B・Cが全員で行う必要がある（同時である必要はない）。

3──影響関係

債権者の1人について生じた事由は他の債権者に影響しない。たとえば，債

☐ WINDOW 6-2

金銭債権の共同相続

「相続人数人ある場合において，その相続財産中に金銭その他の可分債権あるとき」は，当該債権は遺産分割の対象にならず，「法律上当然分割され各共同相続人がその相続分に応じて権利を承継する」（最判昭29・4・8民集8巻4号819頁）というのが確立した判例法理である。もっとも，判例は，金銭債権でありながら当然に分割されることのない場合を認めるようになってきている。

最判平22・10・8民集64巻7号1719頁は，定額郵便貯金債権について，「その預金者が死亡したからといって，相続開始と同時に当然に相続分に応じて分割されることはな」く「同債権の最終的な帰属は，遺産分割の手続において決せられるべき」とし，最判平26・12・12判夕1410号66頁は，共同相続された委託者指図型投資信託の受益権は相続開始と同時に当然に相続分に応じて分割されることはないとした最判平26・2・25民集68巻2号173頁を引用しつつ，「元本償還金又は収益分配金の交付を受ける権利は上記受益権の内容を構成するものであるから，共同相続された上記受益権につき，相続開始後に元本償還金又は収益分配金が発生し，それが預り金として上記受益権の販売会社における被相続人名義の口座に入金された場合にも，上記預り金の返還を求める債権は当然に相続分に応じて分割されることはな」いとした。

また，最大決平28・12・19民集70巻8号2121頁は，共同相続された普通預金債権，通常貯金債権，定期貯金債権について，「相続開始と同時に当然に相続分に応じて分割されることはなく，遺産分割の対象となる」と判示し，最判平29・4・6判夕1437号67頁は，共同相続された定期預金債権および定期積金債権について，「相続開始と同時に当然に相続分に応じて分割されることはない」と判示した。

権者の1人の債権が弁済によって消滅したからといって，他の債権者の債権が消滅するわけではない。各債権が独立している以上当然である。

4 ── 内部関係

内部関係は個別に検討することが必要となる。427条は，各債権者は「それぞれ等しい割合で権利を有」すると規定するが，これはあくまでも対外的な関係を規律するものであって，内部的な割合はこれと無関係に決めることができる（もっとも，別段の意思表示がなければ内部割合は平等と推定される）。

A・BがXに対して300万円の債権を有しているという事例で考えてみよう。A・Bは，対外的には平等に権利を有するが，内部的にはAが3分の2，Bが3分の1の割合で権利を有するということがありうる。この場合，XがBに150万円弁済すると，Bは内部的には3分の1の限度でしか受領することがで

きないのであるから，50万円をＡに償還することになる。Ｂが対外的な割合を
も超えて（たとえば全額）Ｘから弁済を受けた場合は，超過部分を不当利得（場合
によっては不法行為）や事務管理（701条・646条１項本文），あるいは委任（646条１
項本文。Ｂが債権回収をＡから委託されていたような場合）の規定に基づいてＡに償
還することとなる。

 第3節　分割債務

1 ── 分割債務とは何か

1 意　　義

　分割債務とは，１個の可分給付について債務者が複数いる場合の当該複数債
務者の債務であって，一定割合で分割された給付について各債務者が個別に義
務を負うものをいう。ＸがＡ・Ｂ・Ｃに対して600万円で絵画甲を売却したとい
うケースを考えてみよう。Ａ・Ｂ・Ｃは買主であるから，売主であるＸに対して
代金債務を負うが，金銭は可分であるから，この代金債務は分割債務というこ
とになる（427条）。

　民法は，分割債権と並んで分割債務も原則形態としており，１個の可分給付
について債務者が複数いる場合は，別段の意思表示がない限り分割債務になる
（427条）。給付が可分でない場合は不可分債務になり，可分であっても法令の
規定や連帯の意思表示があれば連帯債務になる。

2 具 体 例

　絵画の代金債務以外に，金銭債務等の可分債務が共同相続された場合の共同
相続人の債務なども分割債務とされている（大決昭5・12・4民集9巻1118頁）。

2 ── 対外的効力

　各債務は独立しているため，各債務者は自らの債務を履行すればそれで足り
る。先の例でいえば，Ａ・Ｂ・ＣはそれぞれＸに対して200万円を弁済すればよ
く，それ以上弁済する必要はない。もっとも，売主であるＸには同時履行の抗

弁権（533条）があるため，Ｘは代金全額の支払いを受けるまでは自己の債務の
履行を拒むことができる。解除も分割債権の場合と同様に，全債務者から，ある
いは全債務者に対してしなければならない（544条１項）。

3 ── 影響関係

　１人の債務者について生じた事由は，他の債務者に影響を及ぼさない。した
がって，たとえば，債務者の１人の債務が免除によって消滅しても，他の債務
者の債務は消滅しない。

4 ── 内部関係

　内部関係は個別に検討することが必要となる。427条は対外的な関係に関す
る規定であるから，内部的な割合がこれと異なるということはありうる。Ａ・
Ｂが，対外的には平等の割合で，内部的にはＡが３分の２，Ｂが３分の１の割
合で，Ｘに対して債務を負っているとしよう。この場合，ＢがＸに２分の１の
割合で弁済したとしても，Ｘとの関係ではまったく問題なく（有効な弁済とな
る），後は内部の負担割合に関する合意に従ってＡに求償すればよい。Ｂが，
対外的な割合をも超えて弁済したときは第三者弁済（474条）の問題となり，委
託を受けていれば委任（650条１項），委託を受けていなければ事務管理（702条）
や不当利得（703条・704条）の規定に基づいてＡに求償することとなる。

第4節　不可分債権

1 ── 不可分債権とは何か

① 意　義

　不可分債権とは，**性質上不可分**である１個の給付について複数の債権者がい
る場合における当該複数債権者の債権であって，各債権者がすべての債権者の
ために履行を請求することができ，債務者がすべての債権者のために履行をす
ることができるものをいう（428条・432条）。Ａ・Ｂ・ＣがＸから絵画甲を買い受け

□ WINDOW 6-3

性質上不可分の金銭債権

　金銭債権は通常は可分であるため，金銭債権が不可分債権になることはまず考えられない。しかし，不可分の利益の対価たる金銭債務が不可分債務とされていることは後述（→142頁）のとおりであり，これの裏返しで，不可分の給付（共同賃貸人の使用・収益をさせる債務）の対価たる金銭債権（賃料債権）は性質上不可分であるという理屈も成り立たないわけではない。実際，そのような裁判例が存在する（東京地判昭45・7・16下民集21巻7=8号1062頁）。

　しかし，不可分債権にあっては，債権者の1人が全額の弁済を受けることができ，他の債権者にとって危険が大きい（弁済を受けた債権者が持ち逃げした場合など）ということから，判例・学説とも不可分債権概念を拡大することには慎重になっている（分割債権に関する前掲最判平17・9・8も参照）。

　もっとも，特殊な金銭債権について，性質上の不可分債権とする裁判例もあり（大阪地判平27・9・3判自415号13頁は，争点とはまったく関係のないところの判断で，地方自治法242条の2第12項に基づく原告らの請求にかかる債権について，「その性質上，不可分債権と認められる」とした），金銭債権だから絶対に不可分債権ではないとはいい切れない状況にある。

たときの引渡債権がこれにあたる。もっとも，不可分債権が可分債権になったとき，たとえば，甲が滅失して履行に代わる損害賠償（415条2項）の請求をすることができるようになったときは，各債権者は自己が権利を有する部分についてのみ履行を請求することができる（431条）。

2 具 体 例

　上述の絵画の引渡債権のほか，共有物の賃貸借契約が終了した場合の家屋明渡請求権（最判昭42・8・25民集21巻7号1740頁）や共有家屋の修繕を依頼した場合の修繕請求権なども不可分債権である。

2 ── 対外的効力

　債権者の1人は，単独で，債務者に対して，債務の履行を請求することができる（給付請求訴訟は民訴法40条の必要的共同訴訟ではない）。債務者も，債権者の1人に弁済すれば免責される（428条・432条）。

別段の合意

不可分債権者の1人と債務者が別段の意思表示（合意）をすれば，その合意に基づいて当該不可分債権者に対する効力が決まる（428条・435条の2ただし書）。たとえば，A・B・CがXから絵画甲を買い受ける契約を締結し，B・X間で「A・X間で代物弁済契約が締結され，当該契約上の債務が履行されれば，Bの債権も消滅する」という合意がなされたとする。このとき，A・X間で代物弁済契約が締結され，Xが代物弁済契約上の債務を履行してAの債権が消滅すれば，B・X間の合意の効果としてBの債権も消滅する。逆に，A・X間で「A・X間で代物弁済契約が締結され，当該契約上の債務が履行されれば，Bの債権も消滅する」という合意がなされたとしても，Bには影響しない（契約の相対効）。

3 ── 影響関係

① 相対的効力の原則

428条は連帯債権に関する規定（432条〜435条の2）を不可分債権に準用している。ただし，433条と435条は除外されているため，実際に準用されるのは，432条・434条・435条の2の3か条である。したがって，絶対的効力があるのは請求・弁済と相殺のみであり，それ以外の事由は相対的効力事由となる（428条・435条の2）。代表的なものをみておこう。

② 免　除

不可分債権者の1人が債務を免除しても，他の不可分債権者の債権には影響しない。したがって，A・B・CがXから絵画甲を購入する契約を締結した場合（甲の持分は平等），AがXに対し債務を免除しても，B・Cは依然として，Xに対して，甲を引き渡すよう請求することができる。

もっとも，相対的効力の原則を貫くと若干ややこしい問題が生じる。絵画甲の代金を600万円としておこう。AがXの債務を免除しても，XはB・Cに対しては依然として引渡債務を負っているのであるから，B・Cから請求があれば応じなければならない。そして，XがBからの請求に応じて甲を引き渡すと，Bは他の債権者A・Cに利益（持分権や占有権）を分与しなければならない（→本節4）。ところが，AはXに対して債務を免除しているわけであるから，利益を受け取る基礎を欠く。そうすると，Aは受け取るはずだった利益をXに償還しなければならないことになる。

図表6-1　免　除

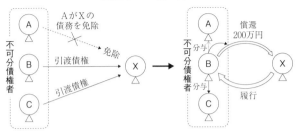

　しかし，この処理はあまりにも煩雑である（償還の循環）。AがXに償還するくらいなら，最初からAに分与しなければよい。Aに分与すべき分をBが受け取らないということが可能であれば一番良いのであるが，絵画の場合にAの分だけ受け取らないということはできない。そこで，民法は，Bがいったん受け取ったうえで，Aに分与すべきであった利益をXに償還するという方法を採用することにした（429条後段）。具体的には，免除がなければAに分与されるはずだった3分の1の持分に相当する額（200万円）をBがXに償還することになる（→図表6-1）。

③ 更　改

　更改の場合も同様に考えることになる。先の例で，Aが，Xとの間で，甲の引渡債権を200万円の金銭債権に変更する更改契約を締結したとしよう。B・Cは依然としてXに対して甲を引き渡すよう請求することができるため（更改に絶対的効力があれば，B・Cの当初の債権も消滅することになるが，B・Cの意思とは無関係にB・Cの債権を消滅させることが不当であることはいうまでもない。更改が相対的効力事由になっているのはそのためである），Bが請求すればXは甲をBに引き渡し，そのうえでAに分与すべきであった分はBからXに償還されることになる（429条後段）。

　もっとも，Xが，A・B・Cに対する債務すべてを消滅させるつもりで，Aとの間で宝石乙（600万円相当）を引き渡す更改契約を締結したような場合は，その後の調整が必要となる。Xは，Aに対して乙を引き渡すことになるが，Bにも甲（600万円相当）を引き渡さなければならないため，いくらその後Aに分与されるはずだった分（200万円）がBからXに償還されるといっても，それだけでは調整しきれない不利益がXに残るからである。これについては，錯誤に基づく更

改契約（の締結に向けた意思表示）の取消しを認めて，法律関係を更改契約が締結
される前の状態に戻すということが考えられよう。

4 混　　同

不可分債権者の1人と債務者との間に混同が生じた場合も，他の債権者には
影響しない。A・B・CがXから絵画甲を購入する契約を締結した後，Aが死亡
しXが単独相続したというケースを考えてみよう。Aの債権は混同によって消
滅する（520条本文）が，B・Cの債権は存続するため，B（またはC）はXに対して
履行を請求することができる。Xが甲をBに引き渡せば，Bは持分割合に従っ
て，利益をCと（Aを相続した）Xとに分与しなければならない。

5 時効の完成

不可分債権者の1人の債権が時効によって消滅したとしても，他の債権者に
は影響しない。A・B・CがXから絵画甲を購入した場合において，その後，X
が，B・Cに対して負っている債務については承認（152条1項）をしたが，Aに
対して負っている債務についてはしなかったというケースを考えてみよう。当
初の時効期間が経過し，Xが時効を援用すればAの債権は消滅する。しかし，
B・Cの債権が消滅するわけではない。したがって，B・CはXに対して甲の引
渡しを求めることができる。もっとも，Aの債権は時効消滅しているわけであ
るから，B・Cが引渡しを受け利益をAに分与したとしても，AはそれをXに
償還しなければならずAに分与する意味はない。ここでも，引渡しを受けたB
またはCからXへの償還を認めることになろう（429条後段類推適用）。

6 代物弁済

不可分債権者の1人が債務者と代物弁済契約を締結し，債務者が債務を履行
した場合であっても，他の債権者には影響しない（争いあり）。その後の法律関
係は更改の場合と同様に考えればよい。

7 絶対的効力事由

(1) 請求，弁済　　428条が準用する432条は請求に絶対的効力があることを
規定している。したがって，A・B・CがXから絵画甲を買い受けた場合におい
て，AがXに対して履行を請求すれば，B・Cも請求したことになる。履行遅
滞や時効の完成猶予といった，請求に伴う効果も同様であり，Aの債権につい
て時効の完成猶予の効果が生じれば，B・Cの債権についても完成猶予の効果

が生じる。弁済にも絶対的効力があり（428条・432条），XがAに弁済すれば，B・Cの債権も消滅する。明文規定はないが，弁済の提供（492条），供託（494条），受領遅滞（413条）にも絶対的効力があると解されている。

(2)　相　殺　　428条が準用する434条は相殺の絶対効について規定しているが，相殺は金銭債権同士でなされることが通常であり，金銭債権が不可分債権となることはまずないため，結果として，本条が問題となる場面もほとんどない。

4——内部関係

債権者の1人が弁済を受けた場合，当該債権者は他の債権者に利益を分与する義務を負う。明文規定はないがそのように解されている。分与の割合は債権者間の合意で決めることになるが，とくに合意がなければ平等の割合となる。A・B・CがXから絵画甲を購入し，Aが引渡しを受けたという場合であれば，Aは共有物である甲の所有権（持分権）・占有権をB・Cに分与することになる。ややわかりにくいが，Aとしては，甲を共有（249条以下）の規定に従って共同で使えるようにすればよい。

第5節　不可分債務

1——不可分債務とは何か

1 意　　義

不可分債務とは，**性質上不可分**である1個の給付について複数の債務者がいる場合における当該複数債務者の債務であって，債権者が，1人またはすべての不可分債務者に対し，全部または一部の履行を請求することができ，債務者の1人が履行すればすべての債務者の債務が消滅するものをいう（430条・436条）。A・B・Cが共有する絵画甲をXに売却したときの引渡債務がこれにあたる。もっとも，不可分債務が可分債務になったとき，たとえば，甲が滅失して履行に代わる損害賠償（415条2項）をしなければならなくなったときは，各債務者はその負担部分（→154頁）についてのみ履行の責任を負う（431条）。

2 具体例

　共有物の引渡債務や共同で物を修理する債務，共同で建物を建築する債務が不可分債務の例である。共同相続人の建物収去土地明渡義務（最判昭43・3・15民集22巻3号607頁）や売主が死亡した場合の共同相続人の移転登記義務（最判昭36・12・15民集15巻11号2865頁）も不可分債務である。

　金銭債務のように性質上分割できるように思えるものであっても，性質上不可分とされるものがある。たとえば，共同賃借人の賃料債務がそうである（大判大11・11・24民集1巻670頁。賃借人が死亡して共同相続が生じた事案）。共同賃借人の受ける利益は不可分であり，賃料はその不可分の利益の対価であるからと説明される。

　このように，不可分債務には2つの種類が存在することになる。①給付が物理的に不可分であるがゆえに不可分債務になる場合と，②（賃料債務のように一見可分なのだけれども）不可分の利益の対価であるがゆえに不可分債務となる場合である（もっとも，②については連帯債務と解すべきとする見解も有力である）。

2 ——対外的効力

　連帯債務の規定が準用されているので（430条・436条），債権者は債務者の1人に対して全部の履行を請求することができるほか，すべての債務者に対して同時または順次に履行を請求することができる。

3 ——影響関係

　440条を除いて連帯債務の規定が準用されているので（430条），明文規定があるもののなかでは更改，相殺のみが絶対的効力事由となり，それ以外は相対的効力事由となる（**相対的効力の原則**。430条・441条本文）。もっとも，債権者と不可分債務者との合意によって，相対的効力しか持たない事由に絶対的効力を持たせることは可能である（430条・441条ただし書）。

　なお，連帯債務の場合と同様に，不可分債務者の1人について法律行為の無効原因や取消原因があっても，他の不可分債務者の債務には影響しない（430条・437条）。たとえば，A・B・CがXに絵画甲を売却したというケースで，Aに錯誤があり，Aが意思表示を取り消したとしても，B・Cの債務には影響しない。

1 相対的効力事由

(1) **請　求**　A・B・CがXに絵画甲を売却したというケースにおいて，X
がAに対して履行の請求をしても，B・Cに対して請求したことにはならな
い。したがって，Aに対する債権については時効の完成猶予の効果が生じるの
に対し（147条1項1号），B・Cに対する債権については時効が進行し続けるこ
とになる。時効の管理は困難になるが，債権者と不可分債務者との間で予め別
段の合意（430条・441条ただし書）をして調整することは可能である。

(2) **免　除**　上記の例で，XがAに対して債務を免除しても，B・Cの債
務はそのままである。A・B・Cの債務は性質上不可分であるから，相対的効力
とするしかない。

(3) **混　同**　X所有の土地上に建物を有していたA・B・Cが，Xから建物
収去と土地明渡しを請求されたが，Xが死亡しAがXを単独相続したという
ケースを考えてみよう。Aの債務は混同により消滅するが（520条本文），B・C
の債務には影響しないため，X＝Aは，B・Cに対して建物収去と土地明渡し
を請求することができる。仮にBが建物を収去すれば，BはA・Cに対して負
担部分に応じて収去費用を求償することができる。Aは，債権者の立場で土地
の明渡しを受けたうえで，不可分債務者の1人としての立場でBからの求償に
応じなければならないことになるが，土地の明渡しと費用の支払いは性質の異
なる給付であるからこの扱いで問題ない。

　もっとも，不可分債務が性質上不可分の金銭債務である場合に混同が生じる
と少々ややこしいことになる。X＝Aは，B・Cに対して債務の履行を請求す
ることができるが，仮にBに請求したとすると，Aは，債権者の立場でBから
金銭を受け取ったうえで，不可分債務者の1人としての立場でBからの求償に
応じなければならないという意味のない処理が残ることになる。金銭の支払い
という同じ性質の給付なのであるから，440条の趣旨に照らして，混同が生じ
た時点で弁済がされたものとみなし，後はAからB・Cへの求償関係だけが残
ると考えてよいであろう。

(4) **時効の完成**　不可分債務者の1人に対する債権について消滅時効が完
成しても，債権者は，他の不可分債務者に対しては全部の履行を請求すること
ができる。

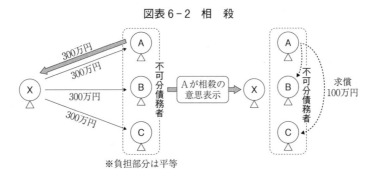

図表6-2　相　殺

※負担部分は平等

② 絶対的効力事由

　(1)　**更　改**　　A・B・CがXに絵画甲を売却したが，XとAとの間で甲の代わりに宝石乙を引き渡す更改契約が締結されたとする。この場合，Aの甲を引き渡す債務は消滅し，新たに乙を引き渡す債務が発生する（513条）。更改には絶対的効力があるため，BとCの債務も消滅する（430条・438条）。

　(2)　**相　殺**　　A・B・CがXから建物を月額300万円で賃借しており（負担部分は平等），XがAに対して300万円の貸金債権を有していたとする。AがXに対する貸金債権を自働債権として相殺の意思表示をすると，Aの債務は0になるが（505条1項本文），相殺には絶対的効力があるため，B・Cの債務も0になる（430条・439条1項。→図表6-2）。この場合，AはB・Cに対して100万円ずつ求償することになる。

　Aが相殺の意思表示をする前に，Xが（Aではなく）Bに請求してくることも考えられるが，Bは，Aの負担部分である100万円の限度で，履行を拒むことができる（430条・439条2項）。Bは，Xに対して，200万円を支払えばよい。

　(3)　**弁　済**　　弁済は債権を満足させるものであるから，明文規定はないものの，絶対的効力事由である。A・B・CがXに絵画甲を売却したというケースにおいて，Aが甲を引き渡せば，B・Cの債務も消滅する。弁済の提供，供託，受領遅滞も絶対的効力事由である。問題は代物弁済である。AがXとの間で甲の代わりに宝石乙で弁済するという契約を締結し乙を引き渡した場合にB・Cの債務はどうなるのかということであるが，不可分債務関係にあっては債権者が1人であること，同様の効果をもたらす更改に絶対的効力が認められていることなどから，代物弁済は絶対的効力事由であると考えられている。

4──内部関係

　連帯債務の規定が準用されているので，不可分債務者の 1 人が債務を履行した場合，当該不可分債務者は，他の不可分債務者に対して求償することができる（430条・442条〜445条）。詳細は連帯債務のところで述べる。もっとも，A・B・C が X に絵画を売却し，A が引き渡したというような場合であれば，B・C への求償はせいぜい弁済費用（485条本文）についてなされるにとどまるであろう。

第 **7** 章

連帯債権・
連帯債務

● **本章で学ぶこと**

　本章では，どのような場合に連帯債権・連帯債務関係が発生するのかということについて確認したうえで，対外的効力，影響関係，内部関係について順にみていくことにする。とりわけ，内部関係の箇所においては，不可分債務のところで後回しにした求償の問題を詳しく取り上げる。

　連帯債務者の1人が債権者に対して弁済をすると，他の連帯債務者に対して，各自の負担部分に応じた額について求償権を行使することができるが，負担部分とは何か，求償の範囲はどこまでか，求償権が制約される場合はあるのか，連帯債務者の1人が無資力であった場合にその者の無資力のリスクを誰が負担するのかといったことについて学習する。

　なお，民法は，まず連帯債権について規定し，その後に連帯債務について規定しているが，重要性の度合いからいえば連帯債務の方が上であるため，本章では，連帯債務から説明することにする。

連帯債務

1——総　説

① 意　義

　連帯債務とは，性質上可分である１個の給付について，複数の債務者が債務を負う場合における当該債務であって，債権者がその連帯債務者の１人に対して全部の履行を請求でき，１人の債務者が弁済すればすべての債務者の債務が消滅するものをいう（436条）。

② 基本的な内容

　A・B・CがXに900万円の連帯債務を負っているという事案をもとに，連帯債務の基本的な内容を確認することにしよう。

　(1)　**全部給付義務**　A・B・Cは，Xに対して，それぞれ900万円の債務を負う。つまり，各債務者が全額給付する義務を負うわけである（**全部給付義務**）。各債務者が全部給付義務を負うということは，債権の効力が格段に強化されることを意味する。分割債務であれば，XはA・B・Cに対してそれぞれ300万円の請求しかできないが，連帯債務であれば，A・B・Cに900万円の請求ができるわけであるからその差は一目瞭然である。

　とはいえ，Xは，A・B・Cから900万円ずつ合計2700万円の弁済を受けることはできず，誰かが全額弁済すれば他の債務者の債務も消滅する（これを**給付の一倍額性**と呼ぶことがある）。誰にいくら請求するかは債権者の自由であり，Xは，Aに対して900万円を請求してもよいし，同時あるいは順次にAに500万円，Cに400万円という形で請求してもよい。

　(2)　**複数の債務**　A・B・Cは連帯して債務を負っているが，それぞれの債務自体は独立している。また，保証債務のように各債務の間に主従関係はない。したがって，各債務について異なった扱いをすることが可能になる。たとえば，①各債務の条件・期限，利率が異なってもよいし，②債務額が異なってもよい（**不等額連帯**という）。③Aの債務のみを保証することも可能であるし（464条参照），④Aに対する債権のみを被担保債権とする抵当権を設定することも可

□ WINDOW 7-1

連帯債務の相互保証機能

　本文で述べたように，同一の給付を目的とする債務について債務者が複数存在するというのは，債権者にとってみれば，自分の債権回収がより確実になることを意味する。この点に関連して，連帯債務には相互保証機能があるといわれる。保証というのは，第8章で説明するとおり，主たる債務者が弁済することができなくなったときに，保証人が代わりに弁済するというものであるが，これと同様の機能が連帯債務にもあるというのである。

　A・B・CがXに対して負担部分平等で900万円の連帯債務を負っているという場合，各債務者は全額の弁済義務を負っているわけであるから，保証の問題は出てこないようにも思える。しかし，負担部分は平等なのであるから，内部的にはAは300万円しか負担する必要がなく（残り600万円についてはB・Cに300万円ずつ求償することができる），この300万円が最終的にAの負担しなければならない額ということになる。最終的に300万円しか負担しなくてもよいのに，Xに対しては900万円の支払義務を負っているわけであるから，負担部分を超えた分については，実質的には，人の債務を肩代わりしていることになり，この点で保証と同様の機能を有するといえる。同じことはBとCについてもいえるわけであるから，連帯債務者は自己の負担部分を超える分については他の連帯債務者の債務を相互に保証しているのと同様の結果になる。連帯債務が，保証債務と並ぶ，人的担保の1つといわれる所以である。

能である。⑤連帯債務者の1人に対する債権のみを譲渡することも可能であり，たとえば，Xは，Aに対する債権のみをYに譲渡することができる（この場合，AのYに対する債務とB・CのXに対する債務とが連帯債務の関係に立つことになる）。

　(3)　**無効・取消し**　　Aが意思無能力者であったとか錯誤に陥っていたという理由で，Aの債務を発生させる契約が無効になったり意思表示が取り消されたりしても，B・Cの債務には影響しない（437条）。

2——連帯債務の成立

　連帯債務は，次の2つの場合に生じる。**法令の規定**による場合と，**当事者の意思表示**による場合である。順にみておこう。

① 法令の規定

　法令の規定による連帯債務は，商事法に数多くみられるが（会社9条・52条1項，商537条・579条など），重要なのは商法511条1項であり，数人の者がその1人または全員のために商行為となる行為によって債務を負担したときは，その債務は連帯債務となる（商行為については会社5条も参照）。

150

不真正連帯債務

　法令の規定による連帯債務の項目で登場した各共同不法行為者の債務や使用者と被用者の債務は，伝統的には不真正連帯債務と呼ばれてきた。では，不真正連帯債務とは何なのであろうか。実は，2017年改正前の連帯債務の規定には絶対的効力事由が多く存在した。請求がそうであったし（改正前434条），免除や消滅時効の完成にも負担部分の限度で絶対的効力が与えられていた（改正前437条・439条）。そして，これらの効果（とくに請求の絶対効）を説明するために，連帯債務者間には主観的な共同関係があるからという理由付けがなされたりしていた。

　ところが，共同不法行為をはじめ法令の規定によって連帯債務が成立する場面においては，債務者間に主観的な共同関係を観念することができないものも多い。このような場合，請求に絶対効を認めることが妥当でないのは明らかである。そこで，民法上の連帯債務の規律がそのままの形では妥当しない連帯債務として不真正連帯債務という類型を解釈によって設け，弁済や供託など債権を満足させる事由以外の事由は絶対的効力を持たないこととされた（求償についても異なるルールが妥当していた）。

　改正法のもとではこの区分は意味を失っている（というよりも，影響関係については，従来の不真正連帯債務の規律が改正法における連帯債務の規律の基本形になっている）が，上記の経緯はおさえておいてもよい。

　民法上のものとしては，①併存的債務引受に関する470条1項，②共同不法行為に関する719条，③日常の家事に関する債務の夫婦の連帯責任に関する761条があげられる。「連帯して」とは書かれていないが，使用者責任の場面における被用者と使用者の損害賠償債務（最判昭45・4・21判時595号54頁参照。前者は709条，後者は715条1項本文に基づく），一般社団法人の代表理事が第三者に損害を与えた場合における代表理事と法人の損害賠償債務（大判昭7・5・27民集11巻1069頁参照。前者は709条，後者は一般社団法人法78条に基づく），複数の不法行為者の709条に基づく損害賠償債務なども連帯債務である。

② 当事者の意思表示

　当事者の意思表示による場合というのは，遺言の場合（Xに一定額を遺贈し，共同相続人A・B・Cの連帯債務にする）も考えられるが，ほとんどが契約による場合である。A・B・CがXから900万円を借り入れるというケースでいえば，XとA・B・Cとの間で**連帯の特約**を結ぶ場合が典型である。1個の契約で特約を結んでも構わないし，まずX・A間，次にX・B間，X・C間という形で複数の契約で連帯の特約を結んでも構わない。

民法は，多数当事者の債務関係について，分割債務を原則としているので（427条），当事者が明示もしくは黙示の方法で連帯の意思を表示していない場合に連帯を推定することはできない（大判大4・9・21民録21輯1486頁）。

3——対外的効力

債権者は，連帯債務者の1人に対し，債務の全部または一部の履行を請求することができるほか，すべての債務者に対しても，同時であるか順次であるかを問わず，全部または一部の履行を請求することができる（436条）。したがって，連帯債務者全員を被告として訴えを提起することができるのはもちろん，連帯債務者の1人に対して訴えを提起し勝訴判決が確定した後でも，現実に弁済を受けるまでは他の連帯債務者に対して訴えを提起することができる（民訴142条には抵触しない）。また，連帯債務者の1人に対して訴えを提起し敗訴した場合であっても，既判力は他の連帯債務者に及ばず，他の連帯債務者に対して訴えを提起することができる。

4——影響関係

1 相対的効力の原則

連帯債務者の1人について生じた事由は，原則として，他の連帯債務者に影響を及ぼさない（**相対的効力の原則**。441条本文）。たとえば，A・B・CがXに対して900万円の連帯債務を負っている場合（負担部分は平等とする）において，XがAに請求したからといって，BやCに請求したことにはならない。したがって，A・B・Cの債務が期限の定めのない債務である場合，Aは履行遅滞に陥るが（412条3項），B・Cは履行遅滞に陥らない。裁判上の請求（147条1項1号）であった場合は，Aの債務についてのみ時効の完成猶予や更新の効力が生じる。

連帯債務者の1人についてのみ時効が完成するということもあるが，この場合も他の連帯債務者には影響しない。たとえば，Aの債務が時効で消滅したとしても，B・Cの債務は依然として900万円である。XがAの債務を免除した場合も同様である。Aの債務は0になるが，B・Cの債務は900万円のままである。

では，Aの債務について時効の完成や免除があった場合にBが900万円の弁済をすると，その後の処理はどうなるのであろうか。Aの債務が時効の完成や

免除によって消滅しているのは事実であるが，それはあくまでもXに対する対外的な関係においてであって，連帯債務者相互間の内部的な負担部分が消滅しているわけではない。したがって，Bは，AとCに対して，各自の負担部分の限度で求償することができる（445条）。Aは最終的に，300万円を支払うことになるのである。求償に応じたAが債権者Xに対して不当利得の返還請求をすることができるかが問題となるも，時効の完成や免除に相対的な効力しかない以上，B・Cの債務は900万円のままであり，Xは法律上の原因に基づいて900万円を受領しているのであるから，AがXに対して償還請求をすることはできない。

　もっとも，別段の意思表示によって，これらの事由に絶対的な効力を持たせることは可能である（441条ただし書）。たとえば，A・B・CがXから金銭を借り入れるという場合に，AとXとの間で，XがBに対して請求すればAに対しても請求したことにするという別段の合意をすることができる。この場合，XがBに対して請求をすれば，Aにも請求したことになり，A・Bの債務が期限の定めのない債務であれば，両債務は同時に履行遅滞に陥ることになる。AとXとの間で，XがAに請求すればBに対しても請求したことになるという合意をしても，そのような合意にBが拘束されないのはいうまでもない。Aに対して請求があっても，Bに対して請求があったことにはならない。

　免除や時効の完成についても同様に考えることができるが，免除に関しては，債権者がどのような意思を有しているのかということが重要なのであるから，債権者が債務者の1人に対し債務を免除する意思表示をした場合において，当該意思表示が他の債務者の債務をも免除する意思を有していると認められるときは，当該他の債務者に対しても債務の免除の効力が及ぶ（最判平10・9・10民集52巻6号1494頁参照。合意の当事者ではないという理由で他の債務者に対する効力が否定されるわけではない）。

② 絶対的効力事由

　（1）**弁　済**　　弁済は債権を満足させるものであるから，絶対的効力を有する。A・B・CがXに対して900万円の連帯債務を負っているという場合，Aが900万円を弁済すればB・Cの債務も消滅する。弁済と同様の効果を持つ供託（494条）や代物弁済（482条）も絶対的効力事由であり，弁済の前提となる弁済の

提供（492条）や，弁済提供の裏返しともいえる受領遅滞（413条）も同様である。

　(2)　**相　殺**　　相殺も債権を消滅させるものであるから，絶対的効力を持つ（439条1項）。A・B・CがXに対して900万円の連帯債務を負っている（負担部分は平等）場合において，Aが，Xに対して有している500万円の貸金債権を自働債権として相殺の意思表示をしたとしよう。相殺の要件を満たしていれば，500万円の限度でXの債権が消滅するわけであるから，BとCの債務も900万円から400万円に縮減する。XがAに対する債権を自働債権として相殺の意思表示をした場合も同様である。

　では，AがXに対して500万円の貸金債権を有しているが，まだ相殺の意思表示はしていないという状況で，XがBに請求してきたとき，Bはこの請求に応じなければならないのか。Aは相殺の意思表示をしていないわけであるから，Bの債務は900万円のままであり，Xから請求があれば900万円全額を支払わなければならないようにも思える。

　しかし，Bが900万円を支払うと，後でAとCに300万円ずつ求償し，求償に応じたAがXから貸金債権を回収するということになり，法律関係が煩雑になる。A自身も相殺によって債権を回収することができなくなり，貸金債権だけが残る結果，Xの無資力のリスクを負担することになる。相殺の担保的機能を考えると，Aに相殺の余地を残し，X・A間の債権債務はなるべくX・A間で決済するようにもっていった方がよい。とはいえ，連帯債務者はお互いに債務を保証しあっている関係にあり，AもB・Cの債務を実質的に保証しているわけであるから，本来的にX・A間で決済するようにもっていく必要があるのはAの負担部分の限度においてであるといってよい。

　そこで，民法は，債権者に対して債権を有している連帯債務者が相殺を援用しない間は，その連帯債務者の負担部分の限度において，他の連帯債務者は，債権者に対して債務の履行を拒むことができることとした（439条2項）。負担部分というのは，債務者が内部的に負担する割合のことであるが，上記のケースでは，負担部分は平等であるので，Aの負担部分は額に換算すると300万円になる。したがって，Bは300万円の限度で，Xの請求を拒むことができ，Bは結局，600万円を支払えばよいということになる（→図表7-1）。この場合，Cに対する求償権のみが発生する。

図表7-1　負担部分の限度での履行拒絶

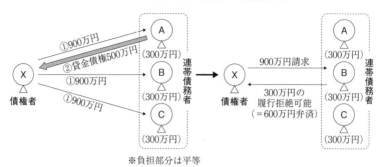

※負担部分は平等

　(3)　更　改　　A・B・CがXに対して900万円の連帯債務を負担している場合において，XがAとの間で，900万円の代わりに自動車を引き渡すという内容の更改契約を締結したとする。この場合，Aの債務は消滅することになるが（513条），B・Cの債務も消滅する（438条）。もっとも，この規定は更改契約の当事者（XとA）の意思を推測して置かれたものであるため，絶対的効力を持たないとする特約は有効である。

　(4)　混　同　　A・B・CがXに対して連帯債務を負っている場合において，Xが死亡しAが単独で相続したというケースを考えてみよう。債務者が債権者を相続した場合，債務を存続させておく意味がないから，債務は消滅する（520条本文）。ここで消滅するのはAの債務であるから，B・Cの債務がどうなるかは別の考慮が必要であるが，民法は，AがXを単独で相続した場合のように，連帯債務者の1人と債権者との間に混同があったときは，その連帯債務者（つまり，A）が弁済をしたものとみなすことにした（440条）。その結果，B・Cの債務も消滅し，（Xを相続した）Aは，B・Cに対して求償権を取得することになる。

5——内部関係

1 求償権と負担部分

　連帯債務者の1人が弁済をするなどして共同の免責を得たときは，その連帯債務者は，他の連帯債務者に対し，各自の負担部分に応じた額の求償権を有する（442条1項）。たとえば，A・B・CがXに対して900万円の連帯債務を負っている場合において，Aが900万円を弁済すれば，AはBとCに対して負担部分

に応じて求償することができる (B・Cの債務は分割債務)。

　負担部分というのは，連帯債務者相互間で内部的に負担すべき「割合」のことである。割合であるので，各３分の１の割合とか１対１対１とか，あるいは平等という形で表現される。先の例で負担部分が平等であれば，AはBとCに対してそれぞれ300万円を求償することができる。もちろん，連帯債務者間で負担部分が異なってもよく，５分の２と５分の２と５分の１とか２対３対４という割合もありうる。連帯債務者の１人の負担部分が０ということもありうる (大判大４・４・19民録21輯524頁)。

　意思表示によって連帯債務が発生した場合における負担部分 (割合) は連帯債務者間の合意 (特約) で決められる。合意がない場合は，各連帯債務者が受けた利益の割合によって定まる (大判明37・2・1民録10輯65頁)。たとえば，A・B・CがXから900万円を連帯して借り入れ，Aが400万円，Bが300万円，Cが200万円を消費したという場合，A・B・Cの負担部分は４対３対２になる。それでも決まらない場合は，負担部分は平等ということになる (大判大５・６・３民録22輯1132頁)。

　法令の規定によって連帯債務が発生した場合は，債務者の合意によって負担部分を決めることができないこともあるため，別の観点からの考慮が必要になる。法令の規定による連帯債務の典型は共同不法行為者の損害賠償債務であるが，この場合の負担部分は各不法行為者の過失割合に従って決められる (最判昭41・11・18民集20巻９号1886頁)。Aが運転するタクシーとBの運転する自動車とが衝突事故を起こし，タクシーの乗客Xが負傷したという場合 (損害額1000万円) を考えてみよう。AとBとの過失割合が３対７であれば，負担部分も３対７となり，Xに対して1000万円を弁済したA (の所属会社) は，Bに対して700万円を求償することができる。

　連帯債務が意思表示によって発生した場合であっても法令の規定によって発生した場合であっても，負担部分が割合である以上，「その免責を得た額が自己の負担部分を超えるかどうかにかかわらず」(442条１項) 求償権は発生する。**一部弁済**の場合であっても求償することができるわけである。A・B・CがXに対して900万円の連帯債務を負っている場合でいえば，300万円を超えて弁済しなければ求償権が発生しないということにはならない。AがXに300万円を弁

済した場合，負担部分が平等であれば，Aは，BとCに100万円ずつ求償することができる。

　なお，負担部分という言葉は，金額を指す場合もあるので注意が必要である。442条には負担部分という言葉が2回登場するが（「免責を得た額が自己の負担部分を超えるかどうかにかかわらず」と「各自の負担部分に応じた額の求償権を有する」），後者は割合を意味するのに対して前者は金額を意味する。

② 求償権の根拠

　求償権の根拠は，連帯債務の**相互保証**的性質に求めることができる。前述のように，連帯債務には，各連帯債務者の債務のうち各自の負担部分を超えた部分をお互いに保証しているという関係を見出すことができるが，この特徴が求償権を正当化するのである。

　A・B・CがXに対して900万円の連帯債務を負っているというケースで考えてみよう。AはXに対して900万円全額を給付する義務を負うが，負担部分が平等であれば，Aが最終的に負担しなければならない額は300万円で，残りの600万円の部分については実質的にはBとCの債務を肩代わりしているということになる。Aは形式的には自分の債務を弁済しているが，実質的にはB・Cの債務を弁済しているのであるから，B・Cに対して求償することができるということになる。連帯債務者は相互に保証しているわけであるから，B・Cについても同じことがいえ，Bが900万円を弁済すればA・Cに求償することができ，Cが900万円を弁済すればA・Bに求償することができる。

③ 求償権の要件

　求償権は「連帯債務者の1人が弁済をし，その他**自己の財産**をもって**共同の免責**を得たとき」（442条1項）に発生する。弁済は明文で規定されているが，代物弁済や供託，相殺も総債務者のために債務を消滅・減少させるものであるため，「自己の財産をもって共同の免責を得た」場合に該当する。更改や混同の場合も同様である。

　これに対して，連帯債務者の1人が債務を免除された場合や連帯債務者の1人の債務が時効によって消滅した場合は，求償権は発生しない。連帯債務者の1人にこれらの事由が生じても，他の連帯債務者には何の影響も及ぼさないため，「共同の免責」を生じさせるものとはいえないし，仮に別段の合意によっ

て絶対効が生じたとしても，「自己の財産をもって」共同の免責を得たとはいえないからである。

④ 求償権の範囲

　A・B・CがXに対して900万円の連帯債務を負担している場合（負担部分は平等）において，Aが900万円を弁済したときは，支出した金額（900万円）と共同の免責を得た額（900万円）は一致する。しかし，これが代物弁済などになると，免責を得るために支出した財産の額と共同の免責を得た額とが一致しないということが生じる。

　Aが代物弁済として給付した土地の価値が1200万円だったというケースを考えてみよう。この場合，支出したのは1200万円であるが共同の免責を得た額は900万円であるため，AはBとCにいくら求償することができるのかが問題となる。求償権の根拠を連帯債務の相互保証的性質に求めるのであれば，Aが保証しているのはB・Cの負担部分である600万円（300万円×2人）であるから，土地の価格が1200万円であっても，共同の免責を得た額が基準となり（442条1項），求償することができる額は600万円ということになる。

　逆に，600万円の土地で代物弁済した場合は，900万円について共同の免責を得たとはいえ，実際に支出しているのは600万円なのであるから，支出した財産の額である600万円が基準となり（442条1項），AはB・Cに200万円ずつ求償することができるにすぎない。900万円を基準にすると，B・Cに300万円ずつ求償することができることになり，支出した600万円を求償によって全額回収できることになって妥当でない。

　442条1項による求償は，弁済その他免責があった日以後の法定利息や避けることのできなかった費用その他の損害の賠償を包含する（442条2項）。振込手数料をはじめとする弁済の費用，弁済のための金員を借り入れる際に支出した抵当権設定登記費用（大判昭14・5・18民集18巻569頁。避けることのできなかった費用にあたる），債権者から訴えを提起され敗訴判決を受けた際の訴訟費用や執行費用（大判昭9・7・5民集13巻1264頁。避けることのできなかった費用その他の損害にあたる）などがこれに含まれる。

⑤ 求償権の制限

　連帯債務者の1人が債務を全額弁済した場合であっても，事前や事後に他の

連帯債務者に通知しなければ，求償権を行使することができなくなる場合がある（443条）。順に確認しよう。

⑥ 事前の通知を怠った場合

A・B・CがXに対して900万円の連帯債務を負っている状態（負担部分は平等）で，Aが，これから弁済する旨をB・Cに予め通知することなく，Xに900万円を弁済したというケースを考えてみよう。442条の原則からすると，AはB・Cに300万円ずつ求償することができそうである。しかし，たとえば，BがXに対して500万円の反対債権を有していた場合，Aからの求償を無条件で認めると，Bの相殺に対する期待を奪ってしまうことになる。

そこで，民法は，連帯債務者の1人が，他の連帯債務者の存在を知りながら，事前の通知なしに弁済等をした場合において，当該他の連帯債務者が債権者に対抗することができる事由を有していたときは，当該他の連帯債務者は，自己の負担部分について，その事由をもって弁済等をした連帯債務者に対抗することができることにした（443条1項前段）。上記のケースでは，AがBの存在を知っていれば，Bは，500万円の反対債権のうちの300万円で相殺することができたとしてAからの求償を拒むことができる（反対債権が200万円であれば200万円の限度で拒絶可）。

問題はその後の処理である。Aからの求償を拒んだうえで，自己の反対債権も行使することができるというのでは，Bは二重に利益を得ることになる。民法はこの点についても規定を設けており，Bの反対債権500万円のうち求償権を退ける際に用いた300万円はAに移転し，Aが300万円の債権を行使することができることとした（443条1項後段）。Xの無資力のリスクはAが負担することになるが，事前の通知を怠ったのであるからやむを得ないという政策判断である。

なお，過失による共同不法行為等の場面で，他の連帯債務者の存在を知らなかったため事前の通知をしなかったという場合は，求償権の制限を受けず，442条の原則どおり求償することが可能になる。

⑦ 事後の通知を怠った場合

A・B・CがXに対して900万円の連帯債務を負っている場合（負担部分は平等）において，Aが900万円を弁済したときは，B・Cに対して（B・Cの存在を知っている場合に限る）弁済した旨を通知しなければならない。通知をしなければ，弁

済の事実を知らないB・Cが二重に弁済してしまう可能性があるからである。もし，Aが弁済したことをB・Cに通知せず，Bが弁済の事実を知らずに弁済してしまった場合，Bは自己の弁済を有効とみなすことができる（443条2項）。その結果，AはBに対して求償することができず，逆に，BがAに対して求償することができる。

　Bの弁済が有効になるのは，AがBの存在を知りながら事後の通知を怠った場合に限られる。Bの存在を知らないAに通知義務を課すことはできないため，過失による共同不法行為等の場面で，AがBの存在を知らずに事後の通知をしなかったというときは，たとえBがその後善意で弁済してしまったとしても，Bの弁済は有効とならない。

　事前の通知をすれば弁済の事実を知ることができるのだから，Bが善意で弁済することなどあるのかという疑問が生じるかもしれないが，BがAの存在を知らなければそもそもBに事前通知義務は課されないし（AはBの存在を知っているがBはAの存在を知らないということは法令の規定による連帯債務の場面で生じうる），BがAの存在を知っていてもBの事前の通知（たとえば書面による通知）に対してAが返答しなかった（できなかった）場合などにおいては，Bが善意で弁済するということが生じうる。

　問題は，443条2項によってBの弁済が有効と扱われる結果，Aの弁済が無効になるのかということであるが，事後の通知の制度はAの弁済を保護すべきかBの弁済を保護すべきかという問題なのであるから，通知を怠った場合の処理についても，A・B以外の者（XやC）に影響を与えない方がよい。そこで，すでに行ったAの弁済は無効にはならず，Bは，Aとの関係においてのみ自己の弁済を有効とみなすことができると考えられている（**相対的効果説**。大判昭7・9・30民集11巻2008頁）。

　その結果，①Bは，Aには求償することができる（300万円）が，Cには求償することができない，②Cに対して求償することができるのはAであるが，Bは，AがCから受けた利益（300万円）を不当利得として請求することができる，③BがXに対して弁済した900万円も本来は返還請求の対象となるが（Aとの関係においてのみ自己の弁済を有効とみなすことができるだけだから），Bは①②によって600万円を確保しているため，900万円の返還請求権はAに移る（422条類推。

図表 7-2　通知義務の有無と違反の効果

〈先に連帯債務者Aが弁済し，次に連帯債務者Bが弁済したというケース〉

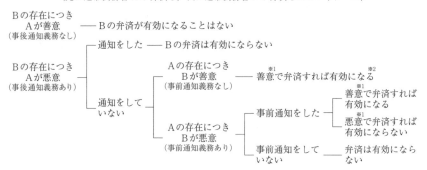

※1　善意・悪意というのは，Aの弁済の事実について善意・悪意という意味。
※2　Aの存在について善意のBがAの弁済の事実について悪意であるという場面は想定し難いため，実際上は，すべての場合でBの弁済が有効になると考えられる。

Xの無資力のリスクは事後の通知を怠ったAが負担することになる）。

⑧ 事後の通知と事前の通知を共に怠った場合

　では，A・Bがお互いの存在を知っていた場合において，Aが弁済後，Bに対して通知することを怠り，Bも事前の通知を怠ったために，BがAの弁済に気付かずに弁済をしてしまったという場合はどうか。Bは自己の弁済を有効とみなすことができるのであろうか。この点について，判例は，443条2項の規定は，同条1項の規定を前提とするものであり，同条1項の事前の通知につき過失のある連帯債務者までを保護する趣旨ではないとして，Bの弁済を有効とみなすことはできないとしている（最判昭57・12・17民集36巻12号2399頁）。結果として，事後の通知を怠ったAは保護され，二重弁済をしたBは，Xに対して不当利得の返還を請求することになる（Xの無資力のリスクは，事前の通知を怠ったBが負担）。

⑨ 無資力者がいる場合の処理

　A・B・CがXに対して900万円の連帯債務を負っている場合（負担部分は平等）において，Aが900万円を弁済すれば，B・Cに対して300万円ずつ求償することができるが，Bが無資力である場合，AはBから300万円を回収することができなくなる。B・Cの債務は分割債務であるため，分割債務の規律に従うと，AはCに負担を求めることができず，300万円は回収することができずに終

図表 7 - 3　無資力者がいる場合

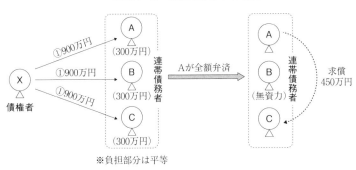

※負担部分は平等

わってしまう。

　しかし，Bの無資力のリスクをAのみが負担するのは公平ではない。最初に弁済した者が他の連帯債務者の無資力のリスクを負担するというのでは，進んで弁済しようとする者がいなくなる。そこで，民法は，回収することができなくなった部分を，求償者（A）と他の資力のある者（C）に，各自の負担部分に応じて分割して負担させることとした（444条 1 項）。上記の例では，A・Cの負担部分は平等であるから，150万円ずつ負担し，AはCに対して，300万円（もともとCに対して求償できる分）に150万円を加えた450万円を求償することになる（→図表 7 - 3 ）。

　もし，A・B・Cの負担部分が 0 対 1 対 0 で，Bがすべて負担することになっていた場合はどのように考えればよいのか。Bに十分な資力があれば，AはBに対して900万円を求償することができるが，Bが無資力であれば求償することができなくなる。しかし，ここでもBの無資力のリスクをAのみが負担するのは不公平である。そこで，民法は，回収することができない部分（900万円）については，求償者（A）および他の資力のある者（C）に等しい割合で負担させることにした（444条 2 項）。AもCも負担部分を有しないので，等しい割合で負担させるしかない。上記の例でいえば，AはCに対して450万円を求償することができる。

　なお，いずれの場合も，償還を受けることができないことについてAに過失がある場合は，Cに対して追加の負担を求めることができない（444条 3 項）。たとえば，Aが求償権を取得した後，すぐに求償せずもたもたしている間にB

が無資力になってしまったという場合，Aは，回収不能な分をCに請求することができない。

10 連帯の免除

連帯の免除とは，連帯債務者の債務額を負担部分に相当する額に限定し，それ以上は請求しないという，債権者の連帯債務者に対する意思表示のことである。全員に対して連帯の免除をする**絶対的連帯免除**と，一部の連帯債務者に対して連帯の免除をする**相対的連帯免除**の２種類がある。

たとえば，A・B・CがXに対して900万円の連帯債務を負っている場合（負担部分は平等）に，Xが全員に対して連帯の免除をすると，A・B・Cの債務は各300万円の分割債務になり，連帯債務を理由とする求償関係も生じなくなる。XがAに対して連帯の免除をすると，Aの債務は300万円に縮減されるが，B・Cは900万円の連帯債務を負担したままということになる。求償関係も存続する。Bが900万円を弁済すると，A・Cにそれぞれ300万円を求償することができる。

XがAに対して連帯の免除をした場合において，Bが900万円を弁済してCに求償しようとしたところCが無資力だったというときは，どうすればよいか。Cが負担するはずの300万円は誰が負担することになるのであろうか。Aは連帯の免除を受けているのだから300万円以上は負担しないということになるようにも思えるが，連帯の免除をしたXの通常の意思は，Xとの関係でAの債務を300万円に縮減するというものであるから，求償関係は連帯の免除の前後で変化しない。444条１項の規定に従い，Cが負担するはずの300万円はAとBで150万円ずつ負担することになる。

第**2**節　連帯債権

1──連帯債権とは何か

1 意　　義

連帯債権とは，性質上可分である１個の給付について，複数の債権者が債権

を有する場合における当該債権であって，各債権者が債務者に対して単独で全部の履行を請求することができ，1 人の債権者が受領すればすべての債権者の債権が消滅するものをいう (432条)。A・B・Cが絵画甲を600万円でXに売却したときの代金債権は，別段の意思表示をしなければ分割債権になり (427条)，A・B・CがXに対してそれぞれ200万円を請求することになるわけであるが，全債権者と債務者との間で連帯債権にする合意がされれば，A・B・Cの債権は連帯債権になる。もっとも，給付が可分であるにもかかわらず，1 人の債権者が全部の弁済を受ければ他の債権者も債権を失うわけであるから，連帯の合意の認定は慎重に行うべきであるとされる。

2 具 体 例

　連帯債権は，**法令の規定**によって成立する場合と**当事者の意思表示**によって成立する場合とがある (432条)。前述の絵画の売却代金は意思表示による連帯債権の例であるが，金銭債権以外にも，たとえば，A・B・Cが600キロの砂糖をXから買い受け連帯の特約を結んだ場合の砂糖600キロの引渡債権を考えることができる。この場合，A・B・Cの誰かが砂糖600キロを受け取れば，他の債権者の債権も消滅する。

　連帯債権は法令の規定によっても成立する。法令の規定による連帯債権の例として，①復代理人に対する本人と代理人の権利，②適法に転貸借がされた場合における，転借人に対する原賃貸人と転貸人の権利，③債権が二重に譲渡され確定日付ある証書による通知が同時に債務者に到達した場合における，債務者に対する各譲受人の権利をあげることができる。

　まず，①についてである。代理人が復代理人を選任した場合，復代理人は代理人に対して委任契約上の義務を負うが，同時に，本人に対しても，その権限の範囲内において代理人と同一の義務を負う (106条 2 項)。本代理人・復代理人間の関係は委任契約によって規律されるが，本人・復代理人間の関係も，両者の間に委任契約があったのと同様になる。そうすると，復代理人が委任事務を処理するにあたって金銭を受け取った場合，復代理人は，本人か代理人に引き渡すことになる (646条 1 項前段参照)。これを逆からみると，本人と代理人は復代理人に対して同一の権利 (金銭債権) を有することになり，この関係を連帯債権関係とみるわけである。

次に②についてであるが，賃借人は賃貸人の承諾を得て賃借物を転貸することができる（612条1項）。そして，適法な転貸がなされた場合，転借人は，賃貸人と賃借人（転貸人）との間の賃貸借に基づく賃借人の債務の範囲を限度として，賃貸人に対して，転貸借に基づく債務を直接履行する義務を負う（613条1項前段）。たとえば，AがBに建物を月額12万円で賃貸し，Bがその建物を月額10万円でCに転貸した場合，BがCに対して10万円請求できるのは当然として，AもCに対して10万円の賃料を請求することができる。AとBがCに対してそれぞれ10万円の賃料債権を有し，一方に弁済されれば他方の債権も消滅するわけであるから，A・Bの債権は連帯債権ということになる（東京地判平14・12・27判時1822号68頁参照）。

最後に③についてである。XがYに対して有しているα債権をAとBに二重に譲渡し，いずれについても確定日付ある証書による通知を行い，その通知が同時にYのもとに届いたとする。このとき，A・Bは，Yに対しそれぞれの譲受債権についてその全額の弁済を請求することができるが（最判昭55・1・11民集34巻1号42頁），この関係を連帯債権関係とみるのである。

2——対外的効力

各連帯債権者は，単独で，債務者に対して全部または一部の履行を請求することができる（432条。必要的共同訴訟ではない）。A・B・Cが絵画甲を600万円でXに売却し，代金債権を連帯債権にする合意があった場合は，A・B・Cがそれぞれ単独でXに対して600万円を請求することができる。

3——影響関係

① 相対的効力の原則

連帯債権者の1人の行為または1人について生じた事由は，原則として，他の連帯債権者に影響しない（435条の2本文）。A・B・CがXに対して持分割合平等で600万円の連帯債権を有しているというケースを考えてみよう。この場合，仮にAの債権が時効で消滅したとしても，B・Cには何の影響も生じない。したがって，B・Cは依然としてXに対して600万円を請求することができる。

もちろん，当事者の特約で絶対的効力を持たせるということも可能である

（435条の2ただし書）。たとえば，A・B・CとXとの間の特約で，連帯債権者の1人の債権が時効で消滅した場合は，その連帯債権者がその債権を失わなければ分与されるべき利益にかかる部分については，他の連帯債権者は，履行を請求することができないとしていた場合を考えてみよう。この場合において，Aの債権が時効で消滅すれば，B・Cの債権は，Aが分与を受けるべきであった200万円分だけが縮減し，B・CはXに対して400万円の限度で履行を請求することができる。

② 絶対的効力事由

　絶対的効力を有する事由もいくつか存在する。ただ，影響の仕方は微妙に異なっており，更改と免除は，更改契約を締結した債権者あるいは免除の意思表示をした債権者に分与されるはずだった利益の限度で他の債権者にも影響する，持分割合型の絶対的効力事由である（433条）。A・B・CがXに対して絵画甲を売却し，600万円の代金債権を連帯して有している（持分割合は平等）という事例をもとに，事由ごとにみていこう。

　（1）**弁　済**　　債務者は，すべての債権者のために債権者の1人に対して履行をすることができる（432条）。したがって，XがAに弁済すると，Aの債権が消滅するのはもちろんのこと，B・Cの債権も消滅する。明文規定はないが，弁済の提供（492条），供託（494条），受領遅滞（413条）にも絶対的効力がある。

　（2）**請　求**　　債権者の1人は，すべての債権者のために全部または一部の履行を請求することができる（432条）。AがXに対して履行を請求すれば，B・Cも請求したことになる。履行遅滞や時効の完成猶予といった請求に伴う効果も同様であり，Aの債権について時効の完成猶予の効果が生じれば，B・Cの債権についても完成猶予の効果が生じる。

　（3）**更　改**　　AとXとの間で，600万円の代わりに宝石乙（200万円相当）を引き渡すという更改契約が締結されると，特殊な形でB・Cの債権に影響する。もし，更改契約が締結されていない状態でBが600万円の弁済を受ければ，BはAとCに200万円ずつ利益を分与しなければならない（→本節4）。しかし，実際は，Aは更改契約を締結しているわけであるから，この200万円の分与を受ける理由がない。Bが600万円の弁済を受領し，A・Cに200万円ずつを分与し，Aがその200万円をXに償還するという方法もあるが，Xに償還するくら

図表 7 - 4　更改の絶対的効力

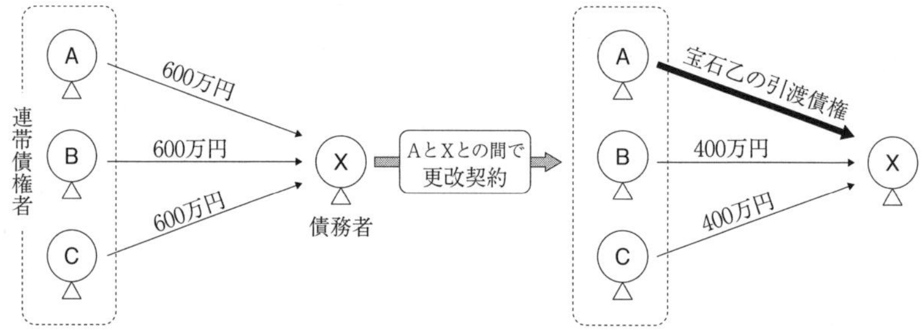

※持分割合平等

いなら最初から受け取らなければよい。そこで，民法は，更改契約がなければ
Aに分与されるはずであったこの200万円の分について，他の債権者は履行の
請求をすることができないとした（433条）。したがって，BまたはCは，Xに対
して400万円のみを請求することができるということになる（→図表 7 - 4）。

　もっとも，Xが，A・B・Cに対する債務すべてを消滅させるつもりで，A
との間で600万円の価値をもつ宝石丙を引き渡す更改契約を締結したような場
合は，（Xは，B・Cには400万円を支払わなければならないため）事実上二重に弁済
しなければならない状況が出現する。この点については，不可分債権の場合と
同様に，錯誤を理由とする取消しを認めることで対処することになろう（→139
頁）。

　(4)　免　除　　AがXに対して債務を免除した場合も更改と同様に扱われる
ことになる。Aが免除の意思表示をしていなければ，Bが600万円を受領すれ
ば，BはAとCに200万円ずつ分与する義務を負う。しかし，Aは免除の意思
表示をしており，Xに対する債権は 0 なのであるから，分与される200万円を
受け取る理由がなく，受け取ったとしても，Xに償還しなければならない。そ
こで，民法は，免除がなければAに分与されるはずであったこの200万円の分
について，他の債権者は履行の請求をすることができないこととした（433条）。
したがって，BまたはCは，Xに対して400万円のみを請求することができる。

　(5)　相　殺　　XがAに対して600万円の貸金債権を有している場合に，X
がこの貸金債権を自働債権として，相殺の意思表示をするとどうなるのか。相
殺は債権の消滅原因として位置づけられており（505条以下），相殺をすると自

□ WINDOW 7-3

一部免除

　AがXに対して，300万円を免除した場合はどうなるのか。Aの債権は300万円になるが，B・Cの債権はどうなるのか。連帯債権者の持分は割合であるということを重視すると（→本節4），いくらについて絶対的効力が生じるのかということについても割合で考えることになる。Aが600万円の免除をすれば，持分割合が等しい以上，200万円について絶対的効力が生じ，B・CはXに対して400万の限度で請求することができるわけであるから，半分の300万円の免除をすれば，100万円について絶対的効力が生じ，B・Cの債権は500万円ということになる。結果として，A・B・Cの債権は，Aの債権額が300万円，BとCの債権額が各500万円の不等額連帯ということになる。Bが500万円の弁済を受ければ，Aに100万円，Cに200万円を分与することになる。

□ WINDOW 7-4

代物弁済

　AとXとの間で，600万円の代わりに宝石乙で弁済するという代物弁済契約が締結されたとする。乙がAに引き渡されると，この給付は弁済と同一の効力を有するため（482条），AのXに対する600万円の債権は消滅する。では，B・Cの債権はどうなるのか。条文上は，代物弁済に絶対的効力を認めていないため，A・X間の代物弁済はB・Cの債権に何ら影響しないということになりそうである。しかし，同様の効果をもたらす更改に持分割合型の絶対的効力が認められているのであるから，代物弁済についても，少なくとも持分割合型の絶対的効力があると解すべきことになろう（それを超えて，全面的な絶対的効力があるかは，なお議論の余地がある）。上記の例でいえば，A・B・Cの持分割合が平等であった場合，B・Cは400万円の限度で履行請求をすることができることになる。Xが代物弁済の効果について誤解していたような場合は，錯誤を理由とする取消しを認めることで対処することができる（→139頁）。

働債権と受働債権とが対当額で消滅する。したがって，相殺は弁済と同視してもよく，民法も相殺に絶対的効力を与えている（434条）。Xが相殺をすれば，Aの債権は消滅し，B・Cの債権も消滅する（AがXに対する債権を自働債権として相殺をした場合も同様）。後は，連帯債権者間での分与が残るだけである。

　(6)　**混　同**　Aが死亡し，XがAを単独で相続したという場合を考えてみよう。債務者が債権者を相続した場合，債権を存続させておく意味がないから，債権は消滅する（520条本文）。とはいえ，ここで消滅するのはAの債権であるから，B・Cの債権がどうなるかは別の考慮が必要である。この点について，民法は，混同が生じた場合は，債務者が弁済したものとみなすことにした

図表 7-5　多数当事者の債権債務関係における絶対的効力事由

不可分債権	連帯債権	不可分債務	連帯債務
弁済（428条・432条）	弁済（432条）	弁済（規定なし）	弁済（規定なし）
供託（規定なし）	供託（規定なし）	供託（規定なし）	供託（規定なし）
代物弁済（争いあり）	代物弁済（争いあり）	代物弁済（規定なし）	代物弁済（規定なし）
請求（428条・432条）	請求（432条）		
	更改（433条, 持分割合型）	更改（430条・438条）	更改（438条）
	免除（433条, 持分割合型）		
相殺（428条・434条）	相殺（434条）	相殺（430条・439条1項）	相殺（439条1項）
	混同（435条）		混同（440条）

（435条）。その結果，B・Cの債権も消滅し，（Aを相続した）Xは，B・Cへ200万円ずつ利益を分与することになる。

4——内部関係

　連帯債権者の1人が弁済を受けた場合，他の連帯債権者は，弁済を受けた連帯債権者に対して，各自の持分割合に応じて，利益を分与するよう請求することができる。逆にいえば，弁済を受けた連帯債権者は，他の連帯債権者に対して，各連帯債権者の持分割合に応じて，利益を分与する義務を負う。明文規定はないが，そのように解されている。**持分割合**とは連帯債権者相互間で内部的に受けるべき利益の割合のことであるが，その割合は連帯債権者間の合意で決められる。とくに合意がなければ平等の割合となる。たとえば，A・B・CがXに対して600万円の連帯債権を有している場合において，持分割合が平等であるとすると，Aが600万円の弁済を受ければ，Aは，BとCに200万円ずつ分与する義務を負う。

　連帯債務の場面における負担部分と同様，持分割合も額ではなく割合であるから，一部弁済の場合であっても分与義務は生じる。たとえば上記の例で，XがAに60万円を弁済すれば，Aは，BとCに20万円ずつ分与する義務を負う。

第**8**章

保証債務

●本章で学ぶこと

　保証というのは，主たる債務者が債務を履行できないときに保証人が代わりに履行することによって，主たる債務の履行を担保する制度であるが，債権の回収がより確実なものになるわけであるから，保証人がいれば，債権者は融資をしやすくなるし，債務者も融資を受けやすくなる。

　もっとも，保証は，当の保証人にとっては何のメリットもない制度である。保証人は債務者が債務を履行できなければ代わりに履行する義務を負うが，だからといって，債権者から何らかの見返りがあるわけではない。完全な片務契約なのである。法人が保証人になる場合は，債務者から保証料を取るなどして対応することができるが，個人の場合は，個人的な義理（情宜）で保証人になる（ならざるをえない）ことが多く，そのような対応も期待できない。のみならず，保証人になってほしいと頼まれたときに，内容をよく吟味しないまま保証契約を締結し，後日，思わぬ請求を受けてあたふたするというケースも少なくない。したがって，少なくとも，個人の保証人に対しては政策的な保護が必要となる。

　以下では，保証の基本構造，保証人の責任の内容，連帯保証や根保証といった保証の特殊形態について順に説明するが，（個人）保証人にどのような保護が与えられているのか，どのような点が不十分なのか，どのような保護が今後求められるのか，ということについても注意してみていってほしい。

第1節　総　説

1——保証債務とは

保証債務とは，債権者と保証人との間で締結される**保証契約**から生じる保証人の債務のことであり，主たる債務者がその債務を履行しないときにその履行をすることを目的とするものである（446条1項）。

BがAから100万円を借り入れ，CがBの債務を保証するというケースを考えてみよう。このときのBを**主たる債務者**，Bの債務を**主たる債務**，Cを**保証人**，Cの債務を保証債務という。もし100万円の弁済義務を負う者がBだけであれば，Bが無資力になれば，Aは債権を回収することができない。しかし，Cを保証人にすれば，Bが無資力になってもCによる履行が期待できるため，Aは100万円を回収できる可能性が高まる。このように，保証は債権を担保する機能を有している（**人的担保**という）。

2——保証債務の性質

①別個債務性

保証債務は主たる債務とは別個の独立した債務である。別個の債務であるから，①保証債務についてのみ，違約金または損害賠償の額を約定することができるし（447条2項），②保証債務を主たる債務として，さらにそれを保証することもできる（**副保証**）。

②付従性

保証債務は主たる債務を担保するためのものであるから，主たる債務と保証債務との間には主従の関係があり，保証債務は主たる債務と運命を共にする。具体的には，①主たる債務が成立しなければ保証債務も成立しない（**成立における付従性**），②保証債務の内容が主たる債務よりも重くなることはない（**内容における付従性**），③主たる債務が消滅すると，保証債務も消滅する（**消滅における付従性**），④主たる債務について生じた事由は，保証債務にも影響する，⑤保証人は，主たる債務者に生じた事由をもって，債権者に対抗することができる。

③ 随 伴 性

債権者が主たる債務者に対する債権（α）を第三者に譲渡すると（→第9章），保証債務（β）も移転する。対抗要件（467条）は，αについて具備されればよく，βについて具備されなくても，αの譲受人は保証人に対して履行を請求することができる（大判明39・3・3民録12輯435頁）。

これに対して，α債権の債務者が代わる場合，すなわち免責的債務引受の場合は事情が異なる。免責的債務引受（→第9章）においては，主たる債務が引受人に移転するが，主たる債務者が誰かというのは保証人になるかどうかを判断する際の重要な要素であるから，主たる債務者が変わった場合は，保証債務は原則として消滅し（大判大11・3・1民集1巻80頁），保証人は，自らが承諾した場合に限って，引受人の債務を保証することになる（472条の4第3項・同第1項ただし書）。

④ 補 充 性

保証人は，主たる債務者がその債務を履行しないときに，保証債務を履行する責任を負うのであるから（446条），保証人は催告，検索の抗弁権（452条・453条）を持つ（→180頁）。

3 ──法人保証・機関保証

不動産の賃貸借契約を締結する際に，仲介業者が指定する保証会社を保証人にするよう求められることがある。また，住宅ローンを組む際は，通常，保証会社（ローンを組む銀行の子会社であることが多い）の保証を受けることが条件となっている。このように，保証は，個人ではなく法人によってなされることもある。このような保証のことを**法人保証**とか**機関保証**という。

法人保証にも種類があり，前述の賃借人の債務保証や住宅ローンの際の保証のように民間企業がビジネスとして行うものもあれば（**企業保証**と呼ばれることがある），信用保証協会（中小企業者等に対する金融の円滑化を図るために信用保証協会法に基づいて設立された法人）や農業信用基金協会（農業経営に必要な資金の融通を円滑にするために農業信用保証保険法に基づいて設立された法人）による保証のように特殊の公的保証機関が行うものもある（**協会保証**と呼ばれることがある）。

保証人が個人である場合（**個人保証**という）は，主たる債務者と親族関係があ

るとか以前に世話になったといった理由でやむを得ず保証人になることや契約内容をしっかりと理解しないまま保証人になることがあるため，保証人を保護する要請がはたらくが，法人保証の場合は状況が異なる。綿密な計算に基づいて保証がなされ，主たる債務者から保証料をとったり，求償特約をはじめとするさまざまな特約が結ばれたりするため，保証人を保護すべきという要請は大きく後退することになる。むしろ，保証委託契約（→本頁）の中にみられる保証人の地位を強化しすぎる特約をどのように規制すべきかという視点が前面に出てくる。

4 ── 損害担保契約

保証に類似する契約として**損害担保契約**がある。これは，一定の事実によって他人が被る損害を填補することを目的とする契約であり，主たる債務の存在を前提としないところに特徴がある。保証債務は主たる債務の履行を担保するものであるから，付従性や補充性があるが，損害担保契約においては主たる債務の存在が前提とされていないので，付従性や補充性がない。

製品の欠陥によって被った損害を填補する品質保証契約や，従業員を雇用することによって会社が被る可能性のある一切の損害を（従業員の帰責事由の有無を問わずに）担保する身元保証契約が典型例であるが，実際上どれが保証契約でどれが損害担保契約なのかは，契約の解釈によって確定される。

 第2節　保証契約の成立

1 保証契約と保証委託契約

保証契約は債権者と保証人との間で締結される。債務者と保証人との間で締結されるわけではない。債務者と保証人との間で締結されるのは，保証人になってくれるよう依頼する**保証委託契約**である。保証がなされる場合，保証契約は必ず存在するが，保証委託契約はある場合とない場合とがある。債務者から委託して保証人になってもらう場合は保証委託契約が存在するが，委託がなければ保証委託契約は存在しない。なお，保証契約と保証委託契約は別物であ

るから，保証委託契約について詐欺などの取消原因あったとしても，それだけ
で保証契約を取り消すことができるわけではない（96条 2 項参照）。

2 書　面

保証契約は書面でしなければ効力を生じない（446条 2 項）。**要式契約**になっ
ているわけである。なぜ書面でしなければならないのかというと，内容をしっ
かりと確認しないまま軽率に保証人になってしまうことを防ぐためである。記
載事項は法定されていないが，この趣旨に合致したものでなければならず，誰
のどの債務について保証する等の文言が一切含まれていないような契約書はこ
こでいう書面にはあたらない（東京地判平23・1・20判タ1350号195頁）。逆に，趣旨
に合致するものであれば，電磁的記録によるものであってもよい（446条 3 項）。
事業にかかる債務の保証については特則があり，保証契約の締結前に一定内容
の公正証書の作成が必要となる（465条の 6 。→第 **5** 節）。

なお，貸金業者がする保証契約については，貸金業法による規制が存在する
（貸金業法16条の 2・17条など）。

3 保証人の要件

保証人の資格についてはとくに制限がない。保証契約は債権者と保証人との
間で締結されるものであるから，債権者がよいといえばそれでよい。もっと
も，債務者が保証人を立てる義務を負う場合は，①行為能力者であることと，
②弁済をする資力を有することが必要になる（450条 1 項）。債務者が保証人を
立てる義務を負う場合というのは，具体的には，㋐契約による場合，㋑法律の
規定による場合（650条 2 項後段など），㋒裁判所の命令による場合（29条 1 項など）
である。保証人が事後的に弁済をする資力を欠いた場合は，債権者は上記①②
の要件を満たす別の保証人を要求することができる（450条 2 項）。債権者が保
証人を指名した場合にこれらの規定が適用されないのはいうまでもない（450条
3 項）。

債務者が要件を満たした保証人を立てられないときは，他の担保を提供する
ことが可能である（451条）。保証人を立てることも他の担保を提供することも
できないときは，債務者は期限の利益を失う（137条 3 号）。契約で保証人を立
てる義務を負っている場合は，債務不履行を理由に契約を解除されることもあ
りうる（541条）。

4 成立における付従性

主たる債務が成立しなければ，保証債務も成立しない。主たる債務の存在しない保証債務は存在しないのである。もっとも，将来の債務や停止条件付きの債務を保証することは可能である。後述の求償権保証（求償保証）が典型である。

5 取り消すことができる債務の保証

主たる債務者が未成年者や被保佐人といった制限行為能力者である場合には，特別の推定規定が置かれている。行為能力の制限によって取り消すことができる債務を保証した者は，保証契約の時においてその取消しの原因を知っていたときは，主たる債務の不履行の場合またはその債務の取消しの場合においてこれと同一の目的を有する独立の債務を負担したものと推定される（449条）。一種の損害担保債務を認めたものといえる。

6 保証契約の無効・取消し

保証契約に無効原因や取消原因がある場合に，保証契約が無効になったり取り消されたりするのは民法の原則どおりである。たとえば，主たる債務の内容について錯誤があれば，保証人の意思表示は意思不存在の錯誤（95条1項1号）として取消しの対象になりうる（最判平14・7・11判時1805号56頁参照）。これに対して，他に保証人がいると信じて保証契約を締結しても，それは基礎事情の錯誤（95条1項2号）にすぎないため，95条1項柱書が定める要件に加えて「その事情が法律行為の基礎とされていることが表示されていたとき」でなければ，取消しは認められない（95条2項）。

保証委託契約において，主たる債務者による詐欺があっても，保証契約には原則として影響せず，例外的に，主たる債務者による詐欺の事実を債権者が知り，または知ることができたときに限り，保証人は保証契約締結に向けた意思表示を取り消すことができる（96条2項）。

7 事業にかかる債務を主たる債務とする場合の特則

事業にかかる債務を主たる債務とする場合には特則が設けられている。保証契約が有効となるためには，公正証書で，保証人になろうとする者が保証債務を履行する意思を表示していることが必要となるし（465条の6第1項），保証委託契約締結の際には，主たる債務者は，委託を受ける者に対し，財産や収支の状況等についての情報を提供しなければならない（465条の10第1項）。もっと

も，これらは根保証の場合でも問題となるため，後でまとめて説明する。

 ## 第3節　保証契約の効力

1——内　　容

1 内容における付従性

　保証債務の内容は保証契約によって定まるが，付従性による制約にも服する。いくら保証契約の内容によるといっても，保証人の負担が債務の目的・態様（期限，利息等）において主たる債務より重くなることはない。保証契約成立の段階と成立後の段階とに分けてみておこう。

　まず，成立の段階で保証債務の内容の方が重ければ，保証債務の内容は主たる債務の限度に減縮される（448条1項）。逆に，保証債務の内容が主たる債務のそれよりも軽い場合に，保証債務の内容が主たる債務の限度まで加重されるということはない。次に，保証契約成立後であるが，この段階で主たる債務の目的・態様が加重されたときでも，保証人の負担は加重されない（同条2項）。逆に，主たる債務の内容が軽減されると，保証債務の内容もそれに応じて軽減される。

　なお，保証債務について，違約金や損害賠償の額を約定することは可能である（447条2項）。保証債務の履行を確実にするためのものであり，保証債務そのものの内容の拡張ではないからである。

2 保証債務の範囲

　主たる債務のうちどこまでの範囲を保証するのかということも保証契約によって決まる。この点について合意がなければ，主たる債務に関する利息，違約金，損害賠償その他債務に従たるすべてのものが包含されることになる（447条1項）。

3 一部保証

　主たる債務が100万円で，そのうちの30万円を保証したという場合，保証人はどのような内容の債務を負うことになるのであろうか。可能性としては2つある。第1は，債権者が30万円だけは確実に回収できるようにすればよいとす

るものである。これによると，主たる債務者が30万円を弁済すればもはや保証人は弁済義務を負わないことになる。第2は，主たる債務に残額がある限り，保証人は30万円を限度に弁済義務を負うとするものである。これによると，たとえ主たる債務者が70万円を弁済していても，保証人は残りの30万円を弁済する義務を負う。いずれになるかは保証契約の解釈次第であるが，保証の担保としての性質を考慮すると，後者のように解釈すべき場合が多いであろう。

④ 原状回復義務

　BがAに対して機械を売却し，CがBの債務を保証したというケースを考えてみよう。Bが機械を引き渡すことができなければ，Aは売買契約を解除することができるが，解除すると原状回復義務が発生する（545条1項本文）。BがAから代金を受け取っていればそれを返還する義務を負うことになるわけであるが，Bが原状回復義務を履行することができない場合，Bの債務を保証しているCは，かかる原状回復義務の不履行についてまで責任を負わなければならないのであろうか。

　この問題も最終的には当事者がどのような趣旨で保証契約を締結したかという契約の解釈の問題になるが，判例は，「売主の債務不履行に基因して売主が買主に対し負担することあるべき債務につき責に任ずる趣旨でなされるものと解するのが相当である」として，保証人は，とくに反対の意思表示のない限り，売主の債務不履行により契約が解除された場合における原状回復義務についても保証の責任を負うとしている（最大判昭40・6・30民集19巻4号1143頁）。

⑤ 情報提供義務

　保証人は，いったん保証契約を締結してしまえば，主たる債務者が債権者に対して予定どおり債務を履行しているのかということを知ることが困難である。債権者からの情報提供があれば知ることは可能であるが，そのような義務が保証契約に規定されていなければ，債権者からの情報提供は期待できない。しかし，債権者からの各種の情報提供がなければ，主たる債務者が弁済を怠ったときに保証人はどの程度の弁済を求められるのかがわからないし，主たる債務者の債務不履行後，長期間にわたって保証人に対する請求がなされていない場合などは，その間の遅延損害金をまとめて請求されることになるため，何らかの形で情報提供義務を課すことが必要となる。そこで，民法は，次の2種類

の**情報提供義務**を債権者に課すこととした。

　第1は，主たる債務の履行状況に関する情報提供義務である。保証人の請求があったときは，債権者は，保証人に対し，遅滞なく，主たる債務の不履行の有無や残額等の情報を提供しなければならない（458条の2）。もっとも，主たる債務者の委託を受けずに保証人になった者にこのような情報を教える必要はないので，この債権者の義務は，保証人が主たる債務者の委託を受けて保証をした場合（保証人が法人である場合も含む）にしか生じない。債権者がかかる情報を提供しない場合は，債務不履行となり，損害賠償の請求や保証契約の解除が認められることになる。

　第2は，主たる債務者が期限の利益を喪失した場合における情報の提供義務である。主たる債務者が期限の利益を有する場合において，その利益を喪失したときは，債権者は，保証人に対し，その利益の喪失を知った時から2か月以内に，その旨を通知しなければならない（458条の3第1項）。債権者がこの期間内に通知をしなかったときは，債権者は，保証人に対し，主たる債務が期限の利益を喪失した時からこの通知を現にするまでに生じた遅延損害金（期限の利益を喪失しなかったとしても生じていた分は除かれる）にかかる保証債務の履行を請求することができない（458条の3第2項）。たとえば，債権者が，主たる債務者の期限の利益喪失の事実を知ってから半年後に通知し，そこからさらに半年後に保証人に対して請求した場合は，遅延損害金に対応する部分については，通知後の半年分しか請求することができない（逆にいえば，それ以外の残債務に対応する部分は保証人に全額請求できる）。本条は，保証人が主たる債務者の委託を受けずに保証人になった場合にも適用される（458条の2の場合と異なり，受託保証人の場合に限定されない）が，保証人が法人である場合には適用されない（458条の3第3項）。

6 消滅における付従性

　主たる債務が消滅すれば，保証債務も消滅する。しかし，たとえば，主たる債務者が法人であって，その法人が破産した場合はどうであろうか。破産手続が終了すると法人格は消滅し，主たる債務も消滅するが，このような場合に，保証債務も消滅するのでは何のための保証かわからなくなる。したがって，この場合，保証債務は消滅しない（大判大11・7・17民集1巻460頁）。個人の破産の

場合は明文規定があり，主たる債務者が破産し，免責許可決定が確定した場合でも，保証債務に影響はない（破産法253条2項）。保証人は弁済義務を負い続けることになる。

　なお，主たる債務者が死亡し，相続人が限定承認（922条以下）をした場合も，保証債務に影響はない。限定承認は主たる債務を相続した相続人の「債務」を減少させるものではなく，「責任」を制限するものにすぎないからである。

2──付従性に基づく抗弁

　保証債務には付従性があるため，主たる債務者が債権者に対して主張することができる抗弁は，保証人も主張することができる（457条2項）。順番にみていこう。

1 主たる債務の不存在・消滅

　主たる債務を発生させる契約が不成立であったり無効であったりした場合，付従性により保証債務も存在していないことになるから，保証人は請求を拒むことができる。主たる債務が弁済等により消滅した場合も同様で，付従性によって保証債務は消滅するから，保証人は請求を拒むことができる。

2 同時履行の抗弁権

　主たる債務者が同時履行の抗弁権を有している場合は，保証人も同時履行の抗弁権を主張することができる。売買契約における買主の代金支払義務を保証したような場合を考えるとよい。

3 主たる債務者の取消権・解除権

　主たる債務者が主たる債務を発生させる契約を取り消したり解除したりすると，契約は遡及的に消滅するから，保証人は債権者の請求を拒むことができる。では，主たる債務者が，取り消せるのに取り消さないとか，解除できるのに解除しないという場合はどのように考えればよいのであろうか。保証人は取消権者ではないし（120条参照），主たる債務を発生させる契約の当事者ではないので解除権も持たない。しかし，取り消されたり解除されたりすれば，保証債務を履行する必要がなくなるのであるから，債権者の請求を拒絶できるようにすることが望ましい。そこで，民法は，主たる債務者が取消権や解除権を有する間は，保証人は，債権者に対して債務の履行を拒むことができることとし

た（457条3項）。

4 主たる債務者の相殺権

主たる債務者が債権者に対して反対債権を有していた場合も同様である（457条3項）。たとえば，AがBに対して100万円を貸し付け，Bの債務についてCが保証人になっていた場合において，BがAに対して30万円の反対債権を有していたとしよう。相殺の要件は満たしているとして，Bが相殺の意思表示をすれば，Aの債権は70万円に減るわけであるから，Bの相殺の意思表示がない場合でも，Cは30万円の限度でAの請求を拒絶することができる。

5 主たる債務の消滅時効

主たる債務が時効によって消滅し，主たる債務者が援用した場合は，付従性により保証債務も消滅する。主たる債務者が援用しないのであれば，保証人が援用することもでき（145条），保証人が援用すれば，主たる債務は消滅し，付従性によって保証債務も消滅する。

もっとも，消滅時効は放棄や（更新事由としての）承認の問題が出てくるため，①主たる債務の時効完成後に主たる債務者が主たる債務の時効利益を放棄した場合に，保証人は主たる債務の時効を援用することができるのか，②主たる債務の時効完成前に保証人が保証債務を一部弁済（つまり，承認）した場合に，保証人は主たる債務の時効を援用することができるのか，③保証人が主たる債務の時効利益を放棄した後に主たる債務者が主たる債務の時効を援用した場合に，保証人は，主たる債務の消滅を理由とする（付従性による）保証債務の消滅を主張することができるのか，といったことが問題となる。他にもさまざまな場面が想定できるが，やや込み入っているため，ここでは，上記①〜③についてのみ検討しておくことにしよう。

まず，①であるが，時効の利益の放棄（146条）は相対的な効力しか持たないため，主たる債務者が時効の利益を放棄しても保証人には影響せず，保証人は主たる債務の消滅時効を援用することができる（大判昭6・6・4民集10巻401頁）。②の場合も同様であり，保証人による保証債務の承認は保証債務の時効更新の効力を持つが（152条1項），主たる債務に影響はなく（153条3項），主たる債務の消滅時効が完成すれば，保証人は主たる債務の時効を援用することができる（その結果，付従性により，保証債務も消滅する）。

　これに対して，③の場合は異なる考慮が必要となる。たしかに，保証人が主たる債務の時効の利益を放棄しても，放棄は相対的な効力しか持たないから，主たる債務者はなお主たる債務についての消滅時効を援用することができる。しかし，保証人は主たる債務の時効利益を放棄した当の本人なのであるから，主たる債務者が時効を援用したときに，付従性による保証債務の消滅を主張することは信義則に反する。したがって，原則としてこのような主張は認められない（反対説あり）。

3——保証人自身の抗弁

① 催告の抗弁権

　補充性に基づく抗弁として催告・検索の抗弁権がある。保証人は，主たる債務者が債務を履行しないときに，その履行をする責任を負うわけであるから（446条1項），債権者が主たる債務者に催告（裁判外でもよい）をすることなく，保証人に請求してきたときは，保証人はまず主たる債務者に催告をすべき旨を請求することができる（452条本文）。これを**催告の抗弁権**という。

② 検索の抗弁権

　債権者が主たる債務者に催告をした後でも，保証人が主たる債務者に弁済をする資力があり，かつ，執行が容易であることを証明したときは，債権者は，まず主たる債務者の財産について執行をしなければならない（453条）。これを**検索の抗弁権**という。「弁済をする資力」というのは債務全額を弁済する財産という意味ではなく，容易に執行をなしうる若干の財産という意味である。「執行が容易」というのは，格段の時間と費用とを必要とせずに債権を実現することができるという意味であり，債務者の住所や営業所に動産があれば執行は容易であるが，不動産の場合は執行が容易とはいえない（もっとも，最終的には個別判断となる）。また，検索の抗弁は一度主張すれば，残額があっても再度主張することはできない（以上，大判昭8・6・13民集12巻1472頁）。

③ 懈怠の効果

　債権者が催告・執行を怠ったために主たる債務者から全部の弁済を受けることができなかったときは，保証人は，債権者が直ちに催告・執行をすれば弁済を得ることができた限度で，義務を免れる（455条）。たとえば，債権額が700万

円で，債権者が執行を怠った結果主たる債務者の財産が500万円から300万円に減少したとする。この場合，保証人は本来であれば200万円（700万円－500万円）を弁済すればそれでよかったわけであるから，200万円の限度で弁済すればよい（400万円を負担しなければならないわけではない）。

④ 保証債務の消滅時効

保証債務の消滅時効が主たる債務のそれよりも先に完成した場合は，保証人は時効を援用することで債務を免れることができる。債権者と保証人との間で，保証債務の消滅時効期間の短縮に関する合意がなされた場合などが考えられる。

4 ── 主たる債務者または保証人について生じた事由

① 主たる債務者について生じた事由

主たる債務が弁済等によって消滅すると保証債務も消滅するし，主たる債務者に対する債権が譲渡されると保証人に対する債権も譲受人に移転する。また，主たる債務の内容が軽減されると，保証債務の内容も軽減される。これらについてはすでに説明したが，その他の事由で重要なものとして，主たる債務の時効の完成猶予・更新がある。

主たる債務者に対する履行の請求その他の事由による時効の完成猶予および更新は，保証人に対しても，その効力を生ずる（457条1項）。同項は，主たる債務が時効消滅する前に保証債務が時効消滅することを防ぐための規定であり，主たる債務の履行を担保することを目的とする保証債務の付従性に基づくものである（最判昭43・10・17判時540号34頁。もっとも，学説の多くは，付従性に基づくという説明には与せず，同項を債権者保護のための政策的規定と理解する）。判例はこの観点から，確定判決等によって主たる債務の時効期間が10年に延長されると（169条1項）保証債務の時効期間も10年になるとしており（前掲最判昭43・10・17），学説も，理由付けはさまざまであるが，この結論を支持している。

この他，主たる債務の弁済期限が延長されると保証債務の弁済期限も延長される（大連判明37・12・13民録10輯1591頁。消滅時効は新たな弁済期から進行を始めることになる）。

② 保証人について生じた事由

弁済その他債権を満足させる事由が保証債務に生じれば主たる債務に影響するが，それ以外の事由は主たる債務に影響しない。

5 ——保証人の求償権

① 求償権の意義

保証人は，弁済等によって保証債務を消滅させると，主たる債務者に対して求償することができる。かかる保証人の権利のことを**事後求償権**という。保証人は保証債務という自己の債務を弁済しているが，実質的には主たる債務者という他人の債務を弁済していることになるため，求償が認められるのである。

ところで，保証にはいくつかの類型がある。まず，大きく，主たる債務者の委託を受けて保証をする場合と委託を受けずに保証をする場合とに分類することができる。後者はさらに，債務者の意思に反して保証をする場合と，委託は受けていないが主たる債務者の意思にも反していないという場合とに分けることができる。そして，どの類型の保証かによって求償権の範囲が異なる。

弁済をしていないのに求償権を行使することができる場合もあり，これを**事前求償権**という。事後求償権はすべての保証人に認められているが，事前求償権は委託を受けた保証人にのみ認められている。順にみていくことにしよう。

② 委託を受けた保証人の事後求償権

(1) **弁済期後の債務消滅行為** 委託を受けた保証人が弁済その他の債務消滅行為をすると，その保証人は主たる債務者に対して求償権を取得する（459条1項）。この求償権には，弁済の日以後の法定利息および避けることができなかった費用その他の損害の賠償が含まれる（459条2項・442条2項）。もっとも，弁済等のために支出した額が，当該弁済等によって消滅した主たる債務の額を超えるときは，その消滅した額が限度となる。たとえば，100万円の弁済に代えて120万円の物で代物弁済をした場合，求償することができる額は100万円（＋利息等）が上限となる。

なお，この規定は（次に説明する459条の2の規定と同様）任意規定であるため，主たる債務者と保証人との間の特約で，異なる内容の事後求償権を作り出すことが可能である。法人保証の場合などでは，約定利率に基づく利息を求償権の

内容に含めるといった特約があるのが通常である。

（2） **弁済期前の債務消滅行為**　委託を受けた保証人が主たる債務の弁済期前に弁済等を行った場合は，求償権の範囲が異なる。この場合，保証人は，主たる債務者に対し，主たる債務者が弁済等の当時に利益を受けた限度において求償権を有する（459条の 2 第1 項前段）。たとえば，保証人が主たる債務（100万円）の弁済期前に弁済をした場合において，主たる債務者が，保証人の弁済当時，70万円の反対債権を有していたときは，相殺によって消滅するはずであった70万円の分が求償権の範囲から除外され，保証人は30万円しか求償することができない。しかも，主たる債務者が有している期限の利益を害さないようにするため，主たる債務の弁済期以後でなければ求償権を行使することができない（同条 3 項）。さらに，弁済等の時から履行期までの利息や費用は求償することができず，求償することができるのは，主たる債務の弁済期以後の法定利息や避けることのできなかった費用その他の損害賠償に限定される（同条 2 項）。保証人は主たる債務の弁済期前に義務なく弁済等をしており，弁済期までの法定利息等は，保証人が弁済期後に弁済等をすれば必要にならなかった費用であるからである。

なお，上記の例で，保証人が30万円しか求償することができないとなると，主たる債務者は債務を免れたうえで，求償も免れることになり，公平性を欠く。そこで，この場合，主たる債務者に求償することができない70万円については，債権者に対して請求することができることになっている（459条の 2 第 1項後段）。主たる債務者が有していた反対債権が保証人に移転するわけである（→図表 8 - 1 ）。

③ 委託を受けない保証人の事後求償権

主たる債務者からの委託は受けていないが，主たる債務者の意思に反して保証をしたわけでもない保証人の求償権の範囲は，委託を受けた保証人が弁済期前に債務消滅行為をした場合と同じである（462条 1 項・459条の 2 第 1 項）。保証

図表 8 - 1　弁済期前の債務消滅行為

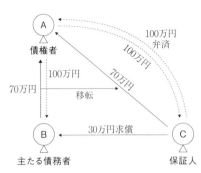

図表8-2 意思に反する保証人の事後求償権

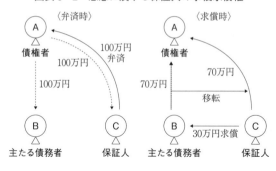

人は，主たる債務者に対し，主たる債務者が弁済等の当時に利益を受けた限度において求償権を有する。この場合も，主たる債務の弁済期前に弁済等をすれば，主たる債務者の弁済期が到来するまで求償権を行使すること

ができない（462条3項・459条の2第3項）。459条の2第2項は準用されていないので，利息や費用の求償はできない。

主たる債務者から委託を受けなかったのみならず，主たる債務者の意思にも反して保証をした者の求償権は，さらに制限される。保証人は，主たる債務者が現に利益を受けている限度においてのみ，求償権を有することになる（462条2項前段）。利息や費用の請求ができないことに加えて，求償時に主たる債務者が利益を受けている限度でしか求償権を持たない。したがって，保証人からの求償時までに主たる債務者が反対債権を取得していた場合，仮にそれが保証人の弁済後に取得したものであっても，主たる債務者は，対当額の限度で保証人からの求償を拒むことができる（→図表8-2）。保証人は求償することができなかった分を債権者に請求することになる（462条2項後段）。この場合も，主たる債務の弁済期前に弁済等をすれば，主たる債務者の弁済期が到来するまで求償権を行使することができない（462条3項・459条の2第3項）。

④ 求償権の制限等

AがBに対して100万円を貸し付け，CはBから委託を受けてBの債務を保証しているというケースを考えてみよう。Cが100万円を弁済すれば，CはBに対して求償することができるが，100万円を無条件で求償することができるとすると，たとえば，BがAに対して70万円の反対債権を有していたような場合は，Bの相殺への期待が奪われることになる。また，Bが100万円を弁済した後，Cが弁済の事実を知らないまま二重に弁済してしまうこともありうる。そこで，民法は事前の通知と事後の通知という2つの義務を課すことにした。

5 委託を受けた保証人の事前通知義務

事前通知義務は委託を受けた保証人にのみ課される。保証人が事前通知義務を怠ると，主たる債務者は，債権者に対抗することができた事由をもって，保証人に対抗することができる（463条 1 項前段）。主たる債務者が債権者に対して反対債権を有している場合が典型であり，上記の例でいうと，Bは70万円の限度でCの求償を拒むことができる。求償を免れた70万円にかかる債権はCに移転し，CがAに対して履行を請求することになる（同項後段）。なお，委託を受けない保証人はそもそも求償権の範囲が制限されており（462条），事前の通知をさせる意味がないため，事前通知義務は課せられていない。

6 主たる債務者の事後通知義務

保証人が主たる債務者から委託を受けている場合は，主たる債務者にも通知義務が課せられる。主たる債務者は保証人に対して求償権を持たないから，事前通知義務は問題とならない。ここでの通知義務は，保証人の二重弁済を防ぐための**事後通知義務**である。主たる債務者が事後の通知を怠り，保証人が善意で債務消滅行為をしたときは，保証人は自己の債務消滅行為を有効であったものとみなすことができる（463条 2 項）。「有効であったものとみなすことができる」ことの意味や，主たる債務者が事後の通知を怠り保証人が事前の通知を怠った場合の処理については，連帯債務における求償権制限（→第 7 章）のところで述べたことを参照してもらいたい。

7 保証人の事後通知義務

保証人が弁済した後，それを知らずに主たる債務者が弁済をしてしまうということもありうるため，保証人には**事後通知義務**も課せられている。もっとも，主たる債務者の意思に反する保証人の求償権の範囲は，求償当時に主たる債務者が利益を受けた限度に限定され（462条 2 項前段。求償前の弁済をもって主たる債務者は保証人に対抗することができる。463条 3 項も参照），事後通知義務を課す意味がないため，事後通知義務を課されるのは，委託を受けた保証人と，委託を受けていないが主たる債務者の意思にも反しない保証人である。保証人が事後通知義務を怠ったため，主たる債務者が善意で債務消滅行為を行った場合は，主たる債務者はその債務消滅行為を有効とみなすことができる（463条 3 項）。この場合の主たる債務者に事前通知義務はないので，保証人が事後通知

義務を怠り主たる債務者が事前通知義務を怠った場合にどうなるのかという問題を考える必要はない。

8 委託を受けた保証人の事前求償権

委託を受けた保証人は，一定の要件のもと，弁済前であっても求償権を行使することができる（460条）。これを**事前求償権**という。事前求償権の性質についてはさまざまな見解が唱えられているが，いずれにせよ，民法は次の場合に事前求償権を認めている（事前求償権に関する規定を，委託を受けた物上保証人に類推適用することはできないとするのが判例である。最判平2・12・18民集44巻9号1686頁）。

まず，主たる債務者が破産手続開始の決定を受け，かつ，債権者がその破産財団の配当に加入しないときである（460条1号）。弁済後に回収しようと思っても，破産手続が終了してしまっていれば回収不能になるため，事前求償権を認める必要があるのである。次に，債務が弁済期にあるときである（同条2号本文）。債権者が主たる債務者に請求しないまま時間が経過すると主たる債務者が無資力になる危険があるし，遅延損害金も加算されることになるからである。最後に，保証人が過失なく債権者に弁済をすべき旨の裁判の言渡しを受けたときである（同条3号）。支払いを命じる判決が確定すれば，保証人は直ちに執行を受ける立場になるからである。

もっとも，事前求償に応じたものの保証人が弁済しないということも考えられるため，主たる債務者には一応の対抗手段が用意されている。債権者が全部の弁済を受けない間は，主たる債務者は，①保証人に対して，償還したものを弁済に使用することについての適当な担保（物的・人的担保）を提供させ，または②保証人に対して，自己に免責を得させる（たとえば，主たる債務者に対する免除の意思表示を債権者にさせる）よう請求することができる（461条1項）。また，主たる債務者は，保証人に支払うべき金額を供託し，担保を供し（たとえば，保証人の事後求償権を被担保債権とする抵当権を設定する），または保証人に免責を得させて（自ら債務を弁済したり，債権者と交渉して保証人に対して債務を免除させたりして），償還の義務を免れることができる（同条2項）。

なお，法人保証では，上記以外の場合に事前求償権を発生させる特約や，主たる債務者が上記の対抗手段をとることができないようにする特約が結ばれることも多い。

⑨ 事前求償権と事後求償権の関係

事前求償権と事後求償権は，発生要件や消滅原因，消滅時効の起算点等を異にする別個の権利であるが（最判昭60・2・12民集39巻1号89頁），事前求償権は事後求償権を確保するために認められた権利であるから，事前求償権を被保全債権とする仮差押えは，（事前求償権のみならず）事後求償権の消滅時効の完成を猶予する効力をも有する（最判平27・2・17民集69巻1号1頁参照）。

⑩ 複数債務者の1人のための保証

「連帯債務者又は不可分債務者の1人のために保証をした者は，他の債務者に対し，その負担部分のみについて求償権を有する」(464条)。A・B・CがXに対して900万円の連帯債務（負担部分平等）を負担しており，FがAの債務を保証したとする。Fが900万円を弁済した場合，この規定がなければ，FはAに900万円を求償して，AがB・Cに300万円ずつを求償することになるが，求償関係を簡単にするため，Fが直接B・Cに300万円ずつを求償してもよい（もちろん，Aに対して900万円を求償して，AがB・Cに300万円ずつを求償してもよい）ことにした。

第4節　特殊の保証

1──連帯保証

①意　義

「主たる債務者と連帯して債務を負担」(454条・458条) する保証のことを**連帯保証**といい，そのときの保証人を**連帯保証人**という。主たる債務者と連帯して債務を負担するので連帯債務と類似するが，あくまでも保証であるので，付従性は存在する。連帯保証は，保証契約において**連帯の特約**をすることで成立するが，債務が主たる債務者の商行為によって生じたものであるとき，保証が商行為であるときは当然に連帯保証となる（商511条2項。商行為については会社5条も参照）。

②効　力

連帯保証は，①補充性がない，②連帯保証人について生じた事由の一部が主

連帯債務と連帯保証

　連帯債務と連帯保証は，連帯して債務を負担しているという点では共通するが，やはり異なる点がある。①連帯債務では，連帯債務者の1人について法律行為の無効または取消しの原因があっても，他の連帯債務者の債務はその効力を妨げられない（437条）のに対し，連帯保証の場合は，付従性があるため，主たる債務を発生させる契約が無効であったり取り消されたりすると，保証債務も不成立となる，②連帯債務の場合，連帯債務者の1人について生じた事由は，更改・相殺・混同（＋弁済等）以外は他の連帯債務者に影響しないが（441条本文），連帯保証の場合は，主たる債務者について生じた責任を軽減する事由は連帯保証人にも影響し，主たる債務について時効の完成猶予・更新があると，保証債務についても完成猶予・更新の効力が生ずる（457条1項。連帯保証人について生じた事由の一部が主たる債務者に影響することについては458条参照），③連帯債務の場合，連帯債務者の1人に対する債権が譲渡されても他の連帯債務者に対する債権は移転しないが，連帯保証の場合は，随伴性があるため，主たる債務者に対する債権が譲渡されると保証債務も移転する，④連帯債務の場合，各連帯債務者は負担部分を有する（ただし，負担部分を有しない連帯債務者がいる場合もある）が，連帯保証人は負担部分を有しない（つねに0である）。

たる債務者にも影響する，③分別の利益がない，という点で通常の保証と異なるが，それ以外は通常の保証と同様である。③は後で述べるとして，ここでは①と②をみておく。

　(1)　**補充性の不存在**　　補充性がないため，連帯保証人は催告・検索の抗弁権を持たない（454条）。したがって，債権者から請求されれば，おとなしく応じなければならない。債権者にとって有利であることに疑いはなく，実際，保証の大部分は連帯保証になっている。

　(2)　**連帯保証人について生じた事由**　　主たる債務者について生じた事由が連帯保証人に影響するのは通常の保証の場合と同様であるが，連帯保証の場合は，連帯保証人について生じた事由の一部が主たる債務者にも影響する（458条）。連帯債務と類似するため，連帯債務と同様の効果が認められているのである。具体的には次のとおりである。①債権者と連帯保証人との間に更改があった場合は主たる債務も消滅する（458条・438条）。②連帯保証人が債権者に対して有している債権を自働債権として相殺した場合は主たる債務も対当額で消滅する（458条・439条1項。もっとも，準用がなくても当然のことである）。③債権

者と連帯保証人との間に混同が生じた場合は主たる債務が弁済されたものとみなされる（458条・440条）。これら以外の事由は主たる債務者に影響しないが（458条・441条本文。弁済等債権者に満足を与える事由が主たる債務者に影響するのはいうまでもない），債権者と主たる債務者との間で別段の合意があれば，他の事由も主たる債務者に影響しうる（458条・441条ただし書）。

2――共同保証

① 分別の利益

1個の主たる債務について複数の保証人がいる場合を**共同保証**という。**共同保証人**は，各別の行為により債務を負担したときであっても，主たる債務を保証人の頭数で割った額について，債務を負担する（456条。分割債務になる）。これを**分別の利益**という。たとえば，主たる債務の額が100万円で，C・Dが保証人だとすると，C・Dはそれぞれ50万円の保証債務を負う。逆にいえば，債権者AはC・Dにそれぞれ50万円しか請求することができない。CかDが無資力になると，そのリスクはAが負担することになる。

もっとも，保証契約等において，分別の利益が生じないようにする特約を結ぶことは可能であり，この場合，共同保証人がそれぞれ全額を弁済する義務を負う（465条1項）。これを**保証連帯**という。保証連帯と連帯保証という言葉があってややこしいが，補充性の有無に加えて，誰と連帯して債務を負担するのかが異なっており，連帯保証の場合は主たる債務者と連帯するのに対し，保証連帯の場合は他の共同保証人と連帯して債務を負担する。保証連帯は，保証人CとDが債権者Aに対して連帯して保証債務を負うというものであり，保証債務の連帯債務とでもいうべきものである。なお，主たる債務が不可分であるとき（465条1項）や共同保証人が連帯保証人であるとき（明文規定なし）も分別の利益はない。

② 影響関係

通常の保証人が複数いる共同保証の場面における共同保証人の債務は分割債務であるから，共同保証人の1人について生じた事由は他の共同保証人に影響しない。共同連帯保証の場合も同様である（免除の場合は，免除の意思表示の解釈次第で，他の連帯保証人に影響することもありうる）。これに対し，保証連帯の場合は，各保証人間に連帯債務類似の法律関係が存在するため，連帯債務に関する

規定が類推適用される。

③ 求　　償

　共同保証人の1人が弁済すると主たる債務者に求償することができるが，他の共同保証人に対して求償することもできる（さらに弁済者代位）。共同保証人に対する求償権の内容は，分別の利益の有無によって異なる。まず，分別の利益がある場合は，共同保証人の債務は分割債務であるから，自己の負担部分を超える弁済は他人の債務の弁済となる。頼まれていないのに弁済するという点で委託を受けない保証人による弁済と類似するため，その規定が準用される（465条2項・462条。ただし，自己の負担部分を超える額を弁済をした場合にのみ求償が認められる）。

　分別の利益がない場合（保証連帯など）は，共同保証人間の関係は連帯債務者間のそれと類似するため，連帯債務の規定が準用される（465条1項・442条〜444条）。共同の免責を得た日以後の法定利息の請求が認められたり，事前や事後の通知義務が課せられたりする。この場合も，求償することができるのは，自己の負担部分を超える額を弁済したときのみである。

　このような共同保証人間の求償権は，主たる債務者の資力が不十分な場合に，弁済をした保証人のみが損失を負担しなければならないとすることによる不公平を回避し，共同保証人間の負担を最終的に調整するためのものであって，主たる債務者に対する求償権を担保するためのものではない。したがって，主たる債務者に対する求償権の消滅時効の完成猶予・更新事由があっても，共同保証人間の求償権について消滅時効の完成猶予・更新の効力は生じない（最判平27・11・19民集69巻7号1988頁参照）。

3——根 保 証

① 意　　義

　これまでみてきた保証は，主たる債務が100万円とか200万円というように特定されたものであった。ところが，たとえば，中小企業が金融機関から継続的に融資を受け，それを経営者が個人で保証するような場合，融資のたびに保証契約を締結するというのではあまりにも煩雑である。継続的取引から生じる不特定の債務をまとめて保証することが必要となる。このように，一定の範囲に属す

□ WINDOW 8-2 ◀◀

家賃債務保証

　賃貸借契約を締結する際に，賃借人が家賃債務保証会社による保証を求められるケースが増加している。賃借人は，保証料を支払って，保証会社と保証委託契約を締結するわけである。家賃債務保証会社による保証は，賃借人にとっては連帯保証人がいなくても賃貸住宅へ入居することが可能になるというメリットがあり，賃貸人にとっては家賃滞納のリスクを回避することができるというメリットがある。もっとも，賃借人が連帯保証人を用意できる場合であっても保証会社による保証を求められることが多く，経済的には，賃貸人のためのビジネスとしての側面が強いものとなっている。

　家賃債務保証会社をめぐっては，さまざまな問題が生じている。債権者に対して保証債務を履行した後，賃借人に対して悪質な取立てをする，いわゆる追い出し行為が典型である。いうまでもなく，そのような行為は不法行為そのものであり，保証会社の責任を認めた裁判例も少なくないが（東京地判平24・9・7判時2171号72頁など），家賃債務保証会社の行為を適正化し，賃借人（保証人たる家賃債務保証会社との関係では主たる債務者となる）の保護を実効あるものにするためには，罰則のある法律の制定が不可欠である。

る不特定の債務を主たる債務とする保証のことを**根保証**とか**継続的保証**という。

　根保証は大きく，①**信用保証**，②**不動産賃借人の債務の保証**，③**身元保証**の３つに分類される。①の信用保証とは，上記の融資の例のように，継続的な信用取引から生じる債務についての保証である。継続的な売買取引から生じる債務についての保証もここに含まれる。②は，不動産賃借人が賃料を支払えなかったときなどにその債務を保証するというものである。③は，被用者が使用者に対して損害を与えた場合にその債務を保証するものであり，入社の際に会社から求められるのが通例である（主たる債務の存在を前提にしないのであれば損害担保契約となる）。病院・福祉施設等への入院・入所の際に求められることも多い。民法は，個人保証人保護のため，465条の２から465条の５において，個人が保証人となる場合の根保証契約について特別の規定を設けている。

　なお，根保証に関する民法の規定は，保証人を保護するために設けられたものであるから，債権者にとっては負担となる。債権者のなかには，根保証の代わりに，同様の機能を有する併存的債務引受や損害担保契約を用いて，保証の厳格な規制を潜脱しようとする者も存在すると考えられるが，どのような法形態をとったとしても，実質的にみて根保証であるのであれば，根保証に関する

規定が類推適用されることになろう（→WINDOW 9-5）。

2 個人根保証契約

465条の2以下の規制の対象になるのは，**個人根保証契約**である。**個人根保証契約**とは，一定の範囲に属する不特定の債務を主たる債務とする保証契約（根保証契約）であって，保証人が法人でないものをいう（465条の2第1項）。前述の信用保証をはじめ，賃借人の債務の保証，身元保証で，個人が保証人になるものはすべて個人根保証契約である。もっとも，身元保証については「身元保証ニ関スル法律」が特別法として存在するため，同法の規定が優先的に適用され，そこに規定がない項目について民法の規定が適用されることになる。

個人根保証契約の保証人は，主たる債務の元本，利息，違約金，損害賠償その他その債務に従たるすべてのものおよびその保証債務について約定された違約金，損害賠償の額について履行する責任を負うことになるが，無制限に責任を負うわけではない。責任を負うべき上限（総額）が契約で決められることになっており，この上限のことを**極度額**という。個人根保証契約の保証人は，この極度額を限度として，責任を負うことになる（465条の2第1項）。このように，個人根保証契約においては，極度額が重要な意味を持つことになるため，極度額の定めがない根保証契約は無効である（同条2項）。さらに，極度額の定めは書面（電磁的記録でもよい）に記載しなければならず，記載のない場合は極度額の定めが無効（したがって，個人根保証契約が無効）となる（同条3項・446条2項・3項）。

3 元本確定事由

根保証契約は主たる債務が不特定であるところに特徴があるが，いつまでも不特定というわけではなく，どこかの時点で，主たる債務は一定の内容のものに特定される。これを**元本の確定**という。元本が確定すれば，保証の対象は当該元本（と利息・遅延損害金等）に限定され，それ以後に借入れ等が行われても，その債務を保証する必要はなくなる。極度額が債務の範囲を量的に限定するものであるとすれば，元本の確定はそれを時間的に限定するものといえる。民法は次の事由が発生したときに元本が確定するとしている（465条の4第1項）。

第1は，「債権者が，保証人の財産について，金銭の支払を目的とする債権についての強制執行又は担保権の実行を申し立てたとき」（同1号。ただし，手続

の開始があったときに限られる），第 2 は，「保証人が破産手続開始の決定を受け
たとき」(同 2 号) である。1 号の場合はそこまでしなければならないほど保証人
の財産状態が悪化しているのだということを債権者が認識しているといえる
し，2 号の場合は客観的にも保証人が支払不能の状態になっているわけであ
り，このような事由が発生した後に発生した債務についてまで，債権者が保証
人の財産を当てにすることは適切でないからである。第 3 は，「主たる債務者
又は保証人が死亡したとき」(同 3 号) である。保証人が保証したのは主たる債
務者 (被相続人) の債務であり，主たる債務者の相続人のもとで生じる債務につ
いてまで保証したわけではないし，債権者も保証人の財産を当てにして保証契
約を締結しているのであり，保証人が死亡した後に発生した債務について，保
証人の相続人に責任を負わせるのは相当でないからである。

④ 個人貸金等根保証契約における元本の確定

　民法は，個人貸金等根保証契約の元本確定に関して特別の規定を置いてい
る。**個人貸金等根保証契約**とは，個人根保証契約であって，その主たる債務の
範囲に金銭の貸渡しまたは手形の割引を受けることによって負担する債務 (貸
金等債務という) が含まれるものをいう (465条の 3 第 1 項)。

　(1)　**元本確定事由**　　まず，元本確定事由であるが，①債権者が，主たる債
務者の財産について，金銭の支払いを目的とする債権についての強制執行また
は担保権の実行を申し立てたとき (465条の 4 第 2 項 1 号。ただし，手続の開始が
あったときに限られる)，②主たる債務者が破産手続開始決定を受けたとき (同 2
号) に元本が確定する。①の場合はそこまでしなければならないほど主たる債
務者の財産状態が悪化しているのだということを債権者が認識しているといえ
るし，②の場合は客観的にも主たる債務者が支払不能の状態になっているわけ
であり，(そのような状況で融資を行う債権者がいるとは考えられないが，仮にいたと
しても) これらの事由が発生した後に行った融資についてまで保証人に履行の
責任を負わせるのは適切でないからである。

　ここでの元本確定事由は，個人貸金等根保証契約以外の保証契約 (賃借人の
債務の保証や継続的売買における代金債務の保証など) には適用されない。賃借人の
債務の保証についていえば，賃借人の財産に強制執行があっても (あるいは賃借
人が破産手続開始決定を受けても) 賃貸借契約が終了するわけではなく，信頼関係

194

□ **WINDOW 8-3**　　　　　　　　　　　　　　　　　　　　　　◀◀

元本確定前の法律関係

　根抵当の場合（398条の7など）と異なり，根保証においては元本確定前の法律関係についての規定が存在しない。そこで，①元本が確定する前に債権者は保証人に保証債務の履行を請求することができるのかとか，②根保証の対象となっている債権（の1つ）が元本確定前に第三者に譲渡された場合，保証人に対する債権も随伴性によって移転するのか，といったことが問題となる。この点については，法人根保証の事案で，当事者の合理的意思解釈により，①と②をともに肯定した判例が存在する（最判平24・12・14民集66巻12号3559頁）。

が破壊されない限り解除もできないのであり，この状況で発生した賃料債務の履行を保証人に求めることが不当とはいえないからである。

　(2)　**元本確定期日**　　個人貸金等根保証契約においては，元本確定事由以外に，**元本確定期日**というものも存在する。これは，保証人の責任の範囲を時的に制限することによって，いつまでの債務を保証すればよいのかを明らかにするものである。

　①　個人貸金等根保証契約において元本の確定期日が定められていれば，原則として約定の日に元本が確定するが，個人貸金等根保証契約締結の日から5年を超えることはできず，超えると元本確定期日の定めは無効になる（465条の3第1項）。

　②　元本確定期日の定めがない場合や，①で元本確定期日の定めが無効になった場合は，個人貸金等根保証契約締結の日から3年を経過した日が元本確定期日となる（465条の3第2項）。

　③　元本確定期日を変更する場合も，変更をした日から5年以内でなければならず，5年を超えると元本確定期日の変更は無効となる（465条の3第3項本文）。もっとも，元本確定期日の前2か月以内に元本確定期日の変更をする場合はこの制限が緩和されており，変更後の元本確定期日が変更前の元本確定期日から5年以内であれば元本確定期日の変更は有効となる（同項ただし書）。たとえば，変更前の元本確定期日が2020年6月1日で，2020年5月1日に元本確定期日を変更したとする。465条の3第3項本文の規定に従えば，変更後の元本確定期日は2025年5月1日までで定めなければならないが，元本確定期日の

日付は同一にした方がお互いに便利であることもある。そこで，例外的に，変更前の元本確定期日である2020年6月1日から5年以内，つまり，2025年6月1日までで変更後の元本確定期日を定めることが認められている。

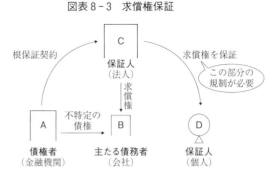

図表8-3　求償権保証

④　元本確定期日の定めおよびその変更は，書面（または電磁的記録）に記載しなければならず，記載がない場合は一部の例外を除き無効となる（465条の3第4項・446条2項・3項）。

5 求償権保証

法人保証の場合，保証人たる法人が主たる債務者に対して取得する求償権を担保するために保証人（求償保証人）を要求することが多い。金融機関Aと会社Bとの間で継続的な融資がなされ，Bの債務を保証するために，Bの委託を受けて法人Cが保証人（根保証）になり，CはBに対する求償権を担保するために個人D（Bの親戚など）を保証人にするというのが典型である。この保証は，求償権を主たる債務とする保証であるため，（個人）**求償権保証**とか（個人）**求償保証**と呼ばれる（→図表8-3）。

A・C間の根保証契約が個人根保証契約であれば極度額の定めが必要になり（465条の2），個人貸金等根保証契約であればそれに加えて元本確定期日に関する規律の適用も受ける（465条の3）。しかし，Cが法人である場合はこれらの規律の適用を受けず，極度額や元本確定期日の定めのない根保証契約であっても有効となる。保証人が法人である以上，それで問題はないようにも思える。しかし，個人求償権保証がなされている場合に，もともとの根保証契約に何らの規制もなければ，①Cの保証債務の上限は存在しない，②CのBに対する求償債権の額の上限もない，③したがって，Cの求償権を保証するDの債務額の上限もない，ということになり，Dが過大な負担を背負うことになる。

そこで，民法は，Dの保護のため，まず根保証一般について，A・C間の根

□ WINDOW 8-4　◀◀

判例による保証人保護

　根保証契約における保証人を保護する規定は，2004（平成16）年の改正で，貸金等根保証契約に関する規律として民法のなかに盛り込まれ，2017（平成29）年の改正で個人根保証一般に関する規律として拡充されたが，従来は判例によって保護が図られてきた。

　当事者の意思の解釈によって保証人の責任を合理的な範囲に限定したもの（大判大15・12・2民集5巻769頁），主たる債務者の資産状況が著しく悪化した場合における解約権を認めたもの（大判昭9・2・27民集13巻215頁），主たる債務者に対する信頼を喪失した場合における解約権を認めたもの（最判昭39・12・18民集18巻10号2179頁），保証人としての地位の相続を否定したもの（最判昭37・11・9民集16巻11号2270頁）などがそれである。

　現行法の規定は従前の判例法理を網羅しているわけではないが（とりわけ特別解約権），逆に，それらを変更（制限）するものでもないため，民法の規定によってカバーしきれない部分については，従前の判例法理がなお適用される。

保証契約において極度額の定めがなければ，たとえＣが法人の場合であっても，Ｃ・Ｄ間の個人求償権保証契約（求償権保証が根保証である場合は，それについて極度額の定めをすることによりＤの保護を図ることができるため，個人求償権保証契約が根保証の場合は対象外）は効力を生じないこととした（465条の5第1項）。次に，Ａ・Ｃ間の契約が法人貸金等根保証契約である場合は，これに加えて，①元本確定期日の定めがないときや，②元本確定期日の定めやその変更が465条の3第1項，第3項の規定に照らすと無効になるときも，個人求償権保証契約（根保証である場合も含む。Ｃ・Ｄ間の契約が個人貸金等根保証契約に該当すれば，それについて元本確定期日の定め等をすることでＤを保護できるが，そうでない場合は個人貸金等根保証契約の規律による保護がＤに及ばなくなるため，Ｃ・Ｄ間の契約が根保証である場合も含めておく必要がある）は効力を生じないこととした（465条の5第2項）。

⑥ 身元保証

（1）　意　義　　**身元保証**とは，被用者の行為によって使用者が受けた損害を担保することを目的とした保証である。被用者の債務不履行による損害賠償債務を保証する場合はもちろんのこと，被用者に免責事由があって損害賠償債務を負わない場合に使用者が被った損害を担保する場合（一種の損害担保契約。身元引受とも呼ばれる）も含まれる。

　身元保証に関しては，1933（昭和8）年に制定された「身元保証ニ関スル法律」

が特別法として存在するが，同法は，引受，保証その他名称の如何を問わず，被用者の行為によって使用者が受けた損害を賠償することを内容とする身元保証契約に適用される（身元1条）。身元保証法に規定がない項目（極度額等）に関しては，民法（根保証）の規定が適用ないし類推適用（損害担保契約の場合等）される。以下では，身元保証法の内容を確認しておこう。

(2) **内 容** まず，期間であるが，期間の定めがない場合は原則として3年間有効である（身元1条）。期間を定めた場合でも5年を超えることはできない（身元2条1項。超えると5年に短縮される）。更新することも可能であるが，その場合も5年を超えることはできない（身元2条2項）。身元保証人の責任に関係する一定の事由が生じた場合は，使用者に通知義務が課せられており（身元3条），この通知を受けたとき（または上記一定の事由の発生を自ら知ったとき）は，身元保証人は将来に向かって身元保証契約を解除することができる（身元4条）。裁判所は，身元保証人の損害賠償責任およびその金額を定めるにあたって一切の事情を斟酌する（身元5条）。身元保証法の各規定は強行規定である（身元6条）。相続性も否定され，相続開始後の原因に基づいて相続人が責任を負うことはない（大判昭18・9・10民集22巻948頁）。

第5節 事業にかかる債務についての保証契約の特則

一般に，個人保証は，個人的な義理から無償で行われることが多く，内容をよく理解せず保証契約を締結してしまうこともある。問題が深刻化する典型的な場面が，事業資金を借り入れる際の保証（とくに，経営者以外の第三者が保証人になる場合）である。事業のために借り入れるわけであるから必然的に額が大きくなる。しかも，根保証という形で保証契約を締結する場合も多く，保証債務の額が膨れ上がることがある。そこで，民法は，事業にかかる債務を主たる債務とする保証契約を締結する場面においては，次のような規律を設けることにした（465条の6〜465条の10）。もっとも，これらの規定は，軽率に保証人になるという場面を減少させる効果はあるが，人間関係からやむを得ず保証人になる場面を減少させる効果はあまりなく（民法は，**第三者保証**を禁止しているわけで

はない），依然として問題は残されている。

　なお，民法の厳格な規制を潜脱すべく併存的債務引受をはじめとする別の法形態がとられる場合も考えられるが，根保証の箇所でも述べたとおり，実質が保証であれば，保証の規定が類推適用されることになろう。

　(1)　**保証意思宣明公正証書**　　事業のために負担した貸金等債務を主たる債務とする保証契約または主たる債務の範囲に事業のために負担する貸金等債務が含まれる根保証契約（いずれも，保証人になろうとする者が個人である場合に限る）は，その契約に先立ち，その締結の日前1か月以内に作成された**公正証書**（保証意思宣明公正証書と呼ばれる）で保証人になろうとする者が保証債務を履行する意思を表示していなければ，その効力を生じない（465条の6第1項・第3項）。公正証書を作成する場合は，465条の6第2項に掲げる方式に従わなければならない。上記の保証契約・根保証契約の保証人の主たる債務者に対する求償権にかかる債務を主たる債務とする個人求償権保証契約にも，公正証書に関する規定（465条の6第1項・第2項，465条の7）が準用される（465条の8）。公正証書に関する以上の規定（465条の6〜465条の8）は，**経営者保証**等の場合には適用されない（465条の9。公正証書の作成は不要となる）。

　(2)　**主たる債務者の情報提供義務**　　主たる債務者は，事業のために負担する債務を主たる債務とする保証または主たる債務の範囲に事業のために負担する債務が含まれる根保証の委託をするときは，委託を受ける者（個人の場合に限定）に対し，①財産および収支の状況，②主たる債務以外に負担している債務の有無並びにその額および履行状況，③主たる債務の担保として他に提供しまたは提供しようとするものがあるときはその旨およびその内容に関する情報を提供しなければならない（465条の10第1項・第3項）。

　主たる債務者が以上の事項に関して情報を提供せず，または事実と異なる情報を提供したために委託を受けた者（個人の場合に限定）がその事項について誤認をし，それによって保証契約の申込みまたは承諾の意思表示をした場合は，債権者がその事実を知りまたは知ることができたとき（悪意・有過失のとき）に限って，保証人は保証契約を取り消すことができる（465条の10第2項）。第三者による詐欺の場面における取消権（96条2項）と同様の規律である。

第 **9** 章

債権譲渡と
債務引受

● **本章で学ぶこと**

本章では，債権譲渡，債務引受，民法上の有価証券について勉強する。近代法では，債権は一個の独立した財産権として，その処分性が広く認められている。債権者が交替する債権譲渡や，債務者を変更する債務引受がその例である。具体的には，譲渡人が自らの債権を譲受人に譲渡して，当該債権の債権者が譲渡人から譲受人に交替するのが債権譲渡であり，第三者が他人の債務を新たに債務者として負担するのが債務引受である。

さて，債務者にとって債権者が誰であるかは必ずしも重要とはいえないが，債権者にとって債務者が誰であるかは重要である。それゆえ，債権者の承諾がなければ債務者の交替（免責的債務引受）は認められないが，債務者の承諾がなくても債権者の交替は可能である。民法上も債権譲渡は譲渡人と譲受人の合意により成立するとされるが，そうすると，これに関与しない債務者が不利益を受けないための手当てが必要になる（債務者対抗要件や債務者の抗弁）。他方，債権の二重譲渡における譲受人相互間の優劣を決する際には（第三者対抗要件），債権取引の安全性・確実性など第三者の利害への配慮が重要となる。このような各状況における関係者の利害に配慮しつつ，本章を学んで欲しい。

第1節 債権譲渡

1——債権譲渡の意義と機能

1 債権譲渡とは何か

　債権譲渡とは，債権の同一性を変えることなく，譲渡人・譲受人間の契約によって債権を移転することをいう（→WINDOW 9-1）。**図表9-1**のとおり，Aを債権の譲受人，Bを譲渡人，Cを債務者という。債権譲渡では，A・B間の債権譲渡契約により，債権がBからAに移転する（176条参照）。ここで，移転した債権は同一性を保持しているから，債権に付着していた抗弁をCはAに対して主張できるし（468条1項），Aは債権のために設定されていた担保権や保証債務を実行することもできる（担保権・保証債務の随伴性）。さらに，譲渡された権利に従たる権利があれば，原則としてこれも移転する（87条2項）。

2 債権譲渡の目的

　債権譲渡は，さまざまな目的のために利用される。①AのBに対する債権を回収するために，BのCに対する債権が，BからAに譲渡されることがある。これは債権回収のための債権譲渡である。②AのBに対する債権を担保するために，BのCに対する債権が，BからAに譲渡されることがある。これは担保のための債権譲渡である（債権の譲渡担保）。③履行期が未到来であるBのCに対する債権を現金化するために，この債権がBからAに売却され，BからAに譲渡されることがある。これは換価のための債権譲渡である。④BがCに対する債権の取立てをAに依頼するために（準委任，656条），BからAに債権が譲渡されることがある。これは取立てのための債権譲渡である（→WINDOW 9-2）。⑤企業Bが顧客Cらに対して有する多数の債権を用いて資金を調達するために，これら多数の債権が，Bから（資金調達を担う）A社に譲渡されることがある。これは資金調達のための債権譲渡である（債権流動化）。

3 債権譲渡に類する制度

　債権譲渡に類似する制度として，次のものがあげられる。

　①　**更改**とは，契約によって既存の債権を消滅させると同時に，これに代わ

☐ **WINDOW 9-1** ◀◀

指名債権の譲渡

　指名債権とは，債権者が特定している債権をいう。指名債権は証券化されていない一般の債権であって，仮に，預金通帳など証書が作成されたとしても，それは債権成立の証拠としての意味を有するにすぎない。466条以下が規定する債権譲渡とは指名債権の譲渡のことであるが，本書では，法文の用語に従って，単に債権譲渡または債権の譲渡と表記する。

☐ **WINDOW 9-2** ◀◀

取立てのための債権譲渡

　取立てのための債権譲渡には，2種類の形式が存在する。第1は，取立権限の授与であり，債権譲渡の形式を用いつつも，A・B間ではなおもBが債権者であって，Aは単に取立権限を授与されたにすぎないものである。第2は，信託的譲渡であり，債権譲渡によりAのみが債権者となるが，Bに対する関係でAは取立てという目的の範囲内でのみ債権を行使すべき義務を負うものである。

　取立てのための債権譲渡がいずれの形式であるかが明らかでない場合には，原則として取立権限の授与であるとされる（大判大15・7・20民集5巻636頁）。なお，取立てのための債権譲渡には法による制限が課されることがある（信託10条，弁護士73条，貸金業24条3項など）。

る新しい債権を成立させる契約をいう（513条）。債権者を変更する旨の更改契約も可能であるが，その場合，債権の同一性が失われるため，旧債務のために設定されていた担保や，旧債務に付着していた抗弁も失われる。

図表9-1　債権譲渡

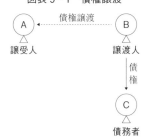

　② **法定代位**とは，法律の規定により権利を当然に取得する制度をいう。代位の目的が債権であれば，代位者はその債権を当然に取得するのであって，債権譲渡とは異なり466条・467条等の適用はない。法定代位の例としては，賠償者代位（422条），弁済による代位（499条・500条括弧書），保険代位（保険25条）等があげられる。

　③ **転付命令**とは，金銭債権に対する強制執行において，差し押さえられた債権を支払いに代えて差押債権者に移転する命令をいう。転付命令は債務者および第三債務者に送達され，これが確定すると債権移転の効力が生じる（民執

159条・160条)。

④　他方，相続や会社の合併によっても債権が移転するが，これは包括承継の効力として生じるものであるため（896条，会社750条ほか），債権譲渡とは異なり466条・467条等の適用はない。なお，債権の遺贈には467条の適用がある（最判昭49・4・26民集28巻3号540頁）。

2——債権譲渡の自由とその制限

民法は，一般に債権の譲渡性を認めている（466条1項本文）。例外的に，債権の譲渡性が制限されるのは以下の場合である。

1 債権の性質による制限

給付の性質上，本来の債権者に対してのみ給付させようとする債権は，譲渡性が認められない（466条1項ただし書）。具体的には，①自らに教育を施すことを請求できる権利，自らの肖像を描かせる権利など，債権者の変更により債務内容に変更が生じる債権，②賃借人の債権（612条1項）や雇主の債権（625条1項）など，債権者の変更により権利行使に著しい差異が生じる権利，③交互計算に組み入れられた債権（商529条以下），当座貸越契約上の債権など，特定の債権者との間で決済されるべき特殊の事情がある債権があげられる。

2 法律による制限

特定の債権者に弁済を受領させて，その者の生活利益を保護ないし実現することや，国民の円満な社会生活・経済活動の維持促進と国民全体の福利の増進とをはかることを目的として，法律の個々の規定により債権の譲渡性が制限されることがある。たとえば，民法上の扶養請求権（881条），恩給請求権（恩給11条1項），労働基準法による災害補償請求権（労基83条2項），健康保険法による保険給付請求権（健保61条）などがあげられる。

3 当事者意思による制限（譲渡制限特約）

債権の譲渡性を制限する旨の債権者・債務者間の合意を**譲渡制限特約**（債権譲渡制限特約）という。売掛代金債権，請負契約上の請負報酬請求権，不動産賃貸借契約上の敷金返還請求権など，本来の債権者に対して給付することに債務者が利益を有する場合に，これを保護するために譲渡制限特約が用いられる。

譲渡制限特約によっても，債権の譲渡性は制限されないのが原則である。す

なわち，譲渡制限特約があっても，原則として，債権譲渡契約により譲渡人から譲受人に債権が移転する（466条2項）。しかし，特約の存在について悪意・善意重過失の譲受人や第三者に対しては，債務者は，譲渡制限特約の存在を理由として債務の履行を拒絶でき，また，譲渡人に対する弁済など債務消滅事由の存在を主張できる（同条3項）。つまり，譲渡人に対する債務者の弁済は悪意・善意重過失の譲受人に対する関係で有効とされ，譲渡人は譲受人に受領した金銭その他の給付を引き渡す義務を負うことになる。さらに，悪意・善意重過失の譲受人に対して債務者が履行を拒絶できる場合であっても，譲受人は債務者に対して相当の期間を定めて「債務者が譲渡人に債務を履行すること」を催告することができ，その期間内に弁済がなされなければ，譲受人は債務者に対して履行を請求できる（同条4項）。

　譲渡制限特約が付された金銭債権が譲渡された場合，債務者が誰に弁済すべきか迷うことがあるため，債務者は債権の全額に相当する金額を供託することができる（466条の2第1項）。供託をなした債務者は，遅滞なく，譲渡人と譲受人に供託の通知をしなければならない（同条2項）。この場合，譲受人が供託金還付請求権を取得する（同条3項）。なお，譲渡制限特約が付された金銭債権の譲受人は（債権の全額を譲り受けた者であって，その債権の譲渡を債務者その他の第三者に対抗することができる者に限る），譲渡人に破産手続開始の決定があったときは，債務者に対して供託を請求できる（466条の3）。

　譲渡制限特約が付された債権であっても，これに対して強制執行をすることは可能である（466条の4第1項）。ただし，譲渡制限特約が付された債権が悪意・善意重過失の譲受人に譲渡され，その譲受人に対する債権者（差押債権者）が譲渡債権に強制執行をした場合，債務者は譲渡制限特約の存在を理由として履行を拒絶でき，かつ，譲渡人に対する弁済など債務消滅事由の存在を，債務者は差押債権者に対して主張できる（同条2項）。

　預貯金債権については，譲渡制限特約の効力に関して例外規定が設けられている。すなわち，預貯金債権については，譲渡制限特約の存在につき悪意・善意重過失の譲受人に対しては，譲渡の効力が生じないものとされる（466条の5第1項）。この場合，債権者は譲渡人である。また，譲渡制限特約が付された預貯金債権であっても，これに対して強制執行をすることは可能である（同条

2項）。ただし，譲渡制限特約が付された預貯金債権が悪意・善意重過失の譲受人に譲渡され，その譲受人に対する債権者（差押債権者）が譲渡債権に強制執行をした場合，預貯金債権の債権者は譲渡人であって譲受人ではなく，債務者はこのことを差押債権者に対しても当然に主張できるから，預貯金債権に対する差押えは空振りに終わる。

3 ── 債権譲渡と対抗問題

① 債務者に対する対抗要件（467条1項）

図表9-1（→201頁）を例にすると，A・B間の債権譲渡契約により，債権はBからAに移転する（176条参照）。しかし，いきなりAがCに対して債権の支払いを請求すれば，事情を知らないCはAに支払うべきかどうか対応に困る。そこで，AがCに対して債権の支払いを請求するためには，予めBからCに「BからAに債権を譲渡した」旨を通知しておく必要がある。また，Cが自らこの債権譲渡を承諾するのであれば，AはCに対して債権の支払いを請求することができる。この通知または承諾を，AがCに対して債権を行使するための要件という意味で，債務者に対する対抗要件（権利行使要件）または債務者対抗要件という（467条1項）。

② 第三者に対する対抗要件（467条2項）

他方，図表9-2のとおり，債権がAとDに二重譲渡された場合には，債権がA・Dいずれに帰属するかを決定する必要が生じる（いわゆる対抗問題）。不動産・動産の二重譲渡では対抗要件としての登記・引渡しを先に備えた者が権利者として優先するが（177条・178条），これと同様に，債権の二重譲渡では**確定日付ある証書**による通知または承諾を先に備えた者が権利者として優先する。この確定日付ある証書による通知または承諾を，第三者との権利帰属の優劣を決定するという意味で，第三者に対する対抗要件または**第三者対抗要件**という（467条2項）。

確定日付ある証書として，債権譲渡において広く用いられるのは内容証明郵便である（民施5条を参照）。第三者対抗要件としての通知または承諾に公的な証拠力を有する日付が必要とされる理由は，債権譲渡人と債務者が相謀って債権譲渡通知の日付けを偽装できないようにするためである。

③ 対抗要件としての通知・承諾

（1）**467条の強行法規性**　第三者対抗要件としての通知・承諾は（467条2項），177条・178条と同様に第三者に対する対抗要件を規律するので，強行規定である。他方，債務者対抗要件としての通知・承諾につき（467条1項），判例は公益

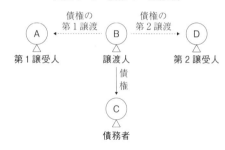

図表 9-2　債権の二重譲渡

保護の趣旨があるものとして強行規定と解するのに対して（大判大10・2・9民録27輯244頁），通説は任意規定であると解している。

（2）**467条1項と2項の関係**　467条1項と2項の関係については争いがあるが，従来の通説は次のように解している。1項は債務者をも含めて広く譲渡当事者以外の第三者への対抗関係の一般規定であり，2項がその特別規定である。1項は2項によって制限をうけ，債務者以外の第三者に対する関係では，1項の通知・承諾にさらに確定日付を必要とする。

（3）**対抗要件としての通知**　通知とは，債権譲渡があったという事実を知らせる行為であって，観念の通知とされるが，意思表示に関する規定が類推適用される。通知は到達によって効力を生じ（97条1項），債務者がこれを現実に認識したかどうかは問題ではない（大判明45・3・13民録18輯193頁）。

通知は，譲渡人がしなければならない（最判昭46・3・25判時628号44頁）。債務者からみて，譲受人がした通知には信頼性がないからである。それゆえ，譲渡人が行うべき通知それ自体を，譲受人が代位して行うことはできない（大判昭5・10・10民集9巻948頁）。しかし，譲受人が譲渡人の代理人または使者として通知することはできる（前掲最判昭46・3・25）。

債務者対抗要件としての通知では，方式は自由である。第三者対抗要件としての通知では，通知自体が書面でなされて，その書面に確定日付が付されていなければならない（大連判大3・12・22民録20輯1146頁）。

通知がなされない場合，債権の譲受人は譲渡人に対して，債務者に通知すべきことを請求できる（譲渡通知請求権）。その際，確定日付を付与すべきことも請求できる（確定日付付与義務，大判昭16・2・20民集20巻89頁）。債権が転々譲渡さ

れた場合，転得者は譲渡人に対して，譲渡通知請求権を代位行使できる（大判大8・6・26民録25輯1178頁）。譲渡人が債務者に対して通知しない場合，判決により譲渡通知が擬制される（民執177条，大判昭15・12・20民集19巻2215頁）。

(4) **対抗要件としての承諾**　　承諾とは，債権譲渡があったという事実を了知したことを表示する行為であって，観念の通知とされるが，意思表示に関する規定が類推適用されると解されている。承諾は，債務者から譲渡人と譲受人のいずれに対してなされても良い（大判大6・10・2民録23輯1510頁）。債務者が承諾する以上は，承諾の相手方は譲渡人・譲受人のいずれであっても支障はないからである。譲渡に先立ってなされた承諾は，譲受人が特定されている場合には，対抗要件として有効である（最判昭28・5・29民集7巻5号608頁）。

　債務者対抗要件としての承諾では，方式は自由である。第三者対抗要件としての承諾では，承諾自体が書面でなされて，その書面に確定日付が付されていなければならない。

④ インフォメーションセンターとしての債務者

　これから債権譲渡を受けようとする者は，債権が確かに存在するかどうか，債権がすでに譲渡されたり差押えを受けていないかを，どのように確認するのであろうか。弁済の有無など，債権の存否は債務者に問い合わせるのが確実である。また，第三者対抗要件としての通知や債権差押通知書・命令（税徴62条，民執145条）は債務者に対して送達されるため，債権譲渡や強制執行に関する情報は債務者が把握することになる。このように，債権譲渡では，必要とされる情報が債務者に集中するため，外部からの問い合わせに対して，債務者が**インフォメーションセンター**（公示機関）としての役割を担うことが期待される（最判昭49・3・7民集28巻2号174頁を参照）。このことを踏まえて，債権の二重譲渡における譲受人相互間の優劣決定基準を検討する必要がある（→⑥）。

⑤ 債権の二重譲渡と第三者の範囲

　467条2項にいう第三者とは，広く譲渡の当事者以外の者を意味するものではなく，譲渡の当事者以外であって，債権そのものに対し法律上の利益を有する者を指称する（大判大4・3・27民録21輯444頁）。悪意者も含まれる（通説）。第三者には，債権の二重譲渡における第二譲受人（大判昭11・7・11民集15巻1383頁），譲渡された債権の質権者（大判大8・8・25民録25輯1513頁），譲渡債権について転

付命令を得た者（大判昭7・5・24民集11巻1021頁）等が含まれるが，債務者の他の債権者（大判昭8・4・18民集12巻689頁）等は含まれない。

6 債権の二重譲渡と優劣決定基準

図表9-2（→205頁）のように債権が**二重譲渡**された場合，対抗要件の有無・先後と，債権譲受人相互間の優劣の決定基準は次のとおりである。

(1) **BからAへ債権の第1譲渡のみがなされた場合**　この時点では債権の二重譲渡は生じていない。Aが債務者対抗要件を具備していれば（467条1項），CはAに対して弁済の義務を負う。なお，Aが債務者対抗要件を具備していない場合，CはAに対する弁済を拒絶することができるが，Aに対して任意に弁済することも許される（大判明38・10・7民録11輯1300頁）。

(2) **BからA，BからDへ債権の二重譲渡がなされて，A・D両者とも債務者対抗要件のみを具備している場合**　A・D両者とも債務者対抗要件を具備しているものの，第三者対抗要件を具備していなければ，A・D両者はいずれも優先しない。ここで，Cの弁済義務については争いがあり，A・D両者に対してCは弁済を拒絶できるとする見解と，A・D両者に対してCは弁済を拒絶できず，A・Dいずれかに弁済すればCは免責されるとする見解が主張されている。

(3) **BからA，BからDへ債権の二重譲渡がなされて，A・Dのいずれか一方のみが第三者対抗要件を具備した場合**　A・Dのいずれか一方のみが第三者対抗要件を具備していれば，その者が優先する。Cは優先する譲受人に弁済しなければならない（大連判大8・3・28民録25輯441頁）。

(4) **BからA，BからDへ債権の二重譲渡がなされて，A・D両者とも第三者対抗要件を具備した場合**　(a) いずれか一方の第三者対抗要件である通知が先に到達したとき　A・D両者とも確定日付ある証書による通知を具備していれば，債務者Cに通知が先に到達した者が優先する（**到達時説**，前掲最判昭49・3・7）。その際，譲渡通知に確定日付がありさえすれば良いのであって，確定日付の先後は問われない。Cは優先する譲受人に弁済しなければならない。

この点，学説上は到達時説と確定日付説の争いがある。**確定日付説**は，債権譲渡人と債務者が相謀って債権譲渡通知の日付けを偽装できないようにすることが467条2項の趣旨であるならば，偽装不能な確定日付を基準とすべきと考える。これに対して，到達時説からは，次のような反論がなされる。債権譲渡

では，債務者がインフォメーションセンター（公示機関）としての役割を担うことが期待されており，対抗要件の有無・先後は，問い合わせの時点で，債務者へ到達していた情報を基準に回答がなされる。たとえば，Aの通知の確定日付が4月1日でCへの到達が4月4日，Dの通知の確定日付が4月2日でCへの到達が4月3日であったとする。4月3日に第三者がCに問い合わせれば「Dが第三者対抗要件を具備している」旨の回答がなされるが，確定日付説では，4月4日以降に第三者がCに問い合わせれば「Aの第三者対抗要件が優先する」旨の回答がなされることになり，Cの回答が齟齬する。このように，確定日付説をとると，先に到達した（確定日付では劣後する）債権譲渡通知の効力が後に到達した（確定日付では優先する）債権譲渡通知により覆されることになり，法的安定性を害することになる。このことから，判例・通説は到達時説を採用する。

(b) **それぞれの第三者対抗要件である通知が同時に到達したとき**　A・D両者とも確定日付ある証書による通知を受けており，かつ，その通知が同時にCに到達していれば，A・D両者とも第1順位として同順位の債権譲受人たる地位を主張できる（後順位の譲受人に対する関係につき，最判昭53・7・18判時905号61頁）。そして，A・Dいずれかから請求があれば，Cはその者に債権の全額を弁済しなければならない。ただし，CがA・Dいずれかに対して弁済すれば，その範囲で債務は有効に消滅するので，その後に他方からの弁済を拒絶できる（最判昭55・1・11民集34巻1号42頁）。

では，CがAに債権の全額を弁済した場合に，A・D間の関係はどうなるか。この点に関する最高裁判例は存在せず，求償や不当利得などを根拠に，DはAに対して，Aが受領した金額を按分した額について分配・清算を請求できるとする見解が有力である。

(c) **それぞれの第三者対抗要件である通知の到達が先後不明のとき**　それぞれの第三者対抗要件である通知の到達が先後不明であれば，本来は，A・Dいずれも第1順位の債権譲受人としての地位を主張できないはずである。これにつき，判例は，この先後不明の場合を同時到達の場合と同様に取り扱う（最判平5・3・30民集47巻4号3334頁）。すなわち，A・D両者とも第1順位として同順位の債権譲受人たる地位を主張できる。

さらに，第三者対抗要件である通知の到達が先後不明のときは，債権者の不

確知により債務者は供託することができる（494条2項）。ここで，A・Dいずれに対しても弁済することなく，Cが譲渡された債権額を供託した場合，同順位の債権譲受人であるAとDは，供託金額を按分した額の供託金還付請求権をそれぞれ分割取得する（前掲最判平5・3・30）。

7 すでに消滅した債権の譲渡

債権の第1譲渡がなされ，債権が弁済その他の事由によって消滅した後に，債権の第2譲渡がなされたとき，債権の第2譲渡について確定日付ある証書によってその通知がなされても，第2譲受人はすでに消滅した債権を譲り受けたのであって，債権を取得しない（大判昭7・12・6民集11巻2414頁）。

8 劣後者への弁済の保護

債権の二重譲渡における劣後する債権譲受人（467条2項参照）への弁済は，受領権者としての外観を有する者に対する弁済（478条）として保護されうる。ただし，債権の二重譲渡において劣後譲受人を真の債権者と信ずるにつき過失がないというためには，優先譲受人に対する債権譲受行為または対抗要件に瑕疵があるためその効力を生じないと誤信してもやむを得ない事情があるなど，劣後譲受人を真の債権者であると信ずるにつき相当の理由があることを要する（最判昭61・4・11民集40巻3号558頁）。

4——将来債権の譲渡

1 将来債権の譲渡性

将来に発生する債権を将来債権という。将来債権であっても譲渡することは可能である（466条の6第1項，最判昭53・12・15判時916号25頁）。将来債権が譲渡されれば，債権が発生した時点で譲受人が債権を当然に取得する（同条2項）。もし譲渡された将来債権が実際には発生しなかったとしても，必要に応じて譲渡人と譲受人の間で事後調整すれば良いので，債権譲渡契約の締結時において将来債権が発生する可能性が低かったことは譲渡契約の効力に影響しない（最判平11・1・29民集53巻1号151頁）。

将来債権の譲渡においても，譲渡の時点で債務者対抗要件および第三者対抗要件を具備することができる（467条1項括弧書）。債務者対抗要件および第三者対抗要件を具備すれば，（将来債権が未だ発生していなくても）譲受人は将来債権

の譲渡を債務者および第三者に対抗できる（→WINDOW 9-3）。

② 将来債権の包括譲渡

(1) **債権の特定性**　将来債権の譲渡が複数の債権を含む包括的なものである場合には（これを将来債権の包括譲渡という），その範囲を特定しておかなければ，どの債権が譲渡されたのか明らかでない。たとえば，Bが賃貸マンションのオーナーであって，複数の賃借人C_1, C_2, C_3……が存在し，将来数年にわたる賃料債権を譲渡するような場合である。そこで，将来債権の包括譲渡においては，目的とされる債権がその発生原因や譲渡にかかる額等をもって特定される必要があり，将来の一定期間内に発生しまたは弁済期が到来すべきいくつかの債権を譲渡の目的とする場合には，適宜の方法によりその期間の始期と終期を明確にするなどして譲渡の目的債権が特定されていなければならない，とされる（前掲最判平11・1・29）。

(2) **将来債権の包括譲渡と公序良俗違反（90条）**　たとえば，企業が特定の債権者のために今後数年間にわたる主要な取引先に対する売掛代金債権のすべてを譲渡することは，許されるであろうか。このような契約は，今後の企業の経済活動を阻害するだけでなく，企業の他の債権者の利益を著しく害する可能性がある。そこで，このような場合には，将来債権の包括譲渡契約は公序良俗違反（90条）により，その効力の全部または一部が否定されることがありうるものとされる（前掲最判平11・1・29）。なお，将来債権の包括譲渡予約（予約型集合債権譲渡ともいう）では，予約完結の意思表示がなされるまでは，譲渡予約の目的となる債権につき譲渡人に取立権や処分権が留保され，譲渡人の債権者もこれを差し押さえることが可能であるから，譲渡人やその債権者を害するものとはいえず，公序良俗に反しないものとされる（最判平12・4・21民集54巻4号1562頁，→WINDOW 9-4）。

③ 将来債権の譲渡担保

債権の譲渡担保では，債権譲渡という法形式が用いられる（担保のための債権譲渡）。将来債権を譲渡担保に供することも可能であり，その場合にも，将来債権の譲渡性や対抗要件に関する規定や考え方が妥当する（最判平19・2・15民集61巻1号243頁）。なお，企業の資金調達のために将来債権を譲渡担保に供する場合には，企業（譲渡人）の取立権の留保や第三者対抗要件の効力が問題となる。

□ WINDOW 9-3

将来債権の譲渡担保と第三者対抗要件の効力

将来債権が譲渡担保に供され，第三者対抗要件が具備されたとして，その効力はどうなるか。取立権限留保型集合債権譲渡については，下記のとおり（→WINDOW 9-4），譲渡担保の目的である債権は譲渡担保契約により担保権者に確定的に譲渡がなされており，指名債権譲渡の対抗要件（467条2項）の方法により第三者に対する対抗要件を具備することができる。その際，譲受人が債務者に対して，譲渡人に留保した取立権限の行使に対する協力を依頼したとしても，第三者対抗要件の効力を妨げるものではないとされている（最判平13・11・22民集55巻6号1056頁）。

これに対して，予約型集合債権譲渡・停止条件型集合債権譲渡では，将来債権を担保に供する際には譲渡の効力が生じていない点に問題がある。予約型集合債権譲渡について，判例は，予約段階でなされた確定日付ある証書による債権譲渡通知または承諾により，債務者は予約完結権の行使により当該債権の帰属が将来変更される可能性を了知するに止まり，当該債権の帰属に変更が生じた事実を認識するものではないから，上記予約の完結による債権譲渡の効力は，当該予約についてされた上記の通知または承諾をもって，第三者に対抗することはできないとする（最判平13・11・27民集55巻6号1090頁）。

□ WINDOW 9-4

将来債権の譲渡担保と企業（譲渡人）の取立権の留保

メーカーが取引先に対する将来にわたる売掛代金債権を譲渡担保に供したり，信販会社が複数の顧客に対する将来にわたるクレジット契約上の債権を譲渡担保に供するなど，企業が資金調達のために将来債権を包括的に譲渡担保に供することがある。企業にとって，これら将来債権は取引過程における流動財産であって，担保権が実行されるまでは，正当な営業活動として企業に取立権を留保しておく必要がある。これを実現するために，取立権限留保型集合債権譲渡と，予約型集合債権譲渡・停止条件型集合債権譲渡という2つの法律構成が用いられてきた。

取立権限留保型集合債権譲渡とは，将来債権を譲渡担保として包括的に譲受人に譲渡しつつも，債務者が債務不履行に陥るまでは，譲渡人にその取立権を留保させるものである。他方，予約型集合債権譲渡・停止条件型集合債権譲渡とは，将来債権を担保に供する際には譲渡の効力を生じさせずに，予約完結権の行使・条件の成就までは，譲渡人が債権者として取立権を有するとするものである。

5 ──動産債権譲渡特例法による対抗要件

① 集合債権の担保化

集合債権とは（現在および将来の）多数の債権をいう。企業が資金調達のために集合債権である将来債権を包括的に譲渡担保に供する際には，民法の対抗要

件の制度（467条）には問題があった。①将来にわたって発生・消滅を繰り返す多数の債権について，債務者への譲渡通知のコストが膨大となること，②企業（譲渡人）の取引上の信用にかかわるため，債務者に対する譲渡通知は回避されるのが望ましいこと，③債務者が特定していない将来債権につき対抗要件を具備できないこと等である。動産及び債権の譲渡の対抗要件に関する民法の特例等に関する法律（動産債権譲渡特例法と表記される）により債権譲渡登記が設けられたことで，これらが解決された。

② 債権譲渡登記

債権譲渡登記制度とは，法人がする金銭債権の譲渡や金銭債権を目的とする質権の設定について（動産債権譲渡1条），簡易に債務者以外の第三者に対する対抗要件を具備する制度をいう。具体的には，民法上の債権譲渡における第三者対抗要件（467条2項）の特例として，債権譲渡につき登記をすると，これが確定日付ある証書による通知または承諾と同様の効力を有するものとされる（動産債権譲渡4条）。

(1) **債権譲渡登記の効力**　債権譲渡登記は，その登記時において，債務者を除く第三者に対して確定日付ある証書による通知または承諾と同様の効力を有する（動産債権譲渡4条1項）。なお，債務者に対して支払請求をするためには，あらためて登記事項証明書を付した通知をする必要がある（同条2項）。

このように債権譲渡登記制度では，債務者対抗要件と第三者対抗要件が別々のものとされることにより，第三者対抗要件を具備するための債務者への通知が不要となり，譲渡人（債権者）の取引上の信用を維持できるメリットがある。

(2) **登記事項**　債権譲渡登記をする際には，債権を特定するために必要な事項を記載する必要がある（動産債権譲渡8条2項4号）。その内容は，譲渡される債権の債務者が特定しているときは，債務者および債権の発生の時における債権者の数，氏名および住所等であり，譲渡される債権の債務者が特定していないときは，債権の発生原因および債権の発生の時における債権者の数，氏名および住所等とされる（動産債権譲渡規9条1項）。このように，登記事項が包括的であるため，将来にわたって発生・消滅を繰り返す多数の債権についても容易に対抗要件を具備することが可能となる。かつ，譲渡の時点で債務者が特定されていない場合にも，登記により対抗要件を具備することが可能とされるこ

とで，将来行われる取引によって発生する債権，すなわち，債務者が特定していない将来債権についても担保化することが可能とされている。

(3) 譲受人相互間の優劣　　債権が二重に譲渡された場合，譲受人相互間の優劣は，確定日付ある証書による通知の到達時と債権譲渡登記の登記時の先後により決定される（467条2項，動産債権譲渡4条1項）。

6──債権譲渡における債務者の抗弁

1 総　　説

　債権譲渡は譲渡人（債権者）と譲受人の合意により成立するが，これに関与しない債務者が不利益を被るべきではない。それゆえ，債務者は，対抗要件具備時までに譲渡人に対して生じた事由を譲受人に対しても主張できる（468条1項，なお，同条2項も参照）。ここにいう対抗要件とは債務者対抗要件（467条1項）を意味する。図表9-1（→201頁）でいえば，BからAに債権が譲渡されて，債務者対抗要件が具備されたとしても，その対抗要件具備時までにB・C間で生じた，債務不成立・無効・取消し・同時履行などの抗弁や，弁済・相殺・更改・免除など債務消滅による抗弁を，CはAに対して主張することができる。

2 相殺の抗弁

　図表9-1でいえば，BからAに債権が譲渡されて，債務者対抗要件が具備されたとしても（467条1項），対抗要件具備時より前にCがBに対して取得した債権をもって，CはAに対して相殺を主張することができる（469条1項）。これは，判例の採用する無制限説を前提とするものと理解されており（最判昭50・12・8民集29巻11号1864頁），それゆえ，自働債権・受働債権の履行期の先後は問われない。この相殺の抗弁には，特別規定が設けられている。

　すなわち，債務者対抗要件具備時より後に，CがBに対して取得した債権であっても，対抗要件具備時より前の原因に基づいて生じた債権については，CはAに対して相殺を主張できる（469条2項1号）。これには，対抗要件具備時より前にB・C間に賃貸借契約が存在していた場合の，CのBに対する賃料債権や，対抗要件具備時より前にB・C間に不法行為や不当利得など法定債権関係の原因が存在していた場合の，CのBに対する損害賠償請求権や不当利得返還請求権などが含まれる。

　また，債務者対抗要件具備時より後に，CがBに対して取得した債権であっても，譲渡債権の発生原因である契約に基づいて生じた債権については，CはAに対して相殺を主張できる（469条2項2号）。これは，BからAへの将来債権の包括譲渡では，B・C間の取引関係が継続することが前提とされるが，将来的にその継続的取引関係から生じるCのBに対する債権をもって，CがAに相殺を主張できるとすることが，Cの利益保護やAの予測にもかなうと考えられたことによる。

　なお，上記の469条2項1号・2号の適用は，規定の趣旨から，C・B間で生じた債権に限定されるのであって，Bと他人との間で生じた債権を事後的にCが譲り受けた場合には適用されない（同項柱書ただし書）。

第2節　債務引受

1 ── 債務引受の意義と機能

1 債務引受とは何か

　債務引受とは，契約により，債務者の債務を他の者が引き受けることをいう。図表9-3のとおり，Aを債権者，Bを債務者，Cを債務引受人（引受人）という。この債務引受には，Bが債権債務関係から離脱して，Cのみが債務を負担することになる**免責的債務引受**（472条1項）と，Bが債権債務関係から離脱せずに，BとCが併存的に債務を負担する**併存的債務引受**（重畳的債務引受ともいう）が存在する。併存的債務引受では，BとCは連帯債務関係となる（470条1項）。

2 債務引受の目的

　債務引受は，さまざまな目的のために利用される。①併存的債務引受の主要な機能は，債権の担保にある。具体例として，会社債務を会社と共に役員が負担する場合や，不法行為による損害賠償債務を加害者の親族が加害者と共に負担する場合があげられる。また，企業の資金調達の手段として，企業債務を企業と共に金融機関が負担する場合もあげられる。②免責的債務引受の主要な機

能は，債務の簡易な決済にある。具体例として，抵当不動産の売買に際して，売主が負担する被担保債務を買主が代わりに負担する場合があげられる。また，B社の事業再編により事業の一部門をC社へ譲渡する際に，それに伴って，B社がA社に対して負担する債務をC社が代わりに負担する場合もあげられる。

図表9-3　債務引受

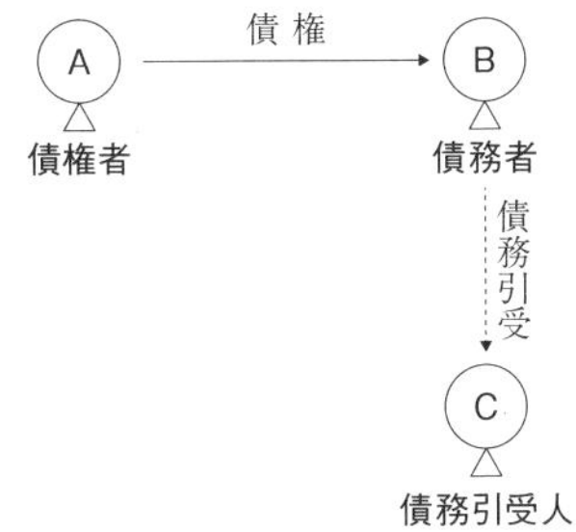

2──債務引受の成立

　債務引受では，引受人Cが新たに債務を負担することになるため，債務引受が成立するためにはCの合意はつねに必要である。では，債権者Aの合意はどうか。

　債権の価値は債務者の資力によるから，債務者が誰であるかにつき債権者は重大な利害関係を有する。それゆえ，債務者が交替する免責的債務引受では，Aがこれに合意しなければ，Bは免責されない。472条3項にいう債権者の承諾とは，債務者の交替という効果を生じさせる意思表示である。他方，債務者と引受人が併存的に債務を負担する併存的債務引受では，従来どおり債務者が債務を負担するため，債権者はとくに不利益を負うものではない。それゆえ，併存的債務引受では，Aの合意がなくても，債務引受を成立させることは可能である。ただし，その効果がAに及ぶかどうかは，Aの判断による。470条3項にいう債権者の承諾とは，第三者のためにする契約における第三者による受益の意思表示にあたるものである（同条4項を参照）。

① 併存的債務引受の成立

　併存的債務引受の合意は，「CがBの債務を引き受ける」という内容である（→**図表9-3**を参照）。すなわち，①A・B・C三者間の契約（いわゆる三面契約）により併存的債務引受は成立し，効力が生じる。②AとCの契約により併存的債務引受は成立し，効力が生じる（470条2項）。その際，Bの意思に反する場合でもよいとされる（Bの意思に反する場合でも，AとCの契約により保証債務は成立する。462条2項を参照）。③BとCの契約によっても併存的債務引受は成立するが，AがCに対して承諾をなした時にその効力が生じる（470条3項）。この場

合，第三者のためにする契約に関する規定に従うものとされる（同条4項）。

② 免責的債務引受の成立

　免責的債務引受の合意には，「CがBの債務を引き受ける」と「Bを債務から免責させる」という2つの内容が含まれる。すなわち，①A・B・C三者間の契約（いわゆる三面契約）により免責的債務引受は成立し，効力が生じる。②AとCの契約により免責的債務引受は成立するが，AがBにその旨を通知した時にその効力が生じる（472条2項）。③BとCの契約により免責的債務引受をするには，Aの承諾が必要である。すなわち，AがCに承諾をした時にその効力が生じる（同条3項，→WINDOW 9-5）。

3──債務引受の効力

① 併存的債務引受の効力

　併存的債務引受が成立すると，次の効力が生じる。すなわち，①併存的債務引受により，CはBの債務につきBと連帯債務を負担する（470条1項）。②併存的債務引受が効力を生じた時点を基準として，それ以前にBがAに対して有していた債務に関する抗弁を，CはAに対して主張できる（471条1項）。③併存的債務引受がB・C間の契約によりなされた場合は，第三者のためにする契約に従う（470条4項）。それゆえ，B・C間の引受契約に基づくCのBに対する抗弁を，CはAに対して主張できる（539条）。④BがAに対して取消権または解除権を有するときは，Cはこれらを行使しえないものの，もしBが取消権または解除権を行使すればBがその債務を免責される限度で，CはAに対して債務の履行を拒絶できる（471条2項）。⑤BがAに対して債権を有する場合には，CはBの負担部分の限度で，債務の履行を拒絶することができる（439条2項・470条1項）。⑥CがAに債務を弁済すれば，CはBに対して求償権を行使できる（442条・470条1項）。

② 免責的債務引受の効力

　免責的債務引受が成立すると，次の効力が生じる。すなわち，①免責的債務引受により，Bの債務と同一内容の債務をCが引き受けて，Bは債務を免れる（472条1項）。②免責的債務引受が効力を生じた時点を基準として，それ以前にBがAに対して有していた債務に関する抗弁を，CはAに対して主張できる

☐ **WINDOW 9-5** ◀◀

併存的債務引受と保証

　併存的債務引受は，保証に類似する制度である。しかし，併存的債務引受では，保証と異なり，付従性や補充性は問題とならない。また，保証は要式契約であるが（446条2項），併存的債務引受は方式（書面）を必要としない。とりわけ，根保証や事業にかかる債務の保証などでは（465条の2以下を参照），保証人保護のための諸規定が設けられているが，併存的債務引受にはその適用はない。そのため，保証に関する規制を潜脱するために，併存的債務引受が用いられる可能性がある。そこで，債務者の負う債務を保証することを主たる目的とする併存的債務引受には，保証人保護のための諸規定が準用されるべきと解されている（→191頁，198頁）。

☐ **WINDOW 9-6** ◀◀

契約上の地位の移転

　契約により，売買契約における売主や買主の地位，請負契約における請負人や注文者の地位など，契約当事者としての地位が譲渡人から譲受人に移転することを，契約上の地位の移転という。契約引受または契約譲渡ともいう。このような契約上の地位の移転では，双務契約当事者としての地位に債権者と債務者の地位が包摂されるから，必然的に債権譲渡と債務引受を伴うことになる。免責的債務引受をするには債権者の合意または事後承諾が必要とされるから（472条），契約上の地位の移転を譲渡人と譲受人の合意によりするには，契約の相手方の承諾が必要とされる（539条の2）。

　なお，賃貸不動産の譲渡と賃貸人の地位の移転に関しては，賃貸借に特別の規定が設けられている（605条の2・605条の3）。

（472条の2第1項）。③BがAに対して取消権または解除権を有するときは，Cはこれらを行使しえないものの，もしBが取消権または解除権を行使すればBがその債務を免責される限度で，CはAに対して債務の履行を拒絶できる（同条2項）。④Bの債務に担保（物的担保・人的担保）が設定されていた場合には，免責的債務引受に際して，Aはこの担保をCが負担する債務に移すことができる（472条の4第1項・3項）。そのためには，担保権設定者がCである場合にはCの承諾は不要であるが，担保権設定者がC以外の者（Bを含む）であればその者の承諾を得る必要がある（同条1項ただし書）。かつ，免責的債務引受がなされる以前に，AからCに対して「担保をCが負担する債務に移す」旨の意思表示をしなければならない（同条2項）。付従性による担保権の消滅を防ぐ必要があるからとされる。なお，人的担保を移すためにC以外の者（保証人）の承諾を必

要とする場合には，その承諾は書面でなされなければならない（同条4項，なお同条5項を参照）。⑤CがAに債務を弁済しても，CはBに対して求償権を取得しない（472条の3）。免責的債務引受をなしたCは，最終的な債務の負担者となる意思を有していたことを理由とする。もっとも，免責的債務引受がなされるに際して，B・C間で，BがCに対して対価を支払う合意をしていれば，CはBに対してその支払いを請求することは可能である。また，Bの委託を受けてCが免責的債務引受をなした場合には，CがBに対して委任契約上の委任事務処理費用の償還請求権を行使することも可能である（649条・650条）。

第3節　民法上の有価証券

　有価証券とは，財産的価値を有する私権を表章する証券であって，その権利の発生・移転・行使のすべてまたは一部が証券をもってなされることを必要とするものをいう。520条の2以下に，有価証券の通則的規定として，指図証券，記名式所持人払証券，その他の記名証券，無記名証券について規定が設けられている。なお，個々の有価証券につき商法や手形法などに規定が設けられていれば，これらが特別法として民法の規定に優先して適用される。

① 指図証券

　指図証券とは，たとえば「Aまたはその指図人」というように，特定の者またはその者が指示する者に対して給付をする旨（指図文句）が証券上に記載されている有価証券をいう。権利者が次の権利者を指示する記載は証券の裏側になされるため，これを裏書という。手形，小切手，倉庫証券，船荷証券などが例としてあげられる。

　権利の譲渡につき，指図証券では，証券の交付と裏書が譲渡の効力要件とされ（520条の2），その方式については手形法の裏書の方式に関する規定が準用される（520条の3）。また，裏書が連続していれば，その名義人である所持人は権利者であることを推定される（520条の4）。

　このほか，指図証券については，善意取得（520条の5），債務者の抗弁の制限（520条の6），質権の設定（520条の7），弁済場所（520条の8），履行遅滞（520

条の9），調査の権利と弁済の有効性（520条の10），証券の喪失と公示催告手続（520条の11），証券の喪失と債務者に対する権利行使（520条の12）について規定が設けられている。

2 記名式所持人払証券

記名式所持人払証券とは，たとえば「Aまたは持参人」というように，特定の者または証券の正当な所持人に対して弁済をすべき旨が証券上に記載されている有価証券をいう。記名式所持人払小切手が例としてあげられる。

権利の譲渡につき，記名式所持人払証券では，証券の交付が譲渡の効力要件とされる（520条の13）。また，証券の所持人は権利者であることを推定される（520条の14）。

このほか，記名式所持人払証券については，善意取得（520条の15），債務者の抗弁の制限（520条の16），質権の設定（520条の17），指図証券に関する規定の準用（520条の18）について規定が設けられている。

3 その他の記名証券

その他の記名証券（520条の19）とは，指図証券・記名式所持人払証券以外の，債権者を指名する旨が証券上に記載されている有価証券（記名証券）をいう。裏書禁止手形や裏書禁止船荷証券などが例としてあげられる。

その他の記名証券につき譲渡または質権を設定するためには，債権の譲渡または債権を目的とする質権の設定に関する方式に従わなければならない（520条の19第1項）。また，その他の記名証券の喪失と公示催告手続・債務者に対する権利行使については，520条の11および520条の12の規定が準用される（520条の19第2項）。

4 無記名証券

無記名証券とは，特定の者に対して給付をする旨が証券上に記載されておらず，債務者が証券の所持人に対して給付をしなければならない有価証券をいう。無記名小切手，入場券，乗車券，商品券などが例としてあげられる。無記名証券には，記名式所持人払証券の規定が準用される（520条の20）。

第**10**章
債権の消滅

● **本章で学ぶこと**

　民法典には，債権の一般的消滅原因として，弁済，相殺，更改，免除，混同が規定されている（473条以下）。本章では，これら債権の一般的消滅原因について勉強する。

　このうち，弁済は債権本来の消滅原因である。すなわち，債権は給付内容の実現を目的とするものであるから，弁済により給付内容が実現されれば債権は消滅する。この弁済のプロセスをめぐっては，種々のことが問題となりうる。たとえば，子の借金を親が代わりに返済できるか，貸主の代理人と称する者が借金の取立てに来たら借主はどうすれば良いか，売主は買主に売買目的物をどこで引き渡せば良いか，買主が売買目的物を受領しなければ売主はどうすれば良いか，複数の保証人のうち1人が保証債務を履行すればどうなるか等である。これらの問題は，誰が弁済できるのか（弁済者），誰に弁済すべきなのか（弁済受領者），いつ・どこで・どのように弁済すべきなのか（弁済の時期・場所・方法），弁済によりどのような効果が生じるか（弁済の充当，弁済による代位など）等に整理できる。弁済に関する論点は多岐にわたるが，「これが何の問題なのか」を意識しながら，本章を勉強して欲しい。

第1節　債権の消滅原因と一般的消滅原因

① 債権の消滅原因

　民法典には，債権の一般的消滅原因として，弁済，相殺，更改，免除，混同が規定されている（473条以下）。さらに，弁済の箇所には，弁済とは性質を異にする代物弁済と供託が規定されている。しかし，債権の消滅原因はこれに限られない。たとえば，消滅時効の完成（166条以下）や債権の存続期限の到来のほか，債権が法律行為に基づいて発生する場合には，終期の到来（135条2項），解除条件の成就（127条2項）によって，債権は消滅する。債務者の弁済によらずに，第三者弁済（474条），強制執行，担保権実行によって債権は満足を受けて消滅する。受領権者としての外観を有する者に対する弁済（478条）によっても債権は消滅する。さらに，医者に往診を依頼したが，医者の到着前に患者が自然に治癒したような場合（これを目的到達という）や，医者の到着前に患者が死亡したような場合（これを債権者利益の消滅〔目的喪失〕という）にも，債権は消滅する。

② 債権の一般的消滅原因

　(1)　**給付内容の実現との関係**　債権は，給付内容の実現を目的とするものであるから，その実現によって消滅する。これは債権本来の消滅原因であって，債権の一般的消滅原因のうち，弁済がこれにあたる。代物弁済や供託は債権の目的たる給付内容を実現するものではないが，これにより債権者は満足を得るため，弁済に準ずるものとして位置づけられる。他方，債権の目的たる給付を実現する必要がなくなれば，やはり債権は消滅する。相殺，更改，免除，混同は，債権の目的たる給付内容を実現させるものでないが，これにより給付内容を実現する必要が失われるため，債権の消滅原因とされるものである。

　(2)　**法律要件の性質による分類**　債権の一般的消滅原因は，法律要件（法律行為・準法律行為・事件）を基準にして分類されることもある。たとえば，免除は債権者が（519条），相殺は債務者が（506条1項），それぞれ一方的な意思表示（法律行為のうち単独行為）によりすることができる。これに対して，代物弁済と更改は債権者と債務者の契約（482条・513条以下），供託は債務者と供託所の

契約による（494条を参照）。弁済は，債務者による債務の履行であるが，債務者に債務の弁済として給付をする意思が必要と解されるため，準法律行為とする見解が有力である。混同は，債権者と債務者の地位が同一人に帰属したという事実により効力が生じるため，事件とされる（520条）。

第2節　弁　　済

1──総　　説

① 弁済の意義

　金銭消費貸借契約（587条）に基づいて借主が貸主に借金を返済する，委任契約（643条・656条）に基づいて弁護士が依頼人のために法律事務を処理するなど，債務者は債権の内容である給付をすることを義務づけられており，これを実現することにより債権は消滅する。このように，**弁済**とは，債務者または第三者が，債務の内容である給付を債務の本旨に従って実現することをいう。履行ともいう。弁済によって，債権はその目的を達成して消滅する（473条）。

② 債務者の意思と弁済の成否

　弁済が有効に成立するには，債務者による給付行為に加えて，債務者の意思が必要か否かにつき議論がある。

　買主が売主に売買代金を支払えば，代金債権は消滅する。では，買主が売主に金銭を贈与するつもりで代金相当額を支払った場合，代金債権は消滅するか。たしかに，弁済により債権が消滅するのは，債権の目的たる給付内容が実現されたことによるものであって，債務者の意思に基づくものではない。それゆえ，弁済それ自体は法律行為ではない。しかし，債務者の意思は弁済の成否とおよそ関係がない，とみるべきなのであろうか。弁済の法的性質には争いがあるものの，通説は，弁済が有効に成立するには，債務者に「債務の弁済として給付をする意思」が必要であり，買主が売主に金銭を贈与する意思で代金相当額を支払っても代金債権は消滅しないとする。

③ 本書の叙述

　誰が，誰に，どのような行為をすれば弁済は効力を生じるか。この視点から，以下では，弁済者（債務者，第三者の弁済），弁済受領者（弁済受領権者，受領権者としての外観を有する者に対する弁済），弁済の方法（弁済の場所，時期，費用，特定物の引渡し，弁済の提供），弁済の効果（預金口座への払込み，受取証書の交付と債権証書の返還，弁済の充当，弁済による代位）の順で叙述することにする。

2 ―― 弁 済 者

① 債 務 者

　債務者は，弁済をする義務を負うとともに，弁済をする権限を有する（473条）。債務の本来的な弁済者は債務者である。債務者の使用人など履行補助者が債務を履行する場合も，債務者の履行として弁済は有効となる。また，債務者の代理人，財産管理人，破産管財人（25条以下，破産74条以下ほか）など債務者の意思または法律の規定により弁済権限を有する者は，債務者に代わって弁済をすることができる。

② 第三者：第三者の弁済の意義

　第三者も，原則として弁済をすることができる（474条1項）。ここで**第三者の弁済**とは，第三者が他人の債務を弁済することを想定している。たとえば，連帯債務者や保証人は自らの債務を弁済するのであって，第三者の弁済にあたらない。

　第三者の弁済が許される場合には，第三者は債務の本来的履行をすることができるほか，代物弁済（482条）や供託（494条以下）もすることができる。

③ 第三者の弁済が許されない場合

　第三者の弁済が許されない場合として，次の3つが規定されている。これらに反してなされた弁済は無効であり，債権者は弁済の受領を拒絶できる。

　(1)　**債務の性質から許されない場合**（474条4項前段）　第三者の弁済が債務の性質から許されない場合とは，特定の債務者のみが弁済することができるような，債務が一身専属的給付を目的とする場合である。これには，ある作家の執筆，ある音楽家の演奏のように，およそ債務者自身が給付しなければ債務の目的を達成できない場合と（絶対的な一身専属的給付），労働者の労働（625条2項）

や受寄者の保管（658条2項）のように，債権者の同意がなければ第三者が給付することが許されない場合がある（相対的な一身専属的給付）。

(2) **当事者が反対の意思を表示した場合**（474条4項後段）　当事者が第三者による弁済を禁止するか制限する旨の意思表示をしたときは，第三者による弁済は許されない。これには，債権者と債務者の契約において第三者の弁済を許さない旨の特約をした場合や，遺贈などにおいて行為者の単独行為により第三者の弁済を禁じた場合があげられる。なお，反対の意思の表示は債権発生と同時でなくても良いが，第三者の弁済がなされる前になされなければならない（大決昭7・8・10新聞3456号9頁）。

(3) **弁済をするについて正当な利益を有しない第三者**　(a) 債務者の意思に反する弁済（474条2項）　弁済をするについて正当な利益を有しない第三者は，債務者の意思に反して弁済をすることができない。しかし，正当な利益を有する第三者は，債務者の意思に反してでも弁済することができる。

ここで正当な利益を有する者とは，弁済をしなければ債権者から執行を受ける者と，弁済をしなければ債務者に対する自己の権利が価値を失う者である。物上保証人，担保不動産の第三取得者，後順位抵当権者などは被担保債権を弁済することに正当な利益を有する。借地上建物の賃借人は，地代債務を弁済することにつき正当な利益を有する（最判昭63・7・1判時1287号63頁）。これに対して，単なる親子関係や友人関係にある者は，正当な利益を有する者にあたらない（大判昭14・10・13民集18巻1165頁）。債務者の意思に反してとは，必ずしも意思の表示は必要でなく，単に債務者が第三者の弁済を禁じる意思を有することで足りる（大判大6・10・18民録23輯1662頁）。

正当な利益を有しない第三者が債務者の意思に反してした弁済は無効である。ただし，債務者の意思に反することを債権者が知らなかったときは，弁済は有効となる（474条2項ただし書）。

(b) 債権者の意思に反する弁済（474条3項）　弁済をするについて正当な利益を有しない第三者は，債権者の意思に反して弁済をすることができない。債務者の意思に反しなくても，正当な利益を有しない第三者からの弁済は，債権者がこれを受領拒絶できる。ただし，その第三者が債務者の委託を受けて弁済をする場合において，そのことを債権者が知っていたときは，弁済は有効で

図表10-1　第三者弁済の有効性と債権者の受領拒絶権（整理表）

不許事由 ＼ 弁済者の正当な利益	有		無	
債務の性質	無　効	受領拒絶可	無　効	受領拒絶可
当事者の意思表示	無　効	受領拒絶可	無　効	受領拒絶可
債務者の反対	有　効	受領拒絶不可	債権者悪意なら無効*	受領拒絶可**

＊債権者が善意であれば弁済は広く有効
＊＊債権者は弁済委託があることを知っている場合にのみ受領拒絶不可（債務者の意思に反しない）
（松岡久和作成）

あり，かつ，債権者はこれを受領拒絶できない（474条3項ただし書）。

④ 第三者の弁済の効果

　第三者の弁済が有効になされると，債権は消滅する（473条）。第三者は債務者に対して，立替払いの返還を請求しうるし（求償権），弁済による代位も生じる（499条以下）。さらに，第三者の弁済が許される場合には，弁済の提供（492条）や受領遅滞（413条）も問題となりうる。

3 ── 弁済受領者

① 弁済受領権者と弁済受領権の制限

　債務者が債権者に弁済すれば，債権は消滅する。債権者以外の者であっても，弁済受領権を有する者に弁済すれば，債権は消滅する（478条括弧書を参照）。弁済受領権者として，債権者のほか，債権者の代理人，債権の取立てを委任された者，債権者代位権を行使する者（423条以下），債権質権者（366条1項），差押債権者（民執155条），破産管財人（破産78条）などがあげられる。

　他方，債務者が債権者に弁済しても，債権者が**弁済受領権**を失っていれば，債権は消滅しない。債権者が弁済受領権を失う場合として，債権が質入れされた場合，債権が差し押さえられた場合（民執145条1項，なお481条を参照），債権者が破産した場合（破産34条・78条1項）があげられる。債権者が制限能力者である場合，債権者は弁済受領権を失うか制限される（5条1項・9条・13条1項1号・17条1項）。

　なお，債務者が受領権者以外の者に弁済しても，弁済は効力を生じない。ただし，債権者がこの弁済によって利益を受けた場合には，その限度で弁済は効

力を有する（479条）。たとえば，弁済受領者が債務者から受領したものを債権者に引き渡した場合や，債権者の利益のために使用した場合などである。

② 受領権者としての外観を有する者に対する弁済の意義

弁済者が弁済受領権を有しない者に弁済しても，弁済は効力を生じないのが原則である（ただし，479条）。しかし，弁済受領権は存在しないものの，弁済受領権の存在を推認させる外観を有する者を信頼して弁済者が弁済した場合，この弁済者の信頼を保護し債権を消滅させる例外規定が設けられている。これが受領権者としての外観を有する者に対する弁済（478条）である。この規定は，表見代理（109条以下）や即時取得（192条）等と並んで，権利外観法理の一種であると理解されている。

③ 受領権者としての外観を有する者に対する弁済の要件

受領権者としての外観を有する者に対する弁済の要件としては，受領権者としての外観を有する者であること，この者に対して弁済者が任意で弁済したこと，弁済者が善意無過失であることがあげられる。なお，債権者の帰責性は不要と解されている。

(1) **受領権者としての外観を有する者**　　受領権者としての外観を有する者（表見受領権者ともいう）とは，取引観念からみて真実の債権者であると信じさせるような外観を有する者をいう。これには，債権者と詐称した者（詐称債権者）と，債権者の代理人と詐称した者（詐称代理人）の両方が含まれる。

受領権者としての外観を有する者の例として，債権者が死亡した場合の表見相続人（大判昭15・5・29民集19巻903頁）や無効な債権譲渡があった場合の債権譲受人（大判大7・12・7民録24輯2310頁），債権の二重譲渡における劣後譲受人（最判昭61・4・11民集40巻3号558頁），窃取された預金通帳と印鑑の所持人などがあげられる（大判昭18・8・20民集22巻777頁）。

(2) **弁済者が任意で弁済したこと**　　478条の趣旨は，債権者を誤認して弁済をなした弁済者を保護することにあるから，本旨に従った弁済があり，これが任意でなされたことを要する。転付命令（民執159条以下）による債権の消滅について478条の適用を認めた判例があるが（前掲大判昭15・5・29），学説は批判的である。

(3) **弁済者の善意無過失**　　478条が適用されるためには，債権者を誤認し

て弁済をなしたことにつき，弁済者が善意無過失であることを要する。

(4) **債権者の帰責性**　478条が適用されるためには，債権者の帰責性は不要である（通説）。同条を権利外観法理の一種と理解すると，その成立要件として，相手方（ここでは弁済者）の善意無過失と併せて真の権利者（ここでは債権者）の外観作出に対する帰責性が必要であるはずである。しかし，弁済の事案では，弁済者は新たに契約を締結するのではなくて，すでに債務を負担しており，弁済はその履行であること，債権者が負う不利益はこの債権を喪失するという限定的なものであるという特徴がある。それゆえ，同条では，この弁済者の保護や権利者のリスク等のバランスを考慮して，債権者の外観作出に対する帰責性は不要とされ，その成立要件が緩和されると解されている。

4 受領権者としての外観を有する者に対する弁済の効果

　弁済者が受領権者としての外観を有する者に弁済すれば，債権者に対する関係で免責される（478条）。その際，債権者はこの弁済受領者に対して，債権侵害に基づく損害賠償請求権（709条。最判平23・2・18判時2109号50頁）または不当利得返還請求権（703条以下。最判平16・10・26判時1881号64頁）を行使できる。ここで，弁済者が弁済受領者に対して目的物の返還を請求できるか否かにつき争いがあるが，判例は否定する（前掲大判大7・12・7）。

5 受領権者としての外観を有する者に対する弁済と銀行取引

　受領権者としての外観を有する者への弁済の規定（478条）の適用範囲は，とりわけ銀行取引において拡大されている。

(1) **預金の払戻しと定期預金の期限前払戻し**　普通預金の払戻しや定期預金の満期による払戻しは預金債権の弁済にあたり，478条が適用される。では，定期預金の期限前払戻しはどうか。ここでは定期預金の合意解約と払戻しが併せてなされるため，この契約たる合意解約の効力が問題となる。学説上は，定期預金の期限前払戻しには表見代理に関する規定（109条以下）が適用されるとする見解と，478条が適用されるとする見解が主張されている。法形式的には，合意解約は契約なので，詐称債権者等が銀行と締結した契約の効力が預金者に及ぶか否かは，表見代理の成否によるといえる。しかし，判例・通説は，定期預金の期限前払戻しについても478条が適用されるとする。その理由として，判例は，定期預金契約を締結するに際して，当事者間において定期預金を期限

□ WINDOW 10-1　◀◀

銀行取引における免責約款と478条

　銀行取引では，銀行が一定の要件のもとでなした預金債権者でない者に対する払戻しについて，真の預金債権者との関係で免責される旨の約款が設けられることがある。判例・通説は，この免責約款の解釈として，銀行の無過失を免責のための要件と解するため，結果として，免責約款と478条の適用は重なりあうことになる。

　なお，銀行取引約款は，全国銀行協会連合会により制定された「銀行取引約定書ひな型」により事実上統一されていたが，2000（平成12）年，銀行取引約定書ひな型は廃止された。現在では，各銀行が独自に銀行取引約款を設けている。

前に払い戻す場合には普通預金の利息と同率とする商慣習による意思を有しており，このように期限前払戻しの場合における弁済の具体的内容が契約成立時にすでに合意により確定されているから，銀行のなした期限前払戻しは478条にいう弁済に該当し，同条の適用を受けるという（最判昭41・10・4民集20巻8号1565頁）。

　(2)　**預金担保貸付と口座貸越，生命保険契約における契約者貸付**　定期預金債権を担保に預金者が銀行から融資を受けることを，預金担保貸付という。預金者が貸付債権を弁済できなければ，銀行は，貸付債権と定期預金債権を相殺することにより貸付金を回収する。この預金担保貸付は広く行われており，銀行取引契約上，銀行総合口座に定期預金を預け入れしている場合に，普通預金口座の残高が不足すると，この定期預金債権を担保にその不足分が自動的に貸付される処理がなされる。これを口座貸越という。

　さて，銀行が定期預金の預金者を誤認して，預金者以外の者に預金担保貸付を行うとどうなるか。先の定期預金の期限前払戻しとは異なり，ここでは新たな貸付けがなされるため，この契約たる貸付けの効力が問題となる。学説上は，預金担保貸付には表見代理に関する規定（109条以下）が適用されるとする見解と，478条が適用されるとする見解が主張されている。法形式的には，預金担保貸付は契約なので，詐称債権者等が銀行と締結した契約の効力が預金者に及ぶか否かは，表見代理の成否によるといえる。しかし，預金担保貸付の経済的実質は定期預金の期限前払戻しと同一である。それゆえ，預金担保貸付についても，478条が類推適用されると解されている（最判昭48・3・27民集27巻2号376頁）。銀行総合口座における口座貸越（最判昭63・10・13判時1295号57頁），詐称代

□ WINDOW 10-2

預貯金者保護法

　盗難または偽造された通帳やキャッシュカードを用いた不正な機械式預貯金払戻しが多発する社会状況を受けて，**預貯金者保護法**が2006（平成18）年より施行された。同法は保護の対象を個人に限定し（同法2条2項），偽造カード等と盗難カード等の取扱いを異にし，預貯金者のカード等や暗証番号の管理に関する注意義務を問題とする点に特徴がある（同法4条・5条）。

理人に対する預金担保貸付（最判平6・6・7金法1422号32頁），生命保険契約についての契約者貸付（最判平9・4・24民集51巻4号1991頁）についても同様である。

(3)　銀行の注意義務の内容とその判断基準時　　預金担保貸付では，いったん定期預金債権を担保に詐称債権者等が銀行から融資を受けた後に，銀行が貸付債権と定期預金債権を相殺することにより貸付金を回収する，という2段階の処理が行われる。それゆえ，法形式的には，銀行はいずれの時点でどのような内容の注意義務を負うかが問題となりうる。判例は，預金担保貸付に478条が類推適用される理由を定期預金の期限前払戻しと預金担保貸付の経済的実質が同一であることに求めており，この考え方によれば，預金担保貸付における銀行の注意義務の内容と判断基準時は定期預金の期限前払戻しに準じて検討されることになる。したがって，預金者を誤認したことにつき，貸付時において銀行が善意無過失であれば足り，相殺時において善意無過失である必要はないものとされる（最判昭59・2・23民集38巻3号445頁）。

(4)　機械式預貯金払戻し　　現在では，銀行窓口での預金払戻しに代わって，現金自動預払機（ATM）や現金自動支払機（CD）を用いた機械式預貯金払戻しが一般的である。この機械式預貯金払戻しでは，通帳またはキャッシュカードと暗証番号を用いて，預金の払戻しが行われる。ここで，盗難または偽造された通帳やキャッシュカードを用いて，不正な預金の払戻しが行われた場合はどうなるか。

　銀行窓口での預金払戻業務とは異なり，機械式預貯金払戻しにおいては，銀行の注意義務はシステムの安全性・管理や預金者に対するシステムの説明に向けられる。そして，この点に過失があれば，銀行は478条により保護されることはない（最判平15・4・8民集57巻4号337頁）。さらに，機械式預貯金払戻しによ

る支払システムが安全性を欠く場合には，免責約款の効力が否定されることもありうる（最判平5・7・19判時1489号111頁，同判例は結論として免責約款による銀行の免責を認める）。

4 ── 弁済の場所，時期，費用など

弁済の場所，時期，費用については，契約により定められることが一般である。特約がない場合に，民法上の規定が適用される。したがって，これらに関する民法上の諸規定は任意規定である。

① 弁済の場所

弁済の場所については，当事者間に特約があればそれに従い，黙示の意思表示（特約）を認定する際には慣習や信義則が顧慮される（大判大14・12・3民集4巻685頁）。特約がなければ，特定物の引渡債務については，債権発生時における物の所在地が履行地となり，それ以外の債務については，債権者の住所地が履行地となる（484条1項）。このように，特定物の引渡債務は取立債務，それ以外の債務は持参債務となる。なお，これには特別規定が設けられている（574条・664条，商516条・608条）。

② 弁済の時間

法令または慣習により取引時間の定めがある場合，弁済または履行請求は，この時間内にする必要がある（484条2項）。

③ 弁済の時期

債務の弁済をすべき時期を履行期（弁済期）という。契約上の債務の履行期については，個別の規定が設けられている（573条・591条・597条・614条・617条・633条・662条・663条など）。すなわち，履行期につき当事者間に特約があればそれに従い，特約がなければこれらの規定による。履行期と債務者が履行遅滞の責任を負うべき時期は異なっており，後者については412条が規定している（→第2章第3節）。

④ 特定物の引渡し

特定物を引き渡す債務では，当事者の合意に従って，または，契約から典型的に導かれる義務内容に従って，債務者は引渡義務を負う。これに対して，事務管理・不当利得に基づいて債務者が特定物の引渡義務を負う場合には（701

条・646条・703条以下），債務者は引渡しをすべき時の現状において物を引き渡す義務を負う（483条）。

なお，種類物の引渡しを目的とする債権について，債務者が他人の物を引き渡しても，弁済は効力を生じないのが原則である。この場合，債権者と債務者の事後調整について，475条と476条に規定が設けられている。

5 弁済の費用

弁済には，運送費，荷造費，税金，為替料など諸費用が必要となることがある。これら弁済の費用については，費用の負担につき当事者間に特約があればそれに従う。特約がなければ，弁済の費用は債務者負担となるが，債権者が住所を移転したかその他の行為（債権譲渡など）をなしたことにより増加した弁済の費用は，債権者負担となる（485条）。

5——弁済の提供

1 弁済の提供の意義と方法

弁済の提供とは，債務者が給付の実現に必要な準備をして，債権者に協力を求めることをいう（492条）。履行の提供ともいう。

債務者が自らの債務を履行する際に，自らの行為のみで完了する場合もあれば（不作為債務など），債権者の協力が必要な場合もある（与える債務など）。たとえば，売買契約上の目的物引渡義務は，売主が目的物を提供しても，買主が目的物を受領しなければ引渡しは完了しない。この場合，債権者の協力がなければ履行が完了せず，債務者は履行遅滞による責任を負う危険がある。そこで，債務者が給付の実現に必要な準備をして，債権者に協力を求めれば，債務者は履行遅滞による責任を免れるものとした。これが弁済の提供の趣旨である。

弁済の提供の方法として，現実の提供と口頭の提供が設けられている（493条）。

2 現実の提供

現実の提供とは，債務の本旨に従って現実になされた提供をいう（493条本文）。債務者が債権者の協力をまたずに給付の主要な部分をすることができる場合，たとえば物の引渡しのように債権者はただ受領さえすればよい場合には，債務者はその物を約定の引渡場所へ持参すればよい。

ここで，債務の本旨に従うとは，契約による債務については，契約の内容に

◻ **WINDOW 10-3**　◀◀

弁済の提供と受領遅滞の関係

　受領遅滞とは，債務を弁済するために債務者の側で弁済の提供をして債権者の側でそれを受領することが必要であるとき，債権者が弁済の受領を拒否し，または受領することができないことをいう（413条以下）。債権者遅滞ともいう。

　債務者の負担を軽減する（債務者の履行遅滞による責任を免責する）という観点から弁済の提供という制度が設けられているのに対して（492条），債権者に負担を課す（債権者が受領していれば債務者に生じなかったであろう負担を債権者に転嫁する）という観点から受領遅滞という制度が設けられている（413条以下）。両者は独立の制度であって，その効果も別個に規定されている。受領遅滞については，第2章第5節を参照。

従うことを意味する。契約からその内容が明らかでない場合には，信義則により決定される。

　(1)　**金銭債務**　　金銭の支払いを目的とする債務では，債務者は定められた金額を提供しなければならない。債務の全額の提供でなければ債務の本旨に従ったものとはならない（大判明44・12・16民録17輯808頁）。ただし，提供された金額が債務額にごくわずか不足する場合には有効な提供とされることがある（最判昭35・12・15民集14巻14号3060頁）。

　金銭以外の支払手段が，金銭債務の履行となるか。支払いの確実性や現金化に要する日数・費用・手続負担を考慮して判断される。肯定例として，郵便為替（大判大8・7・15民録25輯1331頁），銀行の自己宛小切手（最判昭37・9・21民集16巻9号2041頁），銀行の支払保証のある小切手（最判昭35・11・22民集14巻13号2827頁）などがあげられる。

　(2)　**その他の債務**　　物を引き渡す債務では，目的物の提供が必要である。貨物引換証や倉庫証券など物に代わる証券の交付により，現実の提供が認められることがありうる（貨物引換証につき，大判大13・7・18民集3巻399頁）。

　なす債務では，債権者の協力を要することも多く，現実の提供と口頭の提供の区別は不明確になる。それゆえ，個々の事案に応じて，信義則によりその内容が決定されることになる。

③ 口頭の提供

　口頭の提供とは，債務者が弁済の準備をしたことを債権者に通知して，受領を催告することをいう（493条ただし書）。弁済の提供は現実になされることが原

則であるが，例外的に，次の場合には口頭の提供で足りる。

(1) **債権者の協力が必要な場合**（493条ただし書後段）　債務者がその債務の履行に債権者の協力を必要とする場合，債務者は口頭の提供をすればよい。取立債務，登記をすべき債務，債権者の提供する材料を加工する債務，履行の場所や時期が債権者の指定にかかる債務などがあげられる。なお，口頭の提供における弁済の準備とは，債権者の協力があれば直ちにこれに応じて弁済を完了しうる程度のものであることを要する。

(2) **債権者が予め受領を拒絶している場合**（493条ただし書前段）　債権者が予め受領を拒絶しているにもかかわらず，債務者は現実の提供をしなければならない，とするのは無意味のようにも思える。しかし，債権者が翻意する可能性があるから，債務者は口頭の提供をするべきであるとされる。

　では，債権者の受領拒絶の意思が明確である場合はどうか。判例には，不動産の賃貸人が賃借人のなした無断工事を契約違反として賃貸借契約の解除と明渡しを請求した事案において，賃貸人が第1審以来賃貸借契約の解除を主張し賃貸借契約そのものの存在を否定して弁済を受領しない意思が明確と認められる場合に，なお債務者に口頭の提供を要求することは無意味であるから，債務者は口頭の提供なくして履行遅滞の責任を免れるとするものがある（最大判昭32・6・5民集11巻6号915頁）。

④ **弁済の提供の効果**

　弁済の提供により，債務者は履行遅滞により生じる責任を免れる（492条）。具体的には，履行遅滞による損害賠償請求権や解除権は発生せず，債務者は違約金の支払義務を免れる。さらに，その債権を被担保債権とする担保権を実行されることもなくなる。

　債務者が弁済の提供をなしても，債務は存続する。債権者が受領を拒絶する場合に，債務者が債務を免れるためには，供託（494条）をする必要がある。

6──金銭債務における弁済の特則：預金口座への払込み

　預貯金口座への払込みにより弁済することが許される際に，債務者が預貯金口座に払込みをなした場合，債権者がその払込みにかかる金銭の払戻請求権を取得した時に，弁済の効力が生じる（477条）。

7 ——受取証書の交付と債権証書の返還

　受取証書とは，領収証やレシートなど，弁済の受領を証明する文書をいう。弁済者は受領者に対して，弁済と引替えに，受取証書の交付を請求することができる（486条）。すなわち，弁済と受取証書の交付は同時履行関係にある。弁済の事実の立証を容易にして，債務者が二重弁済させられないようにするためである。

　債権証書とは，金銭の貸借証書や預金証書など，債権の成立を証する文書をいう。債務者が作成し債権者に交付される。債権証書を債権者が所持すれば，債権が存在するものと推定され（大判大9・6・17民録26輯905頁），逆に，債権証書が債権者から債務者に返還されれば，債権は弁済により消滅したものと推定される（大判明39・2・24民録12輯268頁）。

　債務者が債権者に対して債権の全部を弁済した場合，債務者は債権者に対して債権証書の返還を請求できる（487条）。弁済と債権証書の返還は同時履行関係になく，弁済が先履行の関係に立つ。

8 ——弁済の充当

　債権者と債務者の間に，同種の内容の複数の債務が存在する場合や（複数の売掛代金債権が存在する場合など），1つの債務の弁済として数個の給付をしなければならない場合（数か月分の賃料債務が存在する場合など），債務者が弁済として提供した給付がすべての債務を消滅させるのに足りないときに，いずれの債務が消滅するか。このように，ある給付がいずれの債務に充てられるかという問題を**弁済の充当**という（488条・491条）。

[1] 合意充当

　第一次的には，当事者の合意による。すなわち，弁済の充当について債権者と債務者の間に合意があれば，これに従う（490条）。

[2] 指定充当

　当事者の合意がなければ，指定による充当による。指定による充当は，相手方に対する意思表示によってなされる（488条3項）。指定による充当では，どの債務の弁済に充てられるかを，まずは，債務者が給付時に指定できる（同条

1項)。債務者の指定がなければ，債権者が受領時に指定できる（同条2項本文)。ただし，債務者は直ちに異議を述べて，この債権者の指定の効力を失わせることができる（同条2項ただし書)。この場合，法定充当の問題となる。なお，元本，利息，費用の充当については，489条に従う。

③ 法定充当

当事者の合意や指定による充当がなければ，法定充当による。これには，債務者の利益になると客観的に考えられる順序が定められている。

①　まず弁済期の到来している債務に先に充当される（488条4項1号)。

②　弁済期の到来している債務相互または弁済期の到来していない債務相互では，債務者のために弁済の利益が多い債務に先に充当される（同項2号)。たとえば，利息付き債務と無利息債務とでは前者が，（利息付き債務のうち）高利の債務と低利の債務とでは前者が，債務者のための弁済の利益が多い。

③　債務者のために弁済の利益が相等しい債務相互では，弁済期が先に到来したか到来する債務に先に充当される（同項3号)。

④　同条4項2号・3号の基準で先後が決定できないものは，各債務の額に応じてそれぞれの債務に充当される（同項4号)。

④ 元本・利息・費用を支払うべき場合

債務者が元本，利息，費用を支払うべき場合，費用，利息，元本の順に充当される（489条1項)。費用相互間，利息相互間，元本相互間では，488条の規定が準用される（489条2項)。

9——弁済による代位

① 弁済による代位の意義

第三者の弁済により債権が消滅すれば，第三者（弁済者）は債務者に対して，立替払いの返還を請求できる。この弁済者の債務者に対する求償権を確保するために，弁済者は求償権の範囲で債権者が有していた権利に代位できる（499条以下)。これを**弁済による代位**という。代位弁済，弁済者代位ともいう。

(1)　弁済による代位に基づいて，弁済者は，債権者が有していた権利に代位できる（499条)。すなわち，弁済された債権（原債権）とその担保が弁済者に移転する（501条1項)。担保には，抵当権などの物的担保と保証人などの人的担

保も含まれる。これにより，弁済者は，求償権・原債権・原債権の担保を行使できることになる。

　たとえば，債権者A，債務者B，第三者Cとして，AのBに対する債権を担保するために，B所有不動産に抵当権が設定されていたとする。ここでCがAに弁済すると，CはBに対して求償権を取得するが，この求償権を担保するために，AがCに対して有していた債権（原債権）と抵当権を取得し，これを行使できることになる。

　(2)　弁済による代位に基づいて，原債権とその担保が弁済者に移転する。ここで，弁済者が弁済をするについて正当な利益を有する者である場合（これを**法定代位**という），権利移転の効果を当然に主張できる。これに対して，弁済者が弁済をするについて正当な利益を有しない者である場合（これを**任意代位**という），権利移転の効果を債務者または第三者に対して主張するためには，467条の対抗要件が必要となる（500条）。

　ここで正当な利益を有する者とは，弁済をしなければ債権者から執行を受ける者と，弁済をしなければ債務者に対する自己の権利が価値を失う者である。前者には，保証人，物上保証人，第三取得者，連帯債務者，不可分債務者などが含まれ，後者には，後順位担保権者，一般債権者（大判昭13・2・15民集17巻179頁）などが含まれる。

② 弁済による代位の要件

　弁済による代位の要件として，原債権が存在していたこと，原債権について弁済者が弁済その他により債権者に満足を与えたこと，弁済者が債務者に対して求償権を有することがあげられる。

　(1)　**原債権が存在していたこと**　　これは代位の前提となる。

　(2)　**原債権について弁済者が弁済その他により債権者に満足を与えたこと**　弁済による代位は，弁済者を保護するための制度である。法文上は弁済とのみ規定されているが（499条参照），弁済のほか，弁済と同様に債権者に満足を与える場合を含むと解されている。これには，代物弁済，供託，相殺のほか，連帯債務者の1人または保証人につき混同を生じた場合（大判昭6・10・6民集10巻889頁，大判昭11・8・7民集15巻1661頁），物上保証人または抵当不動産の第三取得者に対して執行がなされた場合（大判昭4・1・30新聞2945号12頁）を含む。

(3) **弁済者が債務者に対して求償権を有すること**　弁済による代位は，弁済者の債務者に対する求償権を確保するための制度であって，求償権の範囲で代位が生じる (501条2項)。求償権につき，保証人 (459条以下)，連帯債務者 (442条)，不可分債務者 (430条)，物上保証人 (351条・372条) については，それぞれ規定が設けられている。それ以外には，第三者が債務者から委託を受けていた場合には委任事務処理費用の償還請求権 (650条1項)，そうでない場合には事務管理または不当利得上の請求権となる (702条1項・3項・703条以下)。

なお，保証人の1人が他の保証人に対して代位する場合は，保証人相互間の求償権の範囲で代位が生じる (501条2項括弧書・465条)。

③ 弁済による代位の効果

(1) 弁済による代位に基づいて，弁済者は，債権者が有していた権利に代位できる。すなわち，原債権とその担保 (人的担保と物的担保) が弁済者に移転する。併せて，弁済者は，原債権に基づく債権者代位権 (423条以下)，詐害行為取消権 (424条以下) を行使しうる。しかし，契約当事者の地位に基づく権利，すなわち，債権者が有していた解除権や取消権を行使することはできない (502条4項を参照)。

(2) 代位により取得された原債権と求償権は別個の債権である。代位により取得された原債権と求償権は請求権競合の関係に立つ。弁済者が代位により取得した担保権を実行する場合，被担保債権となるのは，原債権であって求償権ではない (最判昭59・5・29民集38巻7号885頁)。他方，代位により取得された原債権は，求償権に対して付従性を有する。すなわち，求償権の範囲において原債権は代位行使され，求償権が消滅すれば原債権も消滅する (501条2項)。

(3) **一部弁済による代位**では，債権者と弁済者の関係が問題となる。たとえば，債権者A，債務者B，弁済者Cとして，AのBに対する債権を担保するために，B所有不動産に抵当権が設定されていたとする。CがAに債権の一部を弁済すると，Aは原債権の残部とその担保たる抵当権を保有し，Cは原債権の一部とその担保たる抵当権を取得する。ここで，抵当権の実行はC単独ですることができるのか (権利行使の場面)，抵当権を実行したが被担保債権の全額の満足が受けられない場合，A・Cの配当はどうなるか (配当・満足の場面) が問題となる。

債権者を害してまで弁済者の求償権を保護する必要はない。それゆえ，この両場面において，債権者の立場が優先する。すなわち，権利行使の場面では，弁済者は，債権者の同意を得て，弁済額に応じて債権者と共同して権利を行使しうるのに対して，債権者は単独で権利行使しうる（502条1項・2項）。また，配当・満足の場面では，債権者が弁済者に優先して権利を行使しうる（同条3項）。

(4)　弁済による代位の規定は任意規定である。代位をすることができる地位を予め放棄する特約も有効である。

④ 法定代位者相互間の関係

法定代位をすることができる者を法定代位者という。1つの債権について，保証人・物上保証人・第三取得者など複数の法定代位者が存在する場合，これら相互の関係については，501条3項が詳細に規定している。

(1)　**保証人相互間の関係**　　保証人が複数存在する場合，保証人の頭数で分割した額につき，相互に代位できる。すなわち，弁済をなした保証人は他の保証人に対して，（原債権者に代位して保証債務の履行として）この金額につき支払いを請求できる。たとえば，100万円の債務につき，A・B2名の連帯保証人がいたとする。Aが100万円の保証債務を履行すると，AはBに対して50万円の支払いを請求できる。

なお，保証人相互間には求償権も成立するから（465条），弁済による代位と求償権は並存する。かつ，両権利の範囲が齟齬しないように，求償権の範囲で弁済による代位が生じると規定されている（501条2項括弧書）。

(2)　**物上保証人相互間の関係**　　物上保証人が複数存在する場合，担保目的物の価格に応じて，相互に代位できる（501条3項2号・3号）。たとえば，100万円の債務につき，担保不動産の価格はAが100万円，Bが60万円，Cが40万円だったとする。物上保証人Aが設定した抵当権が実行されて100万円が弁済に充てられた場合，AはBに対して30万円，Cに対して20万円につき代位できる。ここで，AはB・Cに対して上記の金額の支払いを請求できるのではなく，上記の金額につきB・Cの設定した各抵当権を実行できる。

(3)　**第三取得者相互間の関係**　　債務者が設定した担保目的物の第三取得者が複数存在する場合，担保目的物の価格に応じて，相互に代位できる（501条3項2号・5号前段）。同様に，物上保証人が設定した担保目的物の第三取得者が

240

複数存在する場合，担保目的物の価格に応じて，相互に代位できる（同項3号・5号後段）。なお，債務者からの第三取得者は物上保証人からの第三取得者に劣後する（→(4)）。

(4) **物上保証人と第三取得者の関係**　第三取得者には，債務者が設定した担保目的物の第三取得者と，物上保証人が設定した担保目的物の第三取得者の両者が存在し，法文上は前者のみを第三取得者といい（501条3項1号・5号前段），後者は物上保証人とみなされる（同項5号後段）。そして，この両者は前主の法的地位に応じて別異の取扱いがなされる。

すなわち，一方で，保証人と物上保証人は対等な地位に立つ（同項4号）。他方で，債務者からの第三取得者は，債務者の地位を承継するため，保証人・物上保証人に劣後する。物上保証人からの第三取得者は，物上保証人の地位を承継するため，保証人・物上保証人と対等な立場に立つ。したがって，保証人・物上保証人・物上保証人からの第三取得者は債務者からの第三取得者に対して代位できるが，債務者からの第三取得者は保証人・物上保証人・物上保証人からの第三取得者に対して代位できない（同項1号）。これに対して，物上保証人からの第三取得者は，保証人・物上保証人と相互に代位をすることができる（同項5号後段・4号）。そして，物上保証人からの第三取得者と物上保証人が混在する場合，担保目的物の価格に応じて，相互に代位できる（同項5号後段・3号）。

(5) **保証人と物上保証人の関係**　保証人と物上保証人が混在する場合，次のとおり処理される（501条3項4号。→WINDOW 10-4）。すなわち，保証人と物上保証人の頭数で分割した額につき，それぞれの保証人が支払義務を負担する。そして，物上保証人が複数存在する場合には，不動産の額に応じて，それぞれ物上保証人が物的責任を負担する。たとえば，1000万円の債務につき，連帯保証人A・B・Cの3名，物上保証人D・Eの2名が存在したとする（担保物の価格はD900万円，E300万円）。Aが1000万円全額につき弁済すれば，Aは，B・Cに対して200万円の支払いを請求できる。そして，300万円の範囲でDの抵当権を，100万円の範囲でEの抵当権を実行できる。

なお，物上保証人が担保権を設定した後に相続が生じて，この物上保証人を複数名が共同相続したとする。ここで弁済がなされれば，物上保証人は1名で計算されるか，複数名で計算されるか。判例は，共有不動産の共有持分権のす

弁済による代位と代位割合を変更する特約の効力

　保証人と物上保証人との間で，改正前501条5号（501条3項4号）の定める代位割合を変更する特約が結ばれた場合，この特約の効力はどうなるか。信用保証協会が保証人となった場合に，信用保証協会が弁済すれば，物上保証人に対して抵当権の全部に代位できる旨の特約（全部代位特約）が結ばれることから問題となる。判例は，本条は補充規定であって，物上保証人との間で同号の定める割合と異なる特約をした保証人は，後順位抵当権者等の利害関係人に対しても右特約の効力を主張することができ，その求償権の範囲内で右特約の割合に応じ抵当権等の担保権を行使することができる，とする（最判昭59・5・29民集38巻7号885頁）。

べてに担保権が設定された場合とのバランスから，物上保証人は複数名で計算されるとする（最判平9・12・18判時1629号50頁）。

　(6) 保証人と第三取得者の関係　上記のとおり，債務者からの第三取得者は保証人・物上保証人に劣後する。他方，物上保証人からの第三取得者は保証人・物上保証人と対等な地位に立つ。保証人と物上保証人からの第三取得者が混在する場合，保証人と物上保証人が混在する場合と同様に処理される（501条3項5号後段・4号）。

　(7) 保証人と物上保証人の両資格を兼ねる者が存在する場合　保証人と物上保証人の両資格を兼ねる者が混在する場合，その代位割合と責任が問題となる。2人説では，両資格を兼ねる者を2人として代位割合を計算して，それぞれの代位割合について保証人・物上保証人として責任を負う。保証人1人説では，両資格を兼ねる者を保証人1人として代位割合を計算して，保証人として責任を負う。物上保証人1人説では，両資格を兼ねる者を物上保証人1人として代位割合を計算して，物上保証人として責任を負う。頭数1人説では，両資格を兼ねる者を全員の頭数に応じて平等の割合で代位割合を計算して，保証人・物上保証人の両資格において責任を負う。

　判例は頭数1人説を採用するとされる（最判昭61・11・27民集40巻7号1205頁）。たとえば，1000万円の債務につき，連帯保証人A・B・Cの3名，物上保証人C・D・Eの3名が存在したとする（担保物の価格はC300万円，D900万円，E300万円）。Aが1000万円全額につき支払えば，AはBに対して200万円の支払いを請求でき，300万円の範囲でDの抵当権を，100万円の範囲でEの抵当権をそれぞれ実

行できる。そして，200万円の範囲で，AはCに対して支払いを請求すること
も，Cの抵当権を実行することもできる。

 第**3**節 代物弁済

1 代物弁済の意義と法的性質

　代物弁済とは，弁済者と債権者との間で，本来の給付とは異なる他の給付を
行うことによって，債務を消滅させることを約する契約をいう（482条）。たと
えば，債務者が債権者に対して金銭債務を負担していたところ，債務者と債権
者の契約により，その支払いの代わりに宝石を譲渡しようとする場合に，代物
弁済が用いられる。なお，弁済をすることができる者（弁済者）は代物弁済がで
きるのであって，これは債務者に限られない。

　代物弁済は諾成契約であって，これにより他の給付義務が発生するのみであ
る。債務消滅の効果を生じさせるためには，弁済者が他の給付を現実に行う必
要がある。代物弁済と更改の差異は，更改では，本来の債務は消滅し（513条），
債務者は新債務のみを負うのに対して，代物弁済では，債務者の本来の給付義
務と他の給付義務は併存する点にある。ただし，代物弁済契約の締結後，債権
者が本来の給付を請求できるか，債務者が本来の給付をなしうるかは，個々の
代物弁済契約の解釈による。

2 代物弁済の要件と効果

　(1)　代物弁済は諾成契約であるから，弁済者と債権者の合意が必要である。
かつ，債務を消滅させるものであるから，債権者と債務者の間に債務が存在す
ることが必要となる。他の給付義務が履行されたが債務が不存在であった場
合，非債弁済として処理される（705条を参照）。

　(2)　債務消滅の効果を生じさせるためには，弁済者が他の給付を現実に行う
必要がある。給付の種類には制限がない。代物弁済の目的が物の譲渡である場
合，たとえば，不動産所有権の譲渡をもって代物弁済がなされれば，債務消滅
の効果を生じるには，原則として，単に所有権移転の意思表示をしただけでは
足りず，所有権移転登記手続の完了を要する（改正前482条について，最判昭40・4・

30民集19巻3号768頁）。

（3） 代物弁済は契約であるから，代物弁済として給付されたものが契約の内容に適合しなければ，債権者は債務者に対して，追完請求として，契約に適合した物の給付を請求できる（559条・562条参照）。

供　託

1——供託の意義と法的性質

　債務者が弁済する際に弁済の目的物を債権者が受領する必要がある場合，債権者の協力がなければ履行が完了せず，債務者は履行遅滞による責任を負う危険がある。そこで，債務者は弁済の提供をすることにより履行遅滞による責任を免れるが（492条），これとは別に，債務者は弁済の目的物を供託することにより債務を免れるものとされる（494条以下）。

　このように，民法上の**弁済供託**とは（以下，単に供託という），所定の場合に，弁済者が債権者のために弁済の目的物を供託所に寄託することにより，債権を消滅させることをいう。供託は，弁済者と供託所の間の寄託契約の一種で（最大判昭45・7・15民集24巻7号771頁），債権者の利益のためになされるものであるから，第三者のためにする寄託契約の性質を有する。ただし，供託は法律上認められた特別の制度であって，通常の第三者のためにする契約と異なり（537条3項を参照），債権者の受益の意思表示は必要とされない。債権者は，当然に供託物還付請求権を取得する（498条1項）。

2——供託の要件

　供託の要件として，供託原因，供託の当事者，供託の目的物のそれぞれが適正であることがあげられる。

1 供託原因

　供託原因として，債権者の受領拒絶または受領不能，債権者の確知不能があげられる（494条1項・2項）。債権者の受領拒絶には，弁済の提供があることが

244

必要である（同条1項1号）。債権者の受領不能とは，単に債権者が受領できないことをいう。これには，持参債務における債権者の住所不明や債権者の不在（大判昭9・7・17民集13巻1217頁）など事実上の受領不能と，債権者が制限行為能力者でありつつ法定代理人・補佐人・補助人がいないなど法律上の受領不能がある。債権者の確知不能とは，債務者に過失なくして債権者が誰であるかを確知できないことをいう。これには，債権者が死亡したが相続人が不明であるなど事実上の理由と，債権の二重譲渡において譲受人のいずれが債権者であるか不明であるなど法律上の理由がある。

② 供託の当事者

　(1)　**供託所**　供託は，債務の履行地の供託所になされなければならない（495条1項）。金銭または有価証券以外の目的物を供託する場合に，供託法5条所定の供託所がないか，供託所があっても目的物の取扱いがないか保管能力がないために供託できないときは，弁済者の請求により，裁判所が供託所の指定または供託物保管者の選任をする（495条2項，非訟94条）。

　(2)　**供託者**　供託をすることができる者は，弁済をすることができる者である。これには債務者のほか，第三者も含まれる（473条・474条を参照）。弁済者が供託した場合，遅滞なく債権者に供託の通知をしなければならない（495条3項，供則16条・18条・20条）。この通知は供託の有効要件ではなく，供託者がこれを怠ると損害賠償義務を負うにすぎないものである。

　(3)　**被供託者**　被供託者は債権者である。

③ 供託の目的物

　供託は，債務の本旨に従ったものであることを要する。債権額の一部を供託しても原則として無効であるから，弁済者は供託された部分に相当する債務を免れることはできない（大判昭12・8・10民集16巻1344頁）。ただし，一部供託は無効であるものの，これを合計すれば全債務に達するような場合には，供託を有効とする判例がある（最判昭46・9・21民集25巻6号857頁）。また，控訴審に係属中の交通事故による賠償金の供託について，結果として供託額が控訴審判決による認容額に満たなくても，供託された部分に相当する範囲で有効であるとする判例もある（最判平6・7・18民集48巻5号1165頁）。

　弁済者は弁済の目的物を供託できる。その種類や範囲に制限はない。また，

弁済者は，所定の場合に，裁判所の許可を得て，弁済の目的物を競売に付して代金を供託することができる（497条）。具体的には，弁済の目的物が供託に適しないとき，目的物について滅失，損傷その他の事由による価格の低落のおそれがあるとき，目的物の保存について過分の費用を要するとき，この3つ以外に目的物を供託することが困難な事情があるときである。これを自助売却金の供託という。

3 ── 供託の効果

1 債権者の供託物還付請求権

供託が有効になされれば，債権は消滅する（494条1項）。他方，債権者は，当然に，供託所に対して供託物の還付を請求する権利を取得する（498条1項）。これを供託物還付請求権という。ただし，弁済者が同時履行の抗弁権（533条）を有する債務について供託をした場合には，債権者は，その反対給付を履行しなければ，供託物の還付を受けることができない（498条2項）。手続上は，供託者の書面または裁判，公正証書その他の公正の書面（登記簿謄本など）により反対給付がなされたことを証明することで，債権者は供託物の還付を受けることができる（供託10条）。

2 供託された目的物の所有権

弁済者が弁済の目的物を供託した場合，その所有権の帰属はどうなるか。供託所は供託により債権者のために目的物を保管するだけであって，物権法上のルールに従って，目的物の所有権は弁済者から債権者に直接移転するのが原則である（176条・401条2項）。ただし，目的物が金銭その他の消費物であれば，消費寄託のルールに従う（666条）。すなわち，供託所が弁済者から受領した時点で目的物の所有権を取得し，さらに，債権者が供託所から受領した時点で目的物の所有権を取得することになる。

3 弁済者の取戻権

弁済者が供託物を取り戻す権利を，供託物の取戻権という。債権者が供託を受諾しないか，または供託を有効と宣告した判決が確定していなければ，弁済者は供託物を取戻すことができる（496条1項前段）。ただし，供託によって質権または抵当権が消滅した場合は，弁済者は供託物を取り戻すことができない

（同条2項）。弁済者が供託物を取り戻すと，供託をしなかったものとみなされる（同条1項後段）。すなわち，供託物の取戻しにより解除条件が成就し，供託は遡及的に失効する。債権は当初より消滅していなかったことになるので，担保権や利息・損害金の支払義務も存続することになる。

第5節　相　殺

1 ── 総　説

①　相殺の意義と法的性質

（1）　**法定相殺**　　図表10-2のとおり，AがBに対して300万円の甲債権を有しており，BがAに対して500万円の乙債権を有していたとする。ここで，BがAに対して300万円を支払い，AがBに対して500万円を支払うのが本来の弁済方法であるが，甲・乙両債権をそれぞれ等しい額（対当額という）で消滅させて，AがBに対して200万円支払えば済むとすれば決済は簡易である。

　このように，**相殺**とは，2人の者が互いに相手に対して同種の債権を有する場合に，一方当事者から他方当事者に対する意思表示により，双方の債権債務を対当額において消滅させることをいう（505条1項）。**法定相殺**ともいう。図表10-2で，AがBに対して相殺の意思表示をした場合に，AがBに対して有する債権を**自働債権**，BがAに対して有する債権を**受働債権**という。相殺は一方当事者の一方的な意思表示により効果が生じるから（506条1項），相殺は法律行為のうち単独行為にあたる。

（2）　**相殺契約**（合意相殺）　　これに対して，当事者の契約により相殺をすることも許される。これを**相殺契約**（合意相殺）という。相殺契約は，有償契約である。相殺契約では，法定相殺と異なり，契約自由の原則から広く相殺が許される。たとえば，双方が同種の目的を有する債務でなくても，双方の債務が弁済期になくても（505条1項を参照），契約により相殺をすることができる。また，民法上相殺が禁止される場合であっても（509条・510条・511条），相殺契約は許される（509条について，大判大元・12・16民録18輯1038頁）。ただし，給料債権

は労働者に現実に給付される必
要があるから，労働基準法17条
に抵触する相殺契約は無効であ
る。なお，相殺予約については
本節3（→251頁）において説明す
る。

図表10-2　相　殺

甲債権 300万円：自動債権

相　殺

乙債権 500万円：受働債権

A　一方当事者

B　他方当事者

2 相殺制度の機能

　図表10-2で，甲・乙両債権を対当額で消滅させて，AがBに対して200万円
支払えば済むとすれば決済は簡易である，と述べた。これを**相殺の簡易決済機
能**と呼ぶが，相殺の機能はこれに限られない。

　たとえば，A・B両当事者のうち，Bのみが経済的に破綻していたとする。
この状況下では，AがBに500万円を支払っても，AはBから300万円の支払い
を受けられない。それにもかかわらず，Aに対してBへの500万円の支払いを
強要するのは，A・B間の決済として公平ではない。ここでは，Aが一方的に
甲・乙両債権を対当額で消滅させ，AがBに対して200万円を支払えば済むと
すれば，A・B間の決済は公平である。これを**相殺の公平保持機能**という。

　さらに，Bの他の債権者Cらとの関係において，Aが一方的に甲・乙両債権
を対当額で消滅させられるとすれば，Aは甲債権を優先的に回収できることに
なる。これを**相殺の担保的機能**という。たとえば，Cらが乙債権を差し押さえ
たところ，Aが甲債権と乙債権の相殺を主張し，これがCらに対する関係で認
められたとする。この場合，Cらは500万円の乙債権を差し押さえたにもかか
わらず，Aに劣後し，200万円しか回収できないことになる。

　これら相殺の機能のうち，実務上は，相殺の担保的機能がきわめて重要で
あって，とりわけ銀行取引において問題となる（→本節3）。

2──相殺の要件

　相殺の要件として，相殺適状にあること，相殺が禁止されていないこと，相
殺の意思表示がなされることがあげられる。

1 相殺適状

　相殺適状とは，双方の債権が相殺をすることができる状態にあることをい

う。具体的には，債権が対立していること，双方の債権が同種の目的を有すること，双方の債権が弁済期にあることの3つの要件が必要である（505条1項）。

(1) **債権が対立していること**　相殺をするには，債権者と債務者が相互に相手方に対して債権を有することが必要である（→WINDOW 10-5）。この例外として，債権譲渡における債務者の相殺の抗弁がある。債権の譲受人をA，譲渡人をB，譲渡債権の債務者をCとする。債務者Cは，譲受人AのCに対する譲渡債権を受働債権として，対抗要件具備時より前に取得していたCの譲渡人Bに対する債権を自働債権として相殺することができる（469条1項）。本書の第9章（→213頁）を参照。

(2) **双方の債権が同種の目的を有すること**　相殺をするには，双方の債権が同種の目的を有することが必要である。具体的には，双方の債権が同種の種類物の引渡しを目的とする債権，金銭債権の場合である。

双方の債務の履行地が異なるときであっても，相殺をすることができる。ただし，相殺をする者は相手方に対して，相殺により生じた損害を賠償しなければならない（507条）。

(3) **双方の債権が弁済期にあること**　相殺をするには，双方の債権が弁済期にあることが必要である（505条1項）。期限の定めのない債務は成立と同時に弁済期にあるから，その債権者はいつでも相殺をすることができる（大判昭17・11・19民集21巻1075頁）。なお，受働債権については債務者が期限の利益を放棄できるので（136条），受働債権の弁済期が未到来であっても，自働債権の弁済期が到来していれば，債務者は相殺することが可能である。

2 相殺の禁止

相殺が禁止される場合として，次のものがあげられる。

(1) **債務の性質による相殺の禁止**（505条1項ただし書）　なす債務，不作為債務などは現実の履行を必要とするから，債務の性質から相殺が許されない。また，抗弁権が付着する債権を自働債権とする相殺は許されない（最判昭32・2・22民集11巻2号350頁）。相殺により，債務者が抗弁権を喪失することになるからである。これに対して，抗弁権が付着する債権を受働債権とする相殺は許される。債務者は抗弁権を放棄することができるからである。

(2) **当事者の意思表示による相殺の禁止**（505条2項）　当事者は，契約に

□ WINDOW 10-5

時効により消滅した債権を自働債権とする相殺（508条）

　「債権が対立していること」の要件の例外として，時効により消滅した債権を自働債権とする相殺が規定されている。すなわち，消滅時効完成前に両債権が相殺適状にあれば，時効消滅した債権を自働債権として相殺できる（508条）。いったん相殺適状が生じれば，両債権は決済されたものと考えるのが通常であって，この債権者の相殺に対する期待や信頼は保護されるべきであるからである。これに対して，すでに消滅時効にかかった債権の譲受人は，保護されるべき相殺に対する期待や信頼を有しないから，この債権を自働債権として相殺することは許されない（最判昭36・4・14民集15巻4号765頁）。なお，本条にいう相殺適状とは，受働債権の弁済期が現実に到来していたことを要する（最判平25・2・28民集67巻2号343頁）。

　また，除斥期間経過前に相殺適状にあれば，508条を類推適用して，除斥期間経過により消滅した債権を自働債権として相殺できる（最判昭51・3・4民集30巻2号48頁）。

より生じる債権については契約により，単独行為により生じる債権については単独行為により，相殺を禁止することができる。この相殺禁止の意思表示は，当事者間では当然に効力を有する。他方，第三者との関係では，悪意・善意重過失の第三者（債権譲受人や債務引受人など）に対しては対抗できる。

　(3)　法律による禁止　　(a)　受働債権が不法行為等に基づく債権であるとき（509条）　　受働債権が不法行為等に基づく債権であれば，所定の場合に相殺が禁止される。

　第1は，悪意（積極的な害意を必要とする。破産253条1項2号を参照）による不法行為に基づく損害賠償債権を受働債権とする相殺である（509条1号）。具体的には，加害者が被害者に対して悪意により不法行為を行った場合，加害者は，加害者の被害者に対する債権を自働債権，被害者の加害者に対する不法行為に基づく損害賠償債権を受働債権として，相殺を主張することは許されない。債権取立などに際して，債権者の債務者に対する不法行為の誘発を防止するためである。

　第2は，509条1号の場合を除いて，人の生命または身体の侵害による損害賠償債権を受働債権とする相殺である（同条2号）。具体的には，加害者が被害者の生命または身体を侵害した場合，加害者は，加害者の被害者に対する債権を自働債権，被害者の加害者に対する損害賠償債権を受働債権として，相殺を

主張することは許されない。生命侵害・身体侵害においては，被害者やその遺族に現実に賠償金を受領させることがその救済に必要であるからである。なお，同条2号の文言は損害賠償義務の根拠を不法行為に限定しないが，これは保護義務・安全配慮義務違反などの債務不履行による損害賠償義務を含む趣旨である。

　ただし，上記2つの場合について，被害者からこれらの損害賠償債権を譲り受けた者に対する関係では，被害者に対する配慮は不要であるから，加害者は相殺を主張できる（509条柱書ただし書）。

　なお，被害者は，被害者の加害者に対する不法行為に基づく損害賠償債権を自働債権，加害者の被害者に対する債権を受働債権として，相殺を主張することは許される（最判昭42・11・30民集21巻9号2477頁）。

　(b)　受働債権が差押止債権であるとき（510条）　　差押えが禁じられた債権の債務者は，これを受働債権として相殺することができない（510条）。具体的には，扶養料，俸給，恩給などの債権については，債権者が現実に給付を受けることが必要であるから，民事執行法その他の特別法により差押えが禁止されている（民執152条，恩給11条3項，生活保護58条，労基83条2項など，なお労基17条も参照）。これに対して，差押禁止債権を自働債権とする相殺は許される。

　(c)　自働債権が受働債権の差押え後に取得されたとき（511条）　　この点は，差押えと相殺の優劣（→本節3）で説明する。

③ 相殺の意思表示

　相殺は単独行為であり，相殺を主張する者から相手方に対する意思表示により行われる（506条1項）。

　(1)　**相殺の意思表示の相手方**　　相殺の意思表示は債務者が自己の債務を履行すべき相手方に対してなされるべきであるから，その相手方は受働債権の債権者となる。たとえば，受働債権が譲渡された場合には，譲受人が相手方である（最判昭32・7・19民集11巻7号1297頁）。受働債権が差し押さえられた場合は，相殺の意思表示は受働債権の債権者と差押債権者のいずれに対してなされても良い（最判昭39・10・27民集18巻8号1801頁，最判昭40・7・20判タ179号187頁）。債権者代位権が行使された場合も，これと同様に解される。

　(2)　**内容と方式**　　相殺の意思表示は形成権の行使であって，相手方の法的

図表 10-3　差押えと相殺

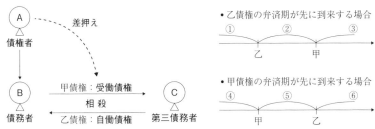

地位を不安定にするから，相殺に条件を付することは許されない。また，相殺には遡及効があるから，相殺に期限を付しても無意味である（506条1項）。相殺の意思表示の方式に制限はない。実際には，相殺の意思表示がなされた証拠を残すため，内容証明郵便によることが多い。

（3）**相殺の時期**　相殺の意思表示は，相殺適状にある間であれば，いつでもすることができる。ただし，破産法等において制限が設けられることがある（破産73条，民再92条，会更48条）。

　なお，一方の債権が弁済・相殺等により消滅した後の相殺は許されない（最判昭54・7・10民集33巻5号533頁）。契約の取消や解除により債権が消滅した後の相殺も同様である。

3——差押えと相殺の優劣

1 制限説と無制限説（2017年改正前の議論）

　2017年改正前には，差押えと相殺の優劣は論点であった。**図表10-3**に即して，Aにより甲債権が差し押さえられた場合，差押え後にCが乙債権を取得しても，CはAに対して相殺による甲債権の消滅を主張できない（改正前511条）。では，差押え前にCが乙債権を取得していれば，CはAに対して相殺による甲債権の消滅を主張できるか。以下，甲債権と乙債権の弁済期の先後を分けて，①から⑥の時点で，Aにより甲債権が差し押さえられた場合を検討する。

　③⑥では，甲乙両債権が弁済期にあり，相殺適状にあるため，Cは相殺を主張できる（505条1項・506条2項）。①では，甲乙両債権が弁済期になく，甲債権よりも乙債権の弁済期が先に到来する。ここで，Cは甲債権と乙債権を相殺で

きるものと期待するし，この相殺の期待は法的に保護されるべきである。それ
ゆえ，乙債権の弁済期が到来すれば，Cは甲債権につき期限の利益を放棄する
ことで（136条），相殺適状を招来し，Cは相殺を主張できると解されている。

　他方，④では，甲乙両債権が弁済期になく，乙債権よりも甲債権の弁済期が
先に到来する。ここで，甲債権の弁済期が到来したとして，甲乙両債権を相殺
するために，Cが乙債権の弁済期が到来するまで甲債権の履行を遅延すること
は不誠実であり，このようなCの相殺の期待は法的に保護されるべきではな
く，Cは相殺を主張できないとする見解がある。これを制限説という（最大判昭
39・12・23民集18巻10号2217頁）。

　これに対して，甲債権と乙債権の弁済期の先後に関係なく，Cは相殺を主張
できるとする見解を無制限説という（最大判昭45・6・24民集24巻6号587頁，前掲最
大判昭39・12・23は最大判昭45・6・24により判例変更された）。もっとも，無制限説
に立ったとしても，当然に，Cは相殺できる訳ではない。甲債権の弁済期が到
来すれば，CはAに対して甲債権を履行すべき義務を負いつつも，甲債権が回
収されないまま乙債権の弁済期が到来すれば，Cは相殺できるにすぎない。

　この無制限説につき，問題を一般化して，相殺の担保的機能に根拠を求める
見解がある。これに対して，相殺の担保的機能に加えて，銀行取引の特殊性に
根拠を求める見解がある。すなわち，銀行取引は継続性を有する。預金担保貸
付では，定期預金債権の満期とその継続，貸付債権の返済と新たな貸付が次々
に行われるため，定期預金債権に対して差押えがなされた時点で，定期預金債
権の満期と貸付債権の弁済期のいずれが先に到来するかは偶然の事情でしかな
い。さらに，預金担保貸付では，定期預金債権と貸付債権はまさに密接に関連
している（預金債権と貸付債権の牽連性）。それゆえ，銀行取引に関しては，相殺
の担保的機能はより厚く保護されるべきという。これを受けて，一般に無制限
説が採用される，または，原則として制限説，例外として銀行取引に関して相
殺予約による相殺（→254頁）が認められる，とする見解が主張された。

　なお，①の議論は乙債権の弁済期が到来した後にも妥当し，②の議論は甲債
権の弁済期が到来した後にも妥当する。それゆえ，②は①と同様に，⑤は④と
同様に考えられる。

☐ WINDOW 10-6

相殺権の濫用

　相殺権の行使が権利濫用として認められないことがある。この相殺権の濫用は，差押えと相殺の論点において，不誠実な債務者のなした相殺の効力を否定するための法理として強調されてきた（本節3参照）。どのような場合に相殺権の濫用となるかは議論の余地があるが，特定の債権者のみを有利に扱う偏頗的な債権回収の手段として相殺権を行使することは，相殺権の濫用にあたると解する見解が有力である。たとえば，**図表10-3**において，CがBに数個の債務を負担していたとする。ここで，Aが甲債権を差し押さえたところ，CがBに対する他の債務を弁済したうえで，甲債権について乙債権との相殺を主張すると，結果としてCはBのみを有利に扱うことになる。このような狙い撃ち相殺といわれる類型は，相殺権の濫用となる可能性が指摘される。

② 511条1項の考え方

　今回の民法改正において，511条1項が無制限説を採用することを明言し，差押えと相殺の論点は立法的に解決された。すなわち，Aにより甲債権が差し押さえられた場合，差押え後にCが乙債権を取得しても，CはAに対して相殺による甲債権の消滅を主張できない（511条1項前段）。ここでCの相殺を許すと，Aによる差押えの実効性を失わせることになり，Aを害するからである。しかし，差押え前にCが乙債権を取得していれば，CはAに対して相殺による甲債権の消滅を主張することが可能であり，その際，甲債権と乙債権の弁済期の先後は問われない（同項後段）。

　上記④⑤では，乙債権の弁済期が到来しない間は，甲乙両債権は相殺適状にないため，Cは相殺できない。甲債権の弁済期が到来していれば，CはAからの取立てに応じなければならない（民執155条1項参照）。ただし，Aが甲債権を差し押さえながらこれを回収する前に乙債権の弁済期が到来すれば，Cは相殺による甲債権の消滅をAに対して主張できる。そうすると，甲乙両債権を相殺するために，Cが乙債権の弁済期が到来するまで甲債権の履行を意図的に遅延することも考えられる。そこで，このような不誠実なCがした相殺の意思表示を，相殺権の濫用（1条3項）により無効とする考え方も主張されている（→WINDOW 10-6）。

　なお，511条1項前段には例外が設けられており，差押え後にCがBに対する債権を取得しても，その債権が差押え前の原因に基づいて生じたものである

ときは，CはAに対して相殺による被差押債権の消滅を主張することができる（同条2項本文）。差押え前の原因に基づいて生じた債権についても，Cの相殺の期待を保護する必要があるからである。たとえば，差押え前に債務者Bより委託を受けた保証人Cが，差押え後に保証債務を履行したことで，Bに対する事後求償権を取得した場合である。この場合，CのBに対する求償権の原因となるB・C間の保証委託契約は（650条・459条を参照），Aによる差押えの前に存在している（破産手続に関して，最判平24・5・28民集66巻7号3123頁を参照）。他方，Cが差押え後に他人から取得した債権については，その債権が差押え前の原因に基づいて生じたものであっても，相殺は許されない（同項ただし書）。他人から取得した債権については，Cの相殺の期待は保護する必要がないからである。

③ 相殺予約の有効性

銀行取引では，預金者と銀行との取引約款において，預金債権が差し押さえられた等の事情があれば，貸付債権の期限が到来する旨の特約（期限の利益喪失条項）や預金債権と貸付債権が当然に相殺される旨の特約（差引条項）が設けられることがある。これを相殺予約という。相殺予約は，銀行取引以外の取引においても用いられうる。

図表10-3に即して，債権者をA，債務者（預金者）をB，第三債務者（銀行）をCとする。既述のとおり，Aによる差押えの時点で，甲債権の弁済期が到来しているが，乙債権の弁済期が未だ到来していなければ，Cは相殺できず，CはAからの取立てに応じなければならない。ここで，相殺予約があれば，Aの差押えにより乙債権の弁済期が到来する（期限の利益喪失条項）または当然に相殺される（差引条項）ため，CはAに対して相殺による甲債権の消滅を主張することが可能となる。相殺予約の有効性については議論があるが，判例は，銀行取引の事案において，契約自由の原則から相殺予約（期限の利益喪失条項）の有効性を導いたうえ，銀行（C）は相殺による預金債権（甲債権）の消滅を差押債権者（A）に対して主張できるとする（前掲最大判昭45・6・24）。

4──債権譲渡と相殺の優劣

債権譲渡と相殺の優劣については，図表10-4のとおり，BからAに甲債権が譲渡されて対抗要件が具備されても（467条1項），対抗要件具備時より前にC

がBに対して取得した乙債権をもっ
て，CはAに対して相殺を主張するこ
とができる（469条1項，なお，同条2項・
3項にも注意）。これは判例の考え方で
ある無制限説（最判昭50・12・8民集29巻
11号1864頁）を前提とするものであっ
て，それゆえ，自働債権（乙債権）・受
働債権（甲債権）の弁済期の先後は問わ
れない。本書の第9章（→213頁）を参照。

図表 10-4　債権譲渡と相殺

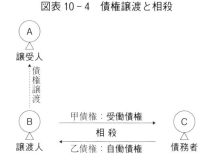

　ただし，AがBから譲り受けた甲債権を自働債権，AがCに対して負担する
債務を受働債権として相殺した後には，Cが甲債権と乙債権の相殺を主張する
ことは許されない。（前掲最判昭54・7・10，いわゆる逆相殺）。

5——相殺の効果

①　相殺の効果と遡及効

　相殺の意思表示により，双方の債権は，相殺適状の時点にさかのぼって対当
額において消滅する（505条1項本文・506条2項）。それゆえ，相殺がなされれば，
相殺適状を生じた後の利息は発生しなかったことになり，履行遅滞の効果も消
滅する。

　相殺適状を生じた後に解除がなされ，その後に相殺がなされた場合はどうな
るか。賃貸借契約において，賃貸借契約が賃借人の賃料不払いにより解除され
た後，相殺により不払いとされた賃料債権が遡及的に消滅したとしても，解除
の効力に影響を与えない（最判昭32・3・8民集11巻3号513頁）。

　相殺の意思表示は，自働債権のうち対当額を超える範囲で，時効中断事由と
しての請求（改正前147条1号）にならない（大判大10・2・2民録27輯168頁）。この判
例は，時効の完成猶予事由としての裁判上の請求（147条1号）についても妥当
するものと思われる。

②　相殺の充当

　債権者と債務者の間に自働債権または受働債権となりうる債権が複数存在す
る場合，相殺によりいずれの債権が消滅するか。この相殺の充当について，①

債権者と債務者の間に合意があればこれに従い，この合意がなければ，複数の自働債権または受働債権は，相殺適状を生じた時期の順序に従ってそれぞれ消滅する（512条1項，最判昭56・7・2民集35巻5号881頁）。次に，②相殺適状を生じた時期を同じくする自働債権または受働債権が複数存在するが，自働債権が受働債権の全部を消滅させるのに足りない場合（受働債権が自働債権の全部を消滅させるのに足りない場合は，同条3項を参照），債権者と債務者の間に合意があればこれに従い，この合意がなければ，弁済の充当（→235頁）に関する488条4項2号から4号が準用される（512条2項1号）。元本・利息・費用に関しては，489条が準用される（512条2項2号）。なお，1個の債権の弁済としてまたは1個の債務の弁済として，数個の給付をすべきものがある場合の相殺の充当については，512条が準用される（512条の2）。

第6節　更改・免除・混同

1——更　　改

1 更改の意義と性質

更改とは，従前の債務（旧債務）を消滅させると同時に，これに代えて，513条所定の新債務（給付の内容について重要な変更をした新債務，債務者が交替した新債務，債権者が交替した新債務のいずれか）を成立させる契約をいう（513条）。たとえば，債権者が債務者に対して金銭債権を有していたところ，債権者と債務者の契約により，その支払いの代わりに宝石を譲渡しようとする場合に，更改が用いられる。

更改は諾成契約であって，これにより旧債務は消滅し，これに代わる新債務が発生する。代物弁済と更改の差異は，代物弁済では，債務者の本来の給付義務と他の給付義務は併存するのに対して，更改では，旧債務は消滅し（513条），債務者は新債務のみを負う点にある。

2 更改の要件

更改の要件として，更改の合意，旧債務の存在，513条所定の新債務である

ことがあげられる。

(1)　**更改の合意**　　更改が成立するためには，当事者が，更改により旧債務を消滅させ，新債務を発生させる意思（更改意思）を有しており，その旨の合意がなされることを要する。

(2)　**旧債務の存在と新債務の成立**　　更改は有因契約であり，旧債務の消滅と新債権の発生は相互に関連する。したがって，更改が成立するためには，旧債務が有効に存在することを要する。また，更改後の新債務に無効や取消しの原因があった場合に，旧債務が存続するか消滅するかが問題となるが，債権者に免除の意思表示があったかどうかにより個別に判断される。

(3)　**513条所定の新債務であること**　　更改が成立するためには，新債務が513条所定のものであることを要する。同条所定の新債務として，給付の内容について重要な変更をした新債務，債務者が交替した新債務，債権者が交替した新債務があげられる。このうち，債務者と債権者の交替については規定が設けられている。

(a)　債務者の交替による更改　　債務者の交替による更改は，債権者と新債務者の契約により成立するが，債権者が旧債務者に対して更改契約を締結した旨を通知することにより効力を生じる。なお，新債務者は旧債務者に対して求償権を取得することはない（514条1項・2項）。

(b)　債権者の交替による更改　　債権者の交替による更改は，旧債権者と新債権者と債務者の三面契約により成立する。ただし，この更改は確定日付ある証書によってしなければ，第三者に対抗することができない（515条1項・2項）。

③ 更改の効果

更改により，旧債務は消滅し，新債務が成立する（513条）。旧債務と新債務の間には同一性がない。したがって，旧債務の従たる権利関係である担保権，違約金債務，同時履行の抗弁権（大判大10・6・2民録27輯1048頁）は消滅する。

もっとも，質権・抵当権については，旧債務の目的の限度において，債権者（債権者の交替による更改では旧債権者）が新債務に移転することができる。ただし，物上保証人が質権・抵当権を設定した場合には，その承諾を得る必要がある。この質権・抵当権の移転は，更改と同時または更改に先立って，更改の相手方（債権者の交替による更改では債務者）に対して意思表示をすることを要する

（518条1項・2項）。

2——免　　除

　免除とは，債権者が，債務者に対する一方的な意思表示によって債務を消滅させることをいう（519条）。無償の単独行為であって，債権者にとっては債権の放棄である。

　免除は単独行為であるが，債務者にとくに不利益とならない限り，条件を付することも許される。たとえば，債務者が債務の一部について現金により即時に支払うならば，債務の残部を免除するなどである。

　免除によって，第三者の権利を害することはできない。たとえば，借地上建物に抵当権が設定されている場合に，建物所有者たる借地権者が借地権を放棄しても抵当権者に対抗できないと解されている（大判大11・11・24民集1巻738頁）。

3——混　　同

　債権と債務が同一人に帰属したときは，原則として，債務は消滅する。これを**混同**という（520条本文）。たとえば，相続により，債権者が債務者を相続したような場合である。混同は，債権者と債務者の地位が同一人に帰属したという事実により効力が生じるため事件とされる。

　ただし，その債権が第三者の権利の目的となっている場合には，混同によっても債権は消滅しない（520条ただし書）。たとえば，その債権が債権質の目的となっているような場合である（362条以下）。

参考文献ガイド

■基本書・体系書

内田貴『民法Ⅲ 債権総論・担保物権〔第3版〕』(東京大学出版会, 2005年)
　わかりやすいように工夫をこらした教科書。

近江幸治『民法講義Ⅳ 債権総論〔第3版補訂〕』(成文堂, 2009年)
　著者の民法講義シリーズの一巻。図解などによりわかりやすく説明。

大村敦志『新基本民法4 債権編―契約債権の法〔第2版〕』(有斐閣, 2019年)
　図版を多用して, わかりやすい。保証等一部は『新基本民法3 担保編』に。

奥田昌道『債権総論〔増補版〕』(悠々社, 1992年)
　著者は元最高裁判事。手続法との接点をふまえた大著で, 判例と学説を網羅している。

加藤雅信『新民法大系Ⅲ 債権総論』(有斐閣, 2005年)
　鋭い解釈論が興味深い。

潮見佳男『新債権総論Ⅰ, Ⅱ』(信山社, 2017年)
　改正債権法の詳細な解釈論を展開する大著。

潮見佳男『プラクティス民法 債権総論〔第5版〕』(信山社, 2018年)
　著者の講義用テキスト。多くのケースを使って説明している。

中田裕康『債権総論〔第3版〕』(岩波書店, 2013年)
　債権法理論の到達点を詳細に描いた最高水準の体系書のひとつ。

平井宜雄『債権総論〔第2版〕』(弘文堂, 1994年)
　思い切って論点を絞り, 独自の組立てに基づいて展開されている。債務不履行の構成や損害賠償の理解に大きな影響を与えた著者の理論が盛り込まれている。

平野裕之『債権総論』(日本評論社, 2017年)
　重要判例や詳しい論点解説をコラムにしていて読みやすい。

前田達明『口述債権総論〔第3版〕』(成文堂, 1993年)
　判例・学説だけでなく, 沿革や立法趣旨も詳しく紹介されている。

我妻栄『新訂債権総論 (民法講義Ⅳ)』(岩波書店, 1964年)
　伝統的通説を代表する体系書。

■注釈書・判例解説

※個々の条文の意味を理解するためにはコンメンタール（注釈書）が有用である。
学習用のコンメンタールとしては以下のものがある。

遠藤浩編『基本法コンメンタール 債権総論〔第4版新条文対照補訂版〕』（日本評論
社，2005年）

松岡久和・中田邦博編『新・コンメンタール民法（財産法）』（日本評論社，2012年）

我妻栄・有泉亨・清水誠・田山輝明『我妻・有泉コンメンタール民法─総則・物
権・債権〔第6版〕』（日本評論社，2019年）

※法律学の学習において判例を理解することは不可欠である。学習用の判例解説と
しては以下のものがある。

窪田充見・森田宏樹編『民法判例百選II 債権〔第8版〕』《別冊ジュリスト》（有斐閣，
2018年）

瀬川信久・内田貴・森田宏樹編『民法判例集 担保物権・債権総論〔第3版〕』（有斐
閣，2014年）

田高寛貴・白石大・山城一真『民法③債権総論 判例30！』（有斐閣，2017年）

■改正法の解説

大村敦志・道垣内弘人編『解説民法（債権法）改正のポイント』（有斐閣，2017年）
　現行制度の概要と改正の議論・改正法の内容を概観することができる。

潮見佳男『民法（債権関係）改正法の概要』（金融財政事情研究会，2017年）
　第一人者による解説書。逐条形式で解説がなされている。

潮見佳男・北居功・高須順一・赫高規・中込一洋・松岡久和編著『Before/After
民法改正』（弘文堂，2017年）
　事例をベースにした解説で，改正前後の状況を対比することができる。

潮見佳男・千葉恵美子・片山直也・山野目章夫編『詳解改正民法』（商事法務，2018年）
　改正により追加・変更された部分を中心に，学説の到達点を踏まえつつ，客観的
　な視点から項目別に解説がなされている。

筒井健夫・村松秀樹編著『一問一答 民法（債権関係）改正』（商事法務，2018年）
　立案担当者による解説書。改正項目ごとに改正の趣旨が説明されている。

中田裕康・大村敦志・道垣内弘人・沖野眞已『講義債権法改正』（商事法務，2017年）
　法制審議会民法（債権関係）部会のメンバーであった著者による解説。読者に語
　りかけるような口調で書かれており，わかりやすい。

判例索引

大 審 院

最高裁判所

下級裁判所

事項索引

αブックス

新プリメール民法3 債権総論〔第2版〕

2018年5月5日　初　版第1刷発行
2020年4月15日　第2版第1刷発行

著　者　松岡久和・山田　希・田中　洋
　　　　福田健太郎・多治川卓朗

発行者　田　靡　純　子

発行所　株式会社 法律文化社

　　　　〒603-8053
　　　　京都市北区上賀茂岩ヶ垣内町71
　　　　電話 075(791)7131　FAX 075(721)8400
　　　　https://www.hou-bun.com/

印刷：中村印刷㈱／製本：㈲坂井製本所
装幀：白沢　正

ISBN 978-4-589-04063-3
©2020 H. Matsuoka, N. Yamada, H. Tanaka, K. Fukuta,
T. Tajikawa Printed in Japan

新プリメール民法 全5巻

はじめて民法を学ぶ人のために,
読みやすさ・わかりやすさを追求した好評シリーズ。

中田邦博・後藤元伸・鹿野菜穂子 著

新プリメール民法 1　民法入門・総則〔第2版〕

A 5判・352頁・2800円

今村与一・張 洋介・鄭 芙蓉・中谷 崇・髙橋智也 著

新プリメール民法 2　物権・担保物権法

A 5判・304頁・2700円

松岡久和・山田 希・田中 洋・福田健太郎・多治川卓朗 著

新プリメール民法 3　債権総論〔第2版〕

A 5判・288頁・2700円

青野博之・谷本圭子・久保宏之・下村正明 著

新プリメール民法 4　債権各論〔第2版〕

A 5判・260頁・2600円

床谷文雄・神谷 遊・稲垣朋子・且井佑佳・幡野弘樹 著

新プリメール民法 5　家族法〔第2版〕

A 5判・266頁・2500円

法律文化社